| 光明学术文库 | 政治与哲学书系 |

《太平记》中的儒家思想研究

张静宇 | 著

光明日报出版社

图书在版编目（CIP）数据

《太平记》中的儒家思想研究 / 张静宇著. -- 北京：光明日报出版社，2023.4
ISBN 978-7-5194-7165-1

Ⅰ.①太… Ⅱ.①张… Ⅲ.①儒家—哲学思想—文化传播—日本 Ⅳ.①B222.05

中国国家版本馆 CIP 数据核字（2023）第 067620 号

《太平记》中的儒家思想研究
《TAIPINGJI》ZHONG DE RUJIA SIXIANG YANJIU

著　　者：张静宇	
责任编辑：史　宁	责任校对：乔宇佳
封面设计：中联华文	责任印制：曹　净

出版发行：光明日报出版社
地　　址：北京市西城区永安路 106 号，100050
电　　话：010-63169890（咨询），010-63131930（邮购）
传　　真：010-63131930
网　　址：http://book.gmw.cn
E - mail：gmrbcbs@gmw.cn
法律顾问：北京市兰台律师事务所龚柳方律师
印　　刷：三河市华东印刷有限公司
装　　订：三河市华东印刷有限公司
本书如有破损、缺页、装订错误，请与本社联系调换，电话：010-63131930
开　　本：170mm×240mm
字　　数：251 千字　　　　　　印　张：16.5
版　　次：2023 年 4 月第 1 版　　印　次：2023 年 4 月第 1 次印刷
书　　号：ISBN 978-7-5194-7165-1
定　　价：95.00 元

版权所有　　翻印必究

凡　例

（1）《太平记》文本引用出处主要来源于：由鹫尾顺敬校注的古本（西源院本）《太平记》（刀江书院、1943年）。参照古本有：黑川真道校（神田本）《太平记》（内外印刷株式会社、1907年）、前田育德会尊经阁文库编刊（玄玖本）《太平记》（勉诚社、1973-1975年）、长谷川端等人编（神宫征古馆本）《太平记》（和泉书院刊、1994年）。参照的其他版本有：日本中世后期成立的天正本（长谷川端校注译《太平记》），以及日本近世成立的流行本（后藤丹治，釜田喜三郎校注《太平记》和山下宏明校注《太平记》）。关于这些版本的说明请参照绪论的介绍和参考文献。

（2）因（西源院本）《太平记》翻刻的年代比较久远且错误较多，为了便于阅读，笔者将没有浊点的假名转换为浊音，将有些过长的句子加入标点符号。

（3）本论文中的日文原文均由笔者翻译为中文。

代序：军记物语与中国典故

日本的物语文学大致可以分为三类：第一类是以《竹取物语》《宇津保物语》为代表的男性文人创作的传奇故事；第二类是以《源氏物语》为代表的贵族女性创作的王朝物语，包括受其影响产生的后期拟古物语；第三类就是主要由僧人们参与创作的军记物语。这三类作品与中国典故都存在着密切的关系，但就中国典故在作品中的作用而言，男性作者与女性作者的作品有着显著的区别。在男性作品中，这些中国典故在很大程度上是文明的衡量标准，作者或是主张本国有着与中华同等的文明，或是借助中国典故来宣扬自己的主张；但是女性作家，她们的作品表达得更多的是一种情感或审美的共感，她们更关注当时的社会现实和自我生存状态，并能敏锐地发现日本的独特性。在同为男性作者的传奇物语与军记物语之间，也存在着一定程度的差异，前者好比是将汉籍中的故事移植到了日本，而后者则是将汉籍中的理念作为处理当前事件的标准来进行叙述。

军记物语顾名思义取材于历史上发生过的战乱。最早的作品为《将门记》（成书于10世纪中期），其中已频繁出现中国典故。只是，《将门记》中的引用形式多为注释，还只停留在对于文章中出现的人名、掌故作注释的层面上。比如作品在描写平将门获赦返回故乡时写道："悉辭燕丹之迍、終歸嶋子之墟"，以燕丹辞秦和浦岛子从龙宫返乡作比喻。之后，针对这"燕丹"一词的夹注云：

传言，昔，燕丹事于秦皇，遥经久年。然后，燕丹请暇归故乡。即秦皇仰曰，纵乌首白，马生角时，汝听还者。燕丹叹，仰天乌为之首白，俯地马为之生角。秦皇大惊，乃许归。（群书类丛卷第三百六十九）

1

这里有关燕丹子的典故显然与平将门的故事情节无关，夹注只是有助于理解这一比喻而已。但是，在其后的军记物语中，中国典故不再作为注释，而是作为正文的一部分。这一改变意味着中国典故融入了作品的文脉中。不仅如此，这些典故还往往成为作品人物处理当前事件或发表议论的理论依据。比如《平家物语》（成书于13世纪中叶）中平清盛的长子平重盛在拒绝接受宋朝医生治疗的说辞中，就引用了汉高祖刘邦在讨伐黥布时被飞箭射中却拒绝接受医生治疗的典故。

到了《太平记》（成书于14世纪后半叶），中国典故的作用又发生了明显的变化。作者甚至会篡改典故的一部分内容以将其用作铺陈自己主张的理论依据。而这些主张，则充分体现了当时的知识阶层有关治国安邦的政治理念，其中有着对我国儒家理念的臧否。在本书中，张静宇以"尤物观""忠臣观""革命观""华夷观"为切入点，探讨了《太平记》的作者们与这些儒家观念的正面碰撞。这样的研究，不仅能够帮助我们理解日本对中国文化的接受，更有助于我们重新审视自己的文化特征。

我自己虽然从事平安王朝女性物语的研究，但对于男性的军记物语一直心存向往。张静宇于2012年报考北京日本学研究中心文学专业的博士课程，在获知他硕士阶段就从事军记物语研究时，我就毫不犹豫地向他推荐将《太平记》作为其博士期间的研究课题。在日研中心为期五年的学习过程中，他获得了日本军记物语方面的权威——青山学院大学佐伯真一教授、法政大学的小秋元段教授——的指导，使他的研究有了一个很高的起点。尤其是小秋元教授还担任了张静宇访日研修期间的指导老师，在张静宇结束访日研修回国后，有一次与小秋元老师在邮件中谈起张静宇的研究成果，小秋元老师评价道：张静宇桑的研究业绩是近十年来所未见的。作为一个外国文学研究者，获得对象国权威研究者的这种评价，其分量是不言而喻的！

作为教师，学生能够完成自己所不能够的事情，那便是教师最大的荣耀。值此张静宇著作出版之际，草此序文，遥致贺意。

北京外国语大学日本学研究中心张龙妹
2020年12月5日于国际日本文化研究中心

寄语《〈太平记〉中的儒家思想研究》之出版

日本法政大学文学部教授　小秋元 段

《太平记》叙述了镰仓时代末期至南北朝时代战乱的历史，是日本军记物语的代表作之一。该书篇幅浩大，横跨五十年的历史，长达四十卷，编者的智慧才华横溢其中。表现最明显的是，编者强烈意识到儒教的德治思想，广泛引用中国故事，处处使用汉籍典故作为修饰，以中国为典范之姿态。

日本《太平记》研究的历史很长，从成书、作者、构想、人物、表现、汉籍受容、诸本、享受史等各方面都取得了很大的进展和成果。近些年，研究界进展尤为显著的是围绕《太平记》与汉籍关系的比较文学研究。本书的作者张静宇是其中的中坚力量之一。

原本《太平记》中出典研究的积累丰厚。首先，代表性的基础研究成果是增田欣的《〈太平记〉的比较文学研究》（角川书店，1976年）。增田氏在这本书中全面调查了《太平记》引用的汉籍，指出《太平记》重视《史记》《文选》，引用汉籍的词章是基于旧抄本的训读法，作者拥有传统博士家的教养。黑田彰在《中世说话的文学史的环境·续》（和泉书院，1987年）中指出，《太平记》引用的许多故事与《和汉朗咏集》注释书、《孝子传》等书中的日本中世独自加工创作的中国故事类似，作者的教养与中世固有的学问环境有关。据黑田氏的研究可知，《太平记》作者的汉籍素养并不仅仅基于传统博士家的学问。

另一方面，大概与黑田氏同一时期，柳濑喜代志的研究也有很大的意义。柳濑氏指出《太平记》使用了中世流行的宋代诗论诗集，弄清了一些之前出典不明的中国故事与表现的出处（《以中世新流行的诗集诗话为依据的〈太平记〉

的表现》,《军记和汉文学》,汲古书院,1993年)。宋代诗论诗集也超出了传统博士家的学问领域,明确反映了《太平记》作者也对当时最新中日交流所带来文艺的关心。

然而柳濑氏之后,这方面的研究未迅速地被继续下去,那是因为这个领域的研究需要对宋元时代中国文艺有较深的知识。终于这十年来,日本的森田贵之、中国的张静宇二位研究者真正地推进了《太平记》和宋元文艺之间的关系。森田氏先于张氏开拓这个领域,取得了很多成果,如他指出应该关注元诗对《太平记》的影响等(《〈太平记〉和元诗》,《国语国文》,2007年2月号)。张静宇用日语发表了以下论文,理清了《太平记》作者对当时国际社会文化的关心。

《「太平記」卷三十八「大元軍事」と宋元文化》(《「太平記」をとらえる》第2卷,笠間書院,2015年)

《「太平記」と呂洞賓の物語》(《軍記と語り物》第52号,2016年)

《「太平記」卷三十七「楊貴妃事」と『詩人玉屑』》(《「太平記」をとらえる》第3卷,笠間書院,2016年)

《「太平記」における三国故事再考》(《日本文学研究ジャーナル》第11号,2019年)

其中,张氏在《〈太平记〉卷三十七〈杨贵妃之事〉和〈诗人玉屑〉》《〈太平记〉中的三国故事再考》等论文中,指出《太平记》中多处出典不详的表现是依据《诗人玉屑》。张氏不但证明了柳濑氏曾经指出的《太平记》与宋代诗论诗集的深度关联,还极力主张《太平记》的成书与对同时代中国文艺极为关心的五山僧人有关。

此外,《〈太平记〉卷三十八〈大元战争之事〉和宋元文化》考察了岳飞故事对卷三十八《大元战争之事》中描写的西蕃帝师"刲股纳书"计谋的影响。张氏指出,岳飞的故事被宋元时代的口传文艺所喜爱,《太平记》不仅受儒学书籍和诗文集的影响,甚至对宋元时代的艺能也有一定的了解。这是令学界为之瞠目的发现。同样,《〈太平记〉和吕洞宾的故事》指出卷三十九的吕洞宾故事与元代道观永乐宫壁画中《纯阳帝君神游显化之图》描绘的故事类似。这个出典依据也是首次由张氏指出的，在日本学界引起了很大的关注。张氏的研究弄清了《太平记》的作者对同时代中国文化的深度关心，使用同时代中国文化来建构作品的世界。毫无疑问，这些见解不仅对《太平记》的研究十分重要，对了解中世中日文化交流的情况也十分重要。

此次出版的《〈太平记〉中的儒家思想研究》是张氏在北京外国语大学日本学研究中心提交的博士论文的基础上修改而成的。本书与在日本发表的四篇日语论文有所不同，其从更广阔的视野论述了《太平记》中汉籍的影响和作品叙述的关系，如深受儒家思想影响的《太平记》融合了佛教思想、神国思想，形成了日本固有的历史观、世界观。张氏还指出了《太平记》的独特手法，即通过引用中国故事来暗讽作品中登场的当时的人物和事件。这些都是了解《太平记》的思想和历史叙述的重要内容。另外，在日本发表的四篇论文中的三篇分散在本书的各个章节，令人遗憾的是《〈太平记〉和吕洞宾的故事》未被收录其中。我在此序言中花费许多笔墨介绍了日本《太平记》的研究状况，说明了张氏的研究在研究史中的位置。希望中国学者给予理解。

本书出版之后，或许中国学界对《太平记》的关注度会有所提高。我希望今后中日学界多多涌现活跃于两国之间的年轻学者。希望中日学术之间广泛深入交流！衷心祝愿中日友好世代相传！

（张静宇译）

目录
CONTENTS

绪　论 ……………………………………………………………… 1

第一章　"尤物"的叙述和尤物观 ……………………………… **30**
  第一节　中日两国的尤物观 …………………………………… 31
  第二节　"尤物"杨贵妃的故事 ……………………………… 37
  第三节　倾城倾国之乱的尤物观 ……………………………… 53
  第四节　奇物佚游致使政权丧失的尤物观 …………………… 66

第二章　"忠臣"形象的叙述和忠臣观 ………………………… **76**
  第一节　中日两国的忠臣观 …………………………………… 76
  第二节　纪信的忠臣形象 ……………………………………… 83
  第三节　以死报君的忠臣形象——以楠木正成为中心 ……… 98
  第四节　奉身以退的忠臣形像——以万里小路藤房为中心 … 110

第三章　"革命"的矛盾式叙述和革命观 …………………… **119**
  第一节　中日两国的革命观 …………………………………… 119
  第二节　镰仓幕府和皇室之间的相互"革命" ……………… 131
  第三节　室町幕府对天皇最终的"革命" …………………… 148
  第四节　天皇不在场的"革命" ……………………………… 161

1

第四章 "太平"的叙述和华夷观 ·············· **165**
  第一节 "太平"的含义和终结部分的历史叙述 ·············· **166**
  第二节 "太平"的叙述和细川赖之形象的塑造 ·············· **171**
  第三节 "中夏无为"的含义和华夷观 ·············· **188**
  第四节 对神国思想的继承和解构 ·············· **203**

结　语 ·············· **216**

参考文献 ·············· **221**

后　记 ·············· **246**

绪 论

一、《太平记》的内容、成书和版本

《太平记》成书于室町幕府（1336—1573）初期，是日本中世军记物语之集大成者。作品篇幅浩大，长达四十卷；时间跨度较长，描写了南北朝约五十年（1318—1371）的动乱。以下简单介绍作品的内容、成书和版本。

1. 内容

《太平记》主要以日本南北朝时代为历史舞台，描写了后醍醐天皇的倒幕、镰仓幕府的灭亡、建武新政、室町幕府的建立、南北朝的对峙、观应之乱、室町幕府内部大名之间的争斗、足利义诠的去世、细川赖之就任管领（负责辅佐将军的幕府中央最高行政官）等一系列重大的历史事件。《太平记》是了解日本中世历史文化的一部重要文学作品，与《平家物语》一起被称为日本军记物语文学的双璧。

关于《太平记》的构成，基本上是三部构成说。第一部从卷一到卷十一，叙述了1318年至1333年的历史。卷一从后醍醐天皇的即位开始叙述，描写了后醍醐天皇推翻镰仓幕府计划的失败，即所谓的"正中之变"。卷二至卷十一详细地描写了后醍醐天皇倒幕的"元弘之变"，其中卷二至卷四描写了后醍醐天皇在倒幕军事行动失败后，被流放至隐岐岛的故事（日本岛根半岛北方约50千米的群岛）。卷三记述了深受日本人喜爱的忠臣楠木正成的登场。卷五、卷六着重描写了楠木正成、后醍醐天皇的皇子大塔宫和镰仓幕府的战争。从卷七、卷八开始，倒幕行动风起云涌，被流放的后醍醐天皇历经艰险从隐岐逃出，号召日本武士参与倒幕，许多武士纷纷响应后醍醐天皇的倒幕行动。卷九主要记述了足利尊氏在被幕府派往京都的途中起兵消灭了京都幕府势力的过程，卷十主要叙述了新田义贞率大军消灭了在镰仓的幕府势力的过程。卷十一主要描述了后醍醐天皇返回京都、重登皇位的过程，以及作者对镰仓幕府灭亡的评论。

第二部的范围仍旧存在争议。一种观点以缺卷卷二十二为分界点，认为从卷十二至卷二十一是第二部，推测这很可能是原《太平记》（惠镇本）的范围。① 另一种观点以后醍醐天皇的去世为视角，认为从卷十二至卷二十五是第二部（描写了1333—1345年的历史），以天龙寺的建立和对后醍醐天皇的镇魂为依据。② 目前学界逐渐接受了卷十二至卷二十五为第二部的说法。卷十二至卷十三描写了后醍醐天皇"建武新政"的失败，预告了后醍醐天皇将失去天下的结局。卷十四至卷十九描写了足利尊氏和后醍醐天皇的对立，作品刻意避开了足利尊氏和后醍醐天皇的对立，将其转化为足利尊氏和新田义贞的对立。最终足利尊氏将后醍醐天皇、新田义贞等赶出京都，拥立光严天皇重新即位③，建立室町幕府，日本开始进入南北朝对峙阶段。卷二十、二十一、二十三描写了南朝势力对北朝的反扑，最终被暂时压制下去，其中卷二十一描写了南朝后醍醐天皇的病死、后村上天皇的即位等。卷二十四、二十五叙述了南朝怨灵的作祟和北朝为了抚慰后醍醐天皇等人的亡灵而建立天龙寺的经过。

第三部（描写了1346—1371年的历史）的范围从卷二十六至卷四十，可分为两部分。前半部分卷二十六至卷三十一主要描写了室町幕府的"观应之乱"。"观应之乱"是发生在室町幕府的一次内部斗争，起初是足利尊氏的家臣高氏兄弟和足利直义为争夺室町幕府实际权力的争斗，首先是高氏兄弟取胜将足利直义幽禁，之后是足利直义起兵将高氏兄弟杀害，后逐渐演化为足利尊氏和足利直义兄弟之间的对立，足利尊氏假装与南朝和谈（所谓的"正平一统"），分化孤立足利直义，最终毒杀了直义。后半部分卷三十二至卷四十描写了室町幕

---

① 釜田喜三郎. 太平記一 [M]. 東京：岩波書店，1960：2；中西達治. 太平記論序説 [M]. 東京：桜楓社，1985：37.
② 松尾剛次. 太平記：鎮魂と救済の史書 [M]. 東京：中央公論新社，2001：36；小秋元段. 太平記・梅松論の研究 [M]. 東京：汲古書院，2005：281.
③ 《太平记》的叙述，同时代其他书籍记载的是拥立光严天皇之弟光明天皇即位。

府内部的大名，如山名时氏、仁木义长、细川清氏等人为争权夺利，背叛室町幕府，联合南朝对室町幕府不断发动攻击，迫使室町幕府以更大的利益为筹码诱使他们投降。最后，投降南朝的北朝大名重新投靠室町幕府，南北朝的战争暂时告一段落。作品的终结部分叙述了第二代将军足利义诠的去世、细川赖之辅助幼主第三代将军足利义满掌管幕府权力的经过。至此，《太平记》的作者终结了这部作品，认为日本进入了所谓的"太平"时代。

2. 成书

《太平记》和许多古代文学作品一样，其作者和成书时间并不能完全确定。然而，根据当时的材料还是能够大体推断出《太平记》的成书时间和背景。成书于应永九年（1402）的《难太平记》是一部记述今川家祖上之事的史书，该书的作者是侍奉于室町幕府的大名今川了俊。在《难太平记》中，今川了俊对《太平记》的成书有如下的记述：

> 以前，在等持寺，法胜寺的惠镇上人携带三十余卷的《太平记》让锦小路殿（足利直义）过目，足利直义让玄惠法印阅览，发现有许多不好之和错误之处，下令说：就迄今过目的书中，错误殊多，应该进行增补、删减，并命令在完成之前不得外传。之后（太平记的编写工作）中断，最近重新被续写，因许多人希望将自己写进去，故记述了不计其数之人的功名。功名较大之人也一起被写进去了，大概也有一些人被略去。如今虽经过了好几代天皇，该书却甚至对这三四十年之事也随意而写，毫无根据，令人悲哀。我觉得趁那个时代的老人还在世之时，应对《太平记》的记述有所判断和取舍。①

引文中的"锦小路殿"为足利直义，是室町幕府的第一代将军足利尊氏之弟，在足利尊氏下定决心起兵响应后醍醐天皇的倒幕行动中起到了重要的作用。在倒幕成功之后，他拥奉成良亲王至镰仓，并掌管关东政务。在镇压完北条氏

---

① 塙保己一编. 群書類従：第21輯（合戦部）[M]. 東京：続群書類従完成會，1960：608.

残余势力的"中先代之乱"后,足利直义与足利尊氏一起反叛后醍醐天皇,建立室町幕府。室町幕府成立后,除了兵权外,足利直义几乎承担了幕府所有的政务。相对于足利尊氏的"大将军",当时人称直义为"副将军"。法胜寺的惠镇上人(1281—1356)将三十卷本的《太平记》献于足利直义,足利直义让玄惠法印(？—1350)阅览,因足利直义觉得其中记录了许多不好之事且错误比较多,因此下令修改,在修改完之前不许流传。1349年因爆发了"观应之乱",《太平记》的修改工作被迫中断。"观应之乱"从1349年持续到1352年,也就是说惠镇上人的三十卷本《太平记》很可能在1349年之前就已经完成。到了今川了俊所言的"近代",《太平记》的编撰工作重新继续进行之时,很多武士要求将自己的功名加入,因此,很多无迹可寻的事情被随意添加。对此,今川了俊十分不满,为了责难《太平记》而完成《难太平记》。《难太平记》的可信度有多高,今川了俊对《太平记》的责难是否带有主观偏见,《难太平记》和《太平记》的关系等问题也是学界讨论的焦点之一。[1] 但不论怎么说,可以肯定的是《太平记》最早的成书是在1349年之前。因为原《太平记》的初衷带有很强的"镇魂"色彩,即抚慰后醍醐天皇的亡灵[2],因此其成书的上限应该是1339年(后醍醐天皇1339年8月16日驾崩),故可以推测惠镇献于足利直义的《太平记》的成书是在1339年至1349年之间。目前关于惠镇献于足利直义的三十余卷本《太平记》的内容已无从可考。

《太平记》记述的最后时间是1367年,即细川赖之就任管领之位、辅佐年幼的第三代将军足利义满的年份,以"成为中夏无为之时代,真是可喜可贺之事"[3] 结束。但在卷三十九《光严院禅定法皇崩御之事》中有应安三年(1370)光严天皇去世七周年的记述,同样在卷三十九《诸大名说道朝坏话之事》中有应安四年(1371)桃井直常战败的记述,因此可以推测应安(1368—1375)末年是《太平记》成书的下限。对于《太平记》在中世的流传,洞院公定

---

[1] 和田琢磨.『難太平記』研究史の検証——『太平記』作者「恵珍」「玄恵」説をめぐって [J]. 古典遺産, 2007 (12); 和田琢磨. 今川了俊のいう『太平記』の「作者」:『難太平記』の構成・思想の検討を通して [J]. 日本文学, 2008 (3).
[2] 五味文彦. 後醍醐の物語 [J]. 国文学, 1991 (2).
[3] 鷲尾順敬校注. 太平記 [M]. 東京: 刀江書院, 1936: 1153.

(1340—1399)的《洞院公定日记》应安七年（1374）五月三日中有如下的记述：

  传闻，去廿八九日之间，小岛法师円寂云々，是近日玩天下太平记作者也。凡虽为卑贱之器，有名匠闻，可谓无念。①

  据洞院公定的记载，在四月二十八九日小岛法师去世，他是当时风靡于世的《太平记》的作者，虽出身卑微，却是一位优秀的僧人。其实，小岛法师是何许人也，和《太平记》有何关系等也无从论考。但是可以肯定的是小岛法师和《太平记》的成书有所关联，并且在1374年左右《太平记》很可能已经最终成书。

  对确定《太平记》成书年代有很大帮助的是永和本《太平记》的发现，即1955年高乘勋②发现在抄写《秋夜长物语》纸张的背面书写有《太平记》卷三十二的本文，而《秋夜长物语》的后记有"永和丁巳（永和三年、1377年）仲春（二月）七日书了"的记录，所以可以推断永和本《太平记》在1377年之前抄写完成。同样在永和三年九月二十八日《东寺百合文书》的记载中有"之前确实又有太平记两卷返还"③，因此可以推断《太平记》的最终成书是在应安（1368—1375）、永和（1375—1379）年间。④ 总之，可以说《太平记》的成书时间持续了30多年，从14世纪的30年代末至70年代；参与《太平记》创作的人数也比较多，至少有惠镇、玄惠、足利直义、小岛法师等人。

  《太平记》研究界还推测，四十卷本《太平记》的最终成书和室町幕府的管领细川赖之的监修、五山禅僧的参与有很深的关系。也就是说《太平记》并不是一部单纯的历史文学作品，其在很大程度上还体现了室町幕府的政治意图

---

① 坪井九馬三，日下寬校訂. 洞院公定日記・玉英記抄［M］. 東京：東京帝国大学 1908：34.
② 高乘勲. 永和書写本太平記（零本）について［J］. 国語国文，1955（10）.
③ 京都府立総合資料館編. 東寺百合文書［M］. 京都：京都府立総合資料館友の会，1974.
④ 鈴木登美恵. 太平記成立年代の考察［J］. 中世文学，1976（10）.

和主张。

3. 版本

通常古代文学作品都有很多版本流传，如中国《三国演义》有嘉靖壬午本、李卓吾评本、毛宗岗父子评改本等，日本军记物语也不例外，如《平家物语》有觉一本、延庆本、长门本等，版本之间的差别也比较大。对版本的研究也是古代文学研究的一个重要领域，《太平记》版本的研究也是太平记研究界的热点之一，如龟田纯一郎、高桥贞一、铃木登美惠、小秋元段等日本学者对《太平记》版本的基础研究做出了很大的贡献。因为笔者的研究范围不是版本研究，所以只介绍目前在《太平记》研究界被广泛认同的铃木登美惠的研究成果。铃木氏师在先行研究基础之上对《太平记》作了如下分类：①

(1) 甲类本（分割卷三十九的版本。欠缺卷二十二的四十卷本）

神田本系（神田本）

玄玖本系（玄玖本、松井本、真珠庵本）

南都本系（南都本、内阁文库本、东教大本、相承院本、蘂田本、正木本）

西源院本系（西源院本、织田本）

神宫征古馆本

(2) 乙类本（相当于甲类卷二十六、二十七两卷的部分分割为三卷，整体分割为四十卷的版本）

毛利家本系（毛利家本）

前田家本系（前田本）

吉川家本系（吉川本）

米泽本系（米泽本）

梵舜本系（梵舜本、神宫文库本、天理本）

流布本系（古活字本、整版本）

---

① 前田育德会尊経閣文庫編刊. 太平記：玄玖本［M］. 東京：勉誠社，1973：7.

（3）丙类本（相当于甲类卷三十二的部分分割为两卷，将甲类卷三十五"北野夜通物语"抽出作为卷三十八，将甲类卷三十六、三十七两卷合并为一卷，整体分割为四十卷的版本）

天正本系（天正本、义辉本、野尻本卷三十以前）

（4）丁类本（将相当于甲类本的卷十四至卷十八的五卷分割为七卷，整体分割为四十一卷的版本。甲类本卷十四至卷十八的五卷分割为七卷，甲类本卷三十八、三十九、四十的三卷分割为四卷，整体分割为四十二卷的版本）

京大本系（京大本、豪精本、釜田本卷二十三以前）

甲类本是最古老的版本，乙类、丙类、丁类都是在甲类的基础之上成书的。虽说甲类本是最古老的版本，但是正如铃木氏所言，在抄写的过程当中也有削减、增添内容，因此很有必要对每一卷进行考察。对此，小秋元段在考察了卷四、卷三十六、卷三十八，指出甲类本的这三卷是在乙类本的基础之上成立的，也就是说乙类本的卷四、卷三十六、卷三十八保存有更加古老的内容。①

甲类本的神田本欠缺卷二、三、四、五、六，卷十一、十二，卷二十一、二十二，卷二十九、三十，卷三十七、三十八、三十九、四十，神宫征古馆本欠缺卷十、卷十五、二十三、二十四。玄玖本至今才印刷出版了一部分，因此本论文以保存比较完整的甲类本西源院本为底本，参照神宫征古馆本、神田本、玄玖本以及天正本、流行本，如在《太平记》本文引用没有特别注明时，引文均来自西源院本。西源院本藏于由细川胜元②在京都创建的禅寺龙安寺西源院的塔头，大永（1521—1528）、天文（1532—1555）年间抄写，原本可追溯到应永十九年（1412）之后、二十八年（1421）之前，故西源院本的抄写年代在甲类本中也是比较接近《太平记》的成书时期的。

---

① 小秋元段.『太平記』の古態をめぐる一考察——卷三十八を中心に［J］. 中世文学，2008（3）. 小秋元段.『太平記』卷四古態本文考［J］. 国語と国文学，2008（11）.
② 细川胜元，室町幕府末期的武将、管领，为细川赖之家族的后代。由此或许也可以佐证《太平记》的最终成书和细川赖之有很大的关系。

二、《太平记》的历史叙述

在西方现代的语境下,历史是一种修辞想象,历史是被建构的,表达和抒发历史学家自身的人生观和价值观。《太平记》是日本军记物语的集大成者,是以历史为题材的文学作品。那么,《太平记》是如何叙述历史的呢?其历史叙述又有哪些特点?

1. 所谓历史叙述

在传统史学里,历史被看作是一个可供客观认识的领域,如果历史研究者在把握历史的过程中能够排除主观因素,他就能够再现般地发掘出掩埋在时间下的"史实",并由此获得关于历史的不容置疑的"真实"。然而20世纪80年代诞生于西方的新历史主义开始对历史叙述的可靠性进行质疑。新历史主义著名的批评家海登·怀特认为:"(历史作品)它们一般而言是诗学的,具体而言在本质上是语言学的。历史话语和文学话语在修辞和比喻的层面进行沟通。"[1] 在他看来,任何历史都是一种修辞想象,历史是被建构的,而且是被诗意地建构的。我们看到的历史文本不过是一种修辞态度、方式、阐释角度和价值立场。所谓的历史事实在历史学家笔下不过是构思和讲述故事的素材,他们的目的不是要铺陈历史真相,而是表达和抒发历史学家自身的人生观和价值观。[2] 也就是说,无论是历史书籍,还是记述历史的文学作品都不过是对历史的一种阐释,或对历史的一种叙述。任何一个历史事件都不可能再度呈现在人们面前,人们面对的只能是叙述层面的历史,历史靠着对于它的叙述流传下来,历史只是一种叙述方式而已。"历史学家在研究一系列复杂的事件过程中,开始观察到这些事件中可能构成的故事。当他按照自己所观察到的事件内部原因来讲述故事时,他以故事的特定模式来组合自己的叙事。读者在阅读历史学家对事件的叙述时,逐渐认识到自己所阅读的故事是某一种类型而不是另一种类型:传奇、悲剧、

---

[1] 海登·怀特. 元史学:十九世纪欧洲的历史想象 [M]. 陈新,译. 南京:译林出版社,2004:69.
[2] 卢絮. 新历史主义批评与实践:基于西方文论本土化的一种考察 [M]. 北京:中国社会科学出版社,2016:115.

喜剧、讽喻、史诗等。当读者识别出他所阅读的故事所从属的等级或类型时，这就获得了阐释故事中的事件的效果。"[1] 这句话说明历史书写如同创作，不仅历史被历史学家按照不同的文学类型叙述出来，而且历史著作一旦写就，读者也会按照理解不同文学类型的方式去理解历史。历史书写在受到主流意识形态和社会各种因素制约的同时，也会受到叙述者情感或政治立场的影响，从而让历史作品与文学作品一样具有主观性，只能部分地反映真实的社会现实。历史学家在叙述历史的时候，往往很难对历史事件做出中立的价值判断，必然会打上情感或政治的烙印。

海登·怀特强调的历史虚构的文学性本来有一定的道理，但在当代西方批评理论中，这个观念却往往走到另一个极端，好像历史和文学毫无区别，都是受意识形态的虚构。不承认有事实、真理和可靠的历史叙述的可能性，好像谁掌握了所谓的话语权，谁就可以讲述历史，似乎世间没有了事实和真理，一切不过成王败寇的权术。新历史主义所认为的历史只是一种文学想象式的虚构，而完全忽略了历史学家的道德责任，也就是中国古代传统中所谓历史学家的"史德"。历史学家不能歪曲历史，篡改历史，掩盖历史。[2] 中国古代有良知的史官们在编撰历史之时，往往通过手中的笔来惩恶扬善，告诫后人，具有强烈的道德使命感和责任感。在中国的古代历史中，史官坚持"务从实录""秉笔直书"的史官精神，这样的史学传统被各个时代的史官继承下来。此外，史官们在编撰史书时，还往往采用"春秋笔法"。"春秋笔法"作为中国历史叙述的一个传统，据传来源于《春秋》，是指由孔子开创的一种历史叙述方法和技巧。这种笔法就是指在文章的记述中暗含褒贬，甚至表现出作者强烈的思想倾向。这种褒贬和倾向性并不是作者通过议论直接阐述对人物和事件的看法，而是通过细节和修辞，包括对材料的筛选、词语的使用来委婉而微妙地表达出作者的主观看法。

没有纯粹客观的历史叙述，历史叙述总受各种显在、潜在因素的影响和制

---

[1] 海登·怀特. 作为文学虚构的历史文本 [C] //张京媛主编: 新历史主义与文学批评. 北京: 北京大学出版社, 1993: 160.
[2] 张隆溪. 记忆、历史、文学 [J]. 外国文学, 2008 (1).

约。以文学的方式叙述历史也一样，并且它显得更为"随心所欲"。作家的个性气质、个人经历、兴趣爱好、文体风格都将影响到他的历史叙述。而于历史叙述中，作家也常寄寓着某种目的和意图。从某种意义上说，这种目的和意图在更大程度上操纵了他的历史叙述。新历史主义对于历史的考察，启发了我们对于以历史为题材的文学作品地再审视。以历史为题材的文学作品兼具历史性和文学性，将史诗般的、宏观的历史叙述和普通个体的、微观的历史叙述结合起来，或许更能揭示出历史发展的本质。① 需要注意的是，近代西方语境下的"叙事""叙述"源于同一个英文词汇，即"narrative"，国内对这个词的翻译并不统一，有翻译为"叙事"的，也有翻译成"叙述"的。其实"narrative"这个词可以同时对应这两个汉语词组。② 然而学界既有主张统一使用"叙述"一词的③，也有主张根据具体情况区分使用的④。正如学者申丹所言，叙事由讲述行为的"叙"和所述对象的"事"构成，虽说包含有"表达行为"和"所述内容"两部分，但更侧重故事层次的策略、结构、模式和艺术等。叙述是讲述和表达行为，侧重关注叙述话语表达事件的方法和技巧等。⑤ 本书主要考察的是《太平记》的历史叙述和儒家思想的关系，并不涉及故事结构本身的深层分析，因此本书统一采用"叙述"一词。

2. 东亚古代的儒家话语

西方叙述学（或叙事学）的研究范围较广，包含层次比较复杂，既有故事叙述层面、人物形象层面、话语层面等，也包含时间叙述、空间叙述、互文性叙述等。如话语层面就包括了时态、语势、情态、语态、社会历史语境等许多要素。而在东亚的古代，历史的叙述，尤其是官方历史的叙述与儒家话语有很大的关系。西方语境下的"话语"从一个语言学的术语，经巴赫金、福柯等人

---

① 童庆炳. 历史题材文学系列研究 第一卷 历史题材文学前沿理论问题 [M]. 北京：北京师范大学出版社，2014：13.
② 王志华. 历史叙述 从客观性到合理性 [M]. 北京：中国政法大学出版社，2013：213.
③ 赵毅衡. "叙事"还是"叙述"？一个不能再"权宜"下去的术语混乱 [J]. 外国文学评论，2009（3）.
④ 申丹，韩加明，王丽亚：英美小说叙事理论研究 [M]. 北京：北京大学出版社，2005：13.
⑤ 申丹. 也谈"叙事"还是"叙述" [J]. 外国文学评论，2009（4）.

阐发，成为与思想信仰、价值追求、意识形态和权力关系相交织的具有政治意味的术语。可以说，掌控话语权即意味着掌控了制定规则、维护权威、决定真理、书写历史甚而压制他者的权力。[①]从这点来讲，古代中国的儒家话语在东亚的影响力犹如今天的西方话语在世界的霸权地位。古代日本一方面对中国儒家思想文化怀有强烈的憧憬之情，积极吸收利用儒家话语构建本国的政治思想文化；另一方面古代日本处于"天下中心"的边缘，因此它还试图构建区别于儒家的本国的话语体系，强调本国的所谓"优越性"。这是因为，古代日本处于"天下中心"的边缘，一直怀有强烈的"小国"自卑意识。为了克服这种文化上的"劣等感"，反超文化大国中国，甚至一直被日本蔑视的朝鲜半岛，于是产生了"神国""武国"等将"劣等感"转换为"优越感"的意识。然而，无论日本如何构建本国的话语体系都无法摆脱、超越儒家的话语框架。如中世日本虽然屡屡强调天皇万世一系的"优越性"，但仍旧使用儒家的革命观来解释皇位更替现象。日本在"成功"击退元朝对其两度用兵之后，神国意识高扬，在强调神国日本的"优越性"的同时，无法摆脱"神佛"融合思想和儒家华夷观的影响。近世日本虽然强调其为"武国"，区别于文治之国中国和朝鲜，但所谓"武国"仍旧是使用儒家话语中的忠、孝、礼、信等标准来阐释的。如前文所述，《太平记》的成书和室町幕府有很大的关系，体现了室町幕府的政治主张和意志。那么，《太平记》是如何运用儒家话语进行历史叙述的？这样的历史叙述和室町幕府政权成立的正当性有何关系？作品又是如何描述元朝入侵日本的？带着这些疑问，本研究主要从"尤物""忠臣""革命""华夷"等儒家话语角度切入，揭示《太平记》历史叙述和儒家思想之间的关系。

3.《太平记》历史叙述的多样性

《太平记》的历史叙述纷繁芜杂，呈现出多样性的特点。这种历史叙述的多样性受到多种因素的影响，此部分笔者以军记物语《平家物语》等作品、中国典籍的引用对《太平记》历史叙述的影响为例进行说明。

（1）与《平家物语》等作品的关系

《太平记》通过"预见性"叙述来推动历史事件的发展，表现出一种宿命

[①] 曹顺庆，苗蓓. 儒家话语权与中国古代文学史［J］. 社会科学研究，2015（2）.

论的历史意识，同时也为故事的进一步发展设置新的悬念。卷六《正成天王寺阅览未来记之事》叙述了楠木正成在倒幕过程中参拜天王寺阅览未来记的故事。正成所看的未来记预言了后醍醐天皇被镰仓幕府流放、后醍醐倒幕成功等历史事件。卷二十七《将军塚鸣动之事》、卷三十八《彗星客星之事》等通过天上的星相、寺院神社的失火、大干旱等一系列不可思议的"天变地异"预测兵戈不断的室町幕府内部大名之间的战乱。再如，作品的第一部主要描写了镰仓幕府的灭亡，将后醍醐天皇的倒幕置于"承久之乱"以来公武（朝廷和武士阶层）对国家政权的争夺来展开历史叙述。① 然而到了第一部的后半部分，作品的历史叙述又受到"源平交替"思想的影响。日本武士阶层的首领原本源自源平二族，"源平交替"思想是指日本的武家政权由源氏和平氏交替掌握，即平氏政权被源赖朝的镰仓幕府取代，平氏一脉的北条氏掌握的镰仓幕府被源氏一脉的足利氏的室町幕府取代，之后平氏（织田氏）又取代了室町幕府，源氏（德川氏）建立德川幕府。如在卷七《赐义贞旨意之事》中，新田义贞欲从千早城撤兵，率领一族起兵响应后醍醐天皇时，对家臣船田义昌说了如下的一番话：

  自古以来，<u>源平两家</u>侍奉朝廷，平氏乱世之时，源氏镇压之；源氏犯上之时，平家压制之。义贞不肖，作为一家之首却玷污了代代弓矢之名。而今见<u>相模入道</u>之行迹而知其灭亡不远。我欲归本国举义兵，以宽慰先朝之圣虑。②

上文中的相模入道指北条高时，属于平氏一族。新田义贞以源平两家相互压制对方的犯上作乱的"源平交替"思想来解释其背叛主君北条氏的正当性。这种"源平交替"的思想在作品的卷九体现更加明显。卷九《攻六波罗之事》叙述了足利尊氏率镰仓幕府大军进京平叛之际，借机反叛幕府的经过，其中在叙述足利氏和幕府交战时，也使用了"源平"一词：

---

① 今井正之助. 太平記形成過程と「序」[J]. 日本文学, 1976 (7).
② 鷲尾順敬校注. 太平記 [M]. 東京：刀江書院, 1943：158.

>>> 绪 论

　　源平互相混战，黑烟滚滚，攻战不断。官军多数战死，一下子退回内野。源氏补充士兵再战，然而六波罗的若干武士战死后撤回河原。平氏替换勇猛士兵，进行生死存亡的战斗。①

　　引文中的"官军"指代足利氏的军队，表明足利氏是代表后醍醐天皇与镰仓幕府交战，是公武对立叙述方式的体现。然而引文中"源平"词语的使用却又强调了源平的对立，也即是"源平交替"的叙述方式，目的是为作品第二部将足利尊氏和后醍醐天皇的对立转换为足利尊氏、新田义贞争夺源氏首领的历史叙述方式做铺垫。

　　"预见性""公武对立""源平交替"的历史叙述方式并非《太平记》的独创，在先行军记物语《平家物语》《承久记》等作品中已经出现。《太平记》主要受《平家物语》的影响较大，作品卷二十一甚至记载了觉一检校真性给高师直讲述平家一门的故事。《太平记》的作者不仅在语言表达、人物塑造等方面刻意模仿《平家物语》，还在故事情节方面进行模拟。如《平家物语》卷九《木曾之死》中源义仲家臣今井四郎自杀的死法成了《太平记》中武士表现勇武的类型化描写：把刀插入口中，然后一头栽于马下，使刀穿头颅而死。《太平记》卷一《赖员回忠之事》中小笠原孙六的自杀、卷六《赤坂交战之事附人间本间争先锋之事》中本间资忠的自杀、卷七《吉野城战争之事》中村上义光的自杀的描写均采用了这种方法。

　　那么，与《平家物语》相比，《太平记》的历史叙述又呈现出哪些独特性呢？如作品卷十《稻村崎成为海滩之事》对镰仓幕府一方的武士岛津四郎进行了描写。岛津四郎力大无比、一人当千，深得北条高时赏识。当新田义贞大军将要攻至北条高时府邸时，北条高时赐其名马和酒，派其出战。义贞方的士兵看到威风凛凛的岛津四郎之后，也认为他是一位值得钦佩的对手，正当双方都期待岛津四郎的表现时，令人出乎意料的是，岛津四郎到了新田义贞的阵地却下马投降了。这部分被认为是受到了《平家物语》卷九《宇治川之战》一节的

---

① 鷲尾順敬校注. 太平記［M］. 東京：刀江書院，1943：219.

影响。① 该节讲述了佐佐木高纲得到源赖朝赐予的名马"生食"之后，报效主君之恩，在讨伐木曾义仲的宇治川之战中冲锋在前，立下了赫赫战功。而同样深受主君之恩、被赐予名马的武士岛津四郎却投降了敌方，这种强烈的对比的效果更加突出地表达了《太平记》的作者对背叛主君的武士的谴责和讽刺。《太平记》卷十六《本间孙四郎远矢之事》叙述了新田义贞的部将神射手本间孙四郎的故事。该故事讲述的是，在足利高氏和新田义贞在凑川交战时，本间孙四郎一箭射下在海面上捕食的一只海鸟，海鸟刚好掉在了足利尊氏一方的军船上。此举动是为了挑衅、挫败足利军的士气特意而为的。足利军命令神箭手佐佐木信胤将箭射回去，却未射到对方阵地。很明显此部分受《平家物语》卷十一的《那须与一》故事、《远矢》故事的影响。然而《平家物语》中的神箭手均将对方射来的箭射了回去，而《太平记》中的足利氏一方的神箭手却未能把对方射来的箭射回去。这种成功与失败的对比也是《太平记》的独特叙述，或许暗含了对足利氏一方武士勇武而箭术不高的揶揄。也就是说，《太平记》的作者虽然仿作了《平家物语》的故事，让读者联想到《平家物语》的场景，但叙述的结果却与《平家物语》大相径庭，给读者造成一种强烈的冲击，达到了讽刺和批判的效果。

此外，《太平记》与《平家物语》类似，"镇魂"的意图对作品的叙述产生了较大的影响。所谓镇魂是为了防止怀抱怨恨而死之人的"怨灵"作祟，请和尚念经超度亡灵，或建立寺院神社抚慰他们的灵魂。《平家物语》一边批判平清盛，一边讲述对其他公卿精心的救赎；一边说明赖朝体制的正当性，一边劝导在平家政权下战死是不得已之事。也就是说《平家物语》镇魂的意图在深层支配着作品的结构。② 虽说《太平记》卷二十五天龙寺的建立是为了抚慰后醍醐天皇死去的灵魂，但对后醍醐镇魂的天龙寺的祭奠并未被善意地描写，作品第三部也被评价为"无法被镇魂的怨灵在作品中横行"③。也即是，"镇魂"的叙

---

① 兵藤裕己. 王権と物語 [M]. 東京：青弓社，1989：100.
② 佐伯真一. 『平家物語』と鎮魂 [C] // 鈴木彰，三澤裕子編：いくさと物語の中世，東京：汲古書院，2015.
③ 小秋元段. 太平記・梅松論の研究 [M]. 東京：汲古書院，2007：157.

述无法完全解释历史事件的发展。《太平记》卷二十三《大森七彦》、卷二十五《宫方怨灵六本杉会面之事》描写了后醍醐天皇一方死去的大塔宫、楠木正成、智教、后醍醐天皇等人怨灵的出现，预示了他们将要掀起北朝内部的大乱"观应之乱"。卷三十四《吉野御庙神灵之事》中出现了日野资朝、日野俊基、后醍醐天皇现身，预测了北朝室町幕府的战败等。也就是说《太平记》还通过"怨灵"的作祟来预测历史的发展。这种"怨灵史观"也是《太平记》历史叙述的特点之一。①

(2) 与中国典籍的引用的关系

中国典籍的引用与《太平记》的历史叙述也密不可分。《太平记》中中国典籍引用的范围十分广泛，从春秋时期的《论语》、汉代的《史记》、南北朝时期的《文选》到唐代的《贞观政要》《长恨歌》《琵琶行》、杜甫的诗歌，宋代司马光的诗歌，以及元代诗人迺贤的诗歌等。从引用的种类上来说，既有汉语词汇的引用，也有诗句的引用；既有整首诗歌的引用，也有完整故事的引用。那么，中国典籍的引用在《太平记》的历史叙述中起到了什么样的作用呢？

首先，《太平记》中中国典籍引用的基本作用是将中国的人物、典故作为类比的对象，为解释日本历史人物事件提供佐证。如在夸奖某人用兵如神时必然会将其比拟为中国"张良、陈平"，如卷三《赤坂城战争故事》中的"宛如从陈平、张良的肺腑之间流出之人"，将楠木正成比拟为中国的陈平、张良，夸奖其智谋。智谋是理想的武士形象楠木正成"智仁勇"（卷十六《正成战死故事》）三德之一。《太平记》卷七《千早城军事故事》对表现楠木正成智谋的"草人之战""云梯之战"进行了栩栩如生的描写，而正庆二年（1333）成书的《楠木合战注文》中只有"楠木爪城金刚山、千早城押寄相战之间、自上山以石砾、数个所被打毕"②的简单叙述。无怪乎从江户时代开始，日本学者就认为表现楠木正成智谋的"草人之战""云梯之战"很可能是受到中国张巡"睢阳

---

① 高木信. 歴史叙述としての『平家物語と『太平記』—怨霊の表象/表象の怨霊 [M] //フィクションか歴史か. 東京：岩波書店，2002.
② 国書刊行会編. 續々群書類従 第 3 史傳部 [M]. 東京：続群書類従完成会，1969：568.

之战"的影响。① 也就是说，中国典籍影响了《太平记》对楠木正成人物形象的塑造，影响了《太平记》的历史叙述。《太平记》卷九《番马自杀之事》中"在那个己亥年，五千貂锦亡胡尘；潼关之战，百万士兵溺死河中。那时之惨状还不及此时"，引用了晚唐诗人陈陶《陇西行》诗句和唐军与安禄山军战斗的"潼关之战"，以唐朝边疆的战争和潼关之战来突出日本"镰仓之战"的惨烈。又如卷十《长崎高重最后战争之事》中在讲到大将之间打斗激烈的场面时用到"鲁阳将即将落山的太阳召回继续战斗之势，也比不上长崎高重的勇武"，引用了"鲁阳反日"的故事，讲述的是周武王率领大军讨伐殷纣王之时，其部下鲁阳作战勇敢，所向披靡，然而天色将晚，此时鲁阳举戈向日挥舞，太阳返回，恢复光明，因此得以继续战斗直至歼灭敌军。《太平记》以"鲁阳反日"的典故来强调长崎高重在战争中的勇武。

其次，《太平记》通过中国典籍的引用预示日本历史事件的发展方向，为推动日本历史事件的叙述做铺垫。作品卷四《笠置囚人死罪流放之事》中有"如今遭受流放之刑也完全不放在心上，唐朝诗人杜少陵天宝末年遭受安史之乱，吟咏了'三年笛里关山月，万国兵前草木风'的诗句，表达其远离京城之哀伤"，描述了后醍醐天皇近臣尹大纳言师贤在"元弘之乱"中被幕府流放时的心情，其中杜甫诗句引用的出典是《洗兵马》中的诗句。《洗兵马》描写了在"安史之乱"中杜甫听到唐朝官军收复长安、洛阳的喜悦心情，《太平记》中引用的这两句诗是为了描述杜甫对"安史之乱"三年以来国家遭受动乱的痛苦，以及远离京城的悲哀。《太平记》的作者通过杜甫诗句的引用将"元弘之乱"比拟为"安史之乱"，暗示了被流放的后醍醐天皇将如唐朝皇帝一样收复京城，同时也将后醍醐天皇比拟为唐玄宗，将镰仓幕府执政者比拟为安禄山，这和《太平记》序文中的叙述"良臣则之守社稷，若夫其德欠则虽有位不持……禄山亡凤翔"叙述一致，暗示了镰仓幕府的执政者因不守臣道而亡。《太平记》卷四《吴越故事》中描写了中国春秋时期吴越争霸的故事。该故事将后醍醐天皇比拟为越王勾践，暗示了后醍醐天皇将如勾践一样卧薪尝胆，终将消灭镰仓幕府。

---

① 釜田喜三郎. 太平記研究：民族文芸の論 [M]. 東京：新典社，1992：314.

该故事将后醍醐天皇比拟为越王的同时，又把他比拟为吴王，又暗示了他也将如吴王一样失去国家政权。卷二十《孔明仲达故事》引用中国三国故事，将南朝大将新田义贞比拟为诸葛亮，预示了他在越前军事行动的兵败被杀的最后结局。

最后，《太平记》通过中国典籍的引用对日本历史人物、事件进行褒贬（主要是贬）。作品卷三十九《山名投降之事》叙述了之前投降南朝的北朝大名山名时氏为了利益重新投靠北朝的历史事件，在该故事的结尾引用了一首宋代诗人司马光的《春游》中的诗句"人物竞纷华，骊驹逐钿车。此时松与柏，不及道傍花"对山名时氏进行了评价。司马光的《春游》诗原本是批判吕惠卿的。吕惠卿是王安石变法的积极支持者，和王安石情同师徒，然而后来与王安石发生矛盾，二人关系破裂。史书上认为吕惠卿背信弃义、祸国无耻，人格低劣。司马光的这首诗被认为是对吕惠卿无人格气节的讽刺，《太平记》通过引用这首诗暗含了对在南北朝之间朝秦暮楚、反复无常、毫无气节可言的大名的讽刺。[①] 卷三十二《许由巢父之事和虞舜孝行之事》批判投靠南朝的足利直冬不孝于父亲足利尊氏，暗示其率领南朝军队进攻北朝必然招致失败。卷三十五《北野通夜物语》中，南朝的"云客"在批评南朝的施政时，引用了中国的两则故事，一则是理想君王周大王姬亶的故事，一则是理想大臣史官董狐的故事。这两则故事的引用暗含了南朝的天皇非仁义之君，大臣非诤谏忠臣，这样的君臣不能统一北朝，给日本带来和平。卷三十八《大元军事故事》虽然褒扬了室町幕府的管领细川赖之的"尺寸之谋"，却暗含了对其缺乏"仁"的批判，也暗示了他并不是作者心目中理想的大臣，由他辅佐室町幕府第三代将军并不能给日本带来和平。

4.《太平记》历史叙述的矛盾性

与《平家物语》相比，《太平记》给读者的感觉是结构比较松散，缺乏统一性，甚至前后矛盾之处也比较多。这与《太平记》的成书过程相关，正如前文所述，《太平记》并非一次成书，而是于数十年的较长一段时期内由多人参

---

① 森田貴之.『太平記』の漢詩利用法——司馬光の漢詩から [J]. 国語国文，2010 (3).

与、历经数次修改而成，因此，矛盾之处难以避免。① 如作品在卷一《中宫入宫之事》描写了后醍醐天皇对中宫藤原禧子的冷落，却在卷四《笠置囚人死罪流放之事》中描写了他们之间的恩爱。作品对足利尊氏之弟足利直义的评价也存在相反的两个方面：在卷二十一《天下时势妆之事》、卷二十三《直义生病痛苦之事》中将足利直义描写为尊重皇室、施政大公无私的为政者，却在卷三十《慧源禅门逝去之事》中将足利直义的逝去归结为其作恶多端之故。卷二十一、卷二十三对足利直义的褒扬佐证了《难太平记》中所说的惠镇本《太平记》是在足利直义的监督下进行修改的。卷三十对足利直义的批判反映了"观应之乱"中足利直义的失势被杀和室町幕府对足利直义的批判。作品的创作者并未删去对足利直义的褒扬，或许反映了对足利尊氏毒杀直义的不满。② 此外，今川了俊《难太平记》记载《太平记》的编撰工作重新继续进行之时，很多武士要求将自己的功名加入，很多无迹可寻的事情被随意添加。天正本《太平记》加入了许多对大名佐佐木道誉极力赞扬的部分，和古本中对大名佐佐木道誉的批判并行存在。这种修改很可能跟佐佐木道誉的后代京极佐佐木氏参与修改作品相关。③ 诸如此类矛盾性的历史叙述或许是作者多次修改造成前后缺乏统一的疏忽所致。

　　除此之外，《太平记》历史叙述的矛盾性也不能否定参与作品的创作者故意为之的可能。这种可能与作品的意图相关，也是笔者要考察的内容之一。作品对后醍醐天皇的评价就存在相反的两个方面：作品卷一《关所停止之事》中，作者一方面极力褒扬醍醐天皇理世安民的施政；另一方面对后醍醐天皇的"霸"进行批判，"只是令人惋惜的是，后醍醐天皇行齐桓公之霸道，如楚王遗弓那样度量狭小，因此虽然合一天，守文却不足三载"。作品在强调后醍醐天皇对镰仓幕府的"革命"的同时，将其倒幕行为称为"谋反"；在赞扬后醍醐天皇"圣

---

① 鈴木登美恵. 太平記の成立過程—書継の問題—［J］. 国文，1957（7）. 鈴木登美恵. 太平記の書き継ぎについて［J］. 文学・語学，1959（14）.
② 北村昌幸. 太平記世界の形象［M］. 東京：塙書房，2010：237.
③ 鈴木登美恵. 佐々木道誉をめぐる太平記の本文異同—天正本の類の増補改訂の立場について—［J］. 軍記と語り物. 1964（1）.

君"的同时,批判其后宫之妃阿野廉子导致了"倾城倾国之乱"等。虽说《太平记》的成书与足利氏室町幕府有很大的关系,但作品多处也对第二代将军足利义诠缺乏施政之才进行了直接的批判。① 这或许是由于初期的室町幕府因有权势的大名的抗争,背叛幕府的大名们同南朝联手袭击京都的事件也时有发生,因此,室町初期的幕府极其不稳定,也未建立起极强的权威。《明德记》《应永记》等军记物语,二者皆成书于室町幕府第三代将军足利义满时期,书中却几乎未见对政权的批判。《太平记》的作者能在书中对幕府掌权者接二连三进行批判,可以说这和室町幕府政权的不稳定性不无关系。《太平记》的作者是僧侣阶层,虽与室町幕府关系比较亲近,但也与幕府保持一定的距离,容易从体制外部审视幕府的种种行为。② 笔者认为,作品对室町幕府的批判并不止于此,其实,作品在深层对室町幕府成立的正当性、所谓几乎未受批判的"权威"足利尊氏,以及第三代将军的管领细川赖之等都进行了批判。诸如此类的矛盾性叙述,笔者将在后续章节中展开论述。

总之,《太平记》的历史叙述具有多样性,受到《平家物语》、中国典籍的引用等多方面因素的影响。同时,《太平记》的历史叙述又具有所谓的矛盾性,这种矛盾性与作品的意图、儒家思想等也有很大的关系。因此,研究《太平记》的历史叙述和儒家思想的关系有助于进一步了解《太平记》历史叙述的多样性和矛盾性。

三、《太平记》中的儒家思想

儒家思想是先秦诸子百家学说之一,由孔子创立,经后世之人阐发而逐渐完善,形成了完整的儒家思想体系。儒家思想长期以来作为中国古代的主流意识形态,对于中国的思想文化产生了巨大的影响,也影响到了日本、朝鲜半岛和越南,形成了所谓的东亚"儒家文化圈"。那么,日本以及《太平记》是如何接受儒家思想的呢?

---

① 遠山美紀. 将軍義詮像造形論——『太平記』第三部の構想との関わり [J]. 新潟大学国語国文学会誌, 2002 (7).
② 北村昌幸. 太平記世界の形象 [M]. 東京:塙書房, 2010: 5.

1. 日本对儒家思想的接受

成书于712年的《古事记》是现存日本最早的一部文献，在该书中卷《应神天皇记》中记载了儒家经典《论语》是由朝鲜半岛的和迩吉师（《日本书纪》称为王仁）传入日本的：

> 又科赐百济国，若有贤人者，贡上。故受命以贡上人名和迩吉师。即<u>论语十卷·千字文一卷</u>，并十一卷，付是人即贡进。又贡上手人韩锻，名卓素，亦吴服西素二人也。①

按《古事记》《日本书纪》的纪年，大约在公元3世纪末期，《论语》等儒家经典传入日本，揭开了日本吸收中国儒家思想的序幕。公元7世纪初，日本派遣遣隋使、遣唐使学习中国的政治制度和思想文化，作为中国官方学说的儒家思想自然是日本学习的重要内容之一。自大化革新开始，日本积极仿效中国建立律令制国家，在京城设置大学寮，设置明经博士担任主讲，系统学习中国的儒家思想。圣德太子制定《冠位十二阶》《十七条宪法》以及《大宝律令》等都贯穿着儒家的许多思想，也就是说儒家思想在日本初传时期满足了日本上层贵族建立中央集权国家的需要。② 此外，平安时代的文学作品，如《凌云集》《文华秀丽集》《经国集》中的君臣观、《宇津保物语》中的孝思想、《松浦宫物语》中的忠孝观等也都是儒家思想的体现。③

到了中世，武士阶层登上历史的舞台，掌管国家的权力。与平安时代的贵族相比，武士阶层更加积极吸收儒家思想，为他们的统治寻求正当性和合法性。如镰仓时代，北条政子命公卿菅原为长将《贞观政要》翻译为日语，并令其为幕府讲解此书。镰仓幕府的掌权者北条时赖甚至亲自向将军宗尊亲王讲解《帝范》《臣轨》等典籍。④《贞观政要》《帝范》《臣轨》等是唐代编撰的讲述君臣

---

① 山口佳紀，神野志隆光校注訳. 古事記1 [M]. 東京：小学館，1997：266.
② 王家骅. 儒家思想和日本文化 [M]. 杭州：浙江人民出版社，1990：26.
③ 趙秀全.『松浦宮物語』にみる「忠」と「孝」[J]. 日本文学，2013 (6).
④ 玉懸博之. 武家政権と政治思想 [M] //日本思想史講座 中世の思想Ⅰ，東京：雄山閣，1976.

之道的儒家思想浓厚的政论性书籍。另外，中世的和尚们，尤其是五山禅僧在专修佛法同时也积极吸收儒家思想①，如由室町时代后期的公卿一条兼良编著的《尺素往来》中关于玄惠有如下记载：

  常读宋人司马光资治通鉴、尊信程颢程颐朱熹之学、后醍醐帝召侍读、先是经筵专用汉唐诸儒注疏、至是玄慧（即玄惠）始唱程朱之说、世人往往多学之者。②

《尺素往来》成书于室町时代后期，是日本传统的启蒙教材，属于日本的"往来物"。该书认为玄惠是日本第一位提倡程朱理学之人，他曾在后醍醐天皇的"经筵"上讲解程颐程颢和朱熹注释的儒家学说。

玄惠可能是《太平记》的作者之一，他在多大程度上受程朱理学的影响已无法考证，但可以肯定的是《太平记》成书年代相当于中国的元朝中后期和明朝初期，这个阶段也正处于古代中日交流的高峰期。③ 日本在894年废止了遣唐使的派遣，中日之间的官方交往宣告结束。不久之后，唐王朝灭亡，中国进入了五代十国的分裂战乱局面。然而中日两国的民间交流并未因此而终止，反而不断兴盛，尤其在北宋王朝建立之后，中日交流不断扩大。据记载北宋年间，中日往来的商船达七十余次。④ 在此阶段，日本社会结构也发生了巨大的变化，主要是武士阶层开始登上历史舞台，并且于1192年建立了第一个武士政权镰仓幕府。新的阶层必然会有新的文化诉求，而此时在中国兴起的禅宗开始引起日本僧人的兴趣。南宋时代，在中国江南一带，禅宗的发展进入兴盛阶段，并且建立了五山十刹制度，与此同时大量的日本"入宋僧"到中国学习禅宗。日本的禅宗第一人荣西（1141—1215）于1168年、1187年两次到中国学习佛教，并

---

① 源了圆，严绍璗主编. 中日文化交流史大系 思想卷 [M]. 杭州：浙江人民出版社，1996：135.
② 塙保己一编纂. 群書類従 第9辑 [M]. 東京：八木书店古書出版部，2013：503.
③ 羽田正编，小島毅監修. 東アジア海域に漕ぎだす1 海から見た歴史 [M]. 東京：東京大学出版会，2013.
④ 大庭修，王晓秋编. 中日文化交流史丛书 历史 [M]. 東京：大修館书店，1995：144.

把喝茶之风引入日本，逐渐形成了具有日本特色的"茶道"。从日本的镰仓时代后期到南北朝时代，到南宋学习的日本僧人有一百多人，到元朝学习的日本僧人有两百多人。① 而榎本涉认为到中国学习的僧人远远超过这个数字，还有很多僧人无法统计。② 此阶段，中国的很多僧人也东渡日本传播佛教，如兀庵普宁、兰溪道隆、大休正念、无学祖元等人，兰溪道隆在镰仓开创了建长寺，无学祖元开创了圆觉寺。日本僧人在学习佛学知识的同时也积极吸收中国儒家思想，如虎关师炼（1278—1346）在其作品《济北集》中对孟子、朱熹的学说进行了论述，中严园月（1300—1375）著有《中正子》一书专门讨论儒家思想。中世的文学作品也积极吸收儒家思想，如说话集《十训抄》对"德政""孝""忠"等展开探讨③，军记物语《保元物语》等对战乱的认识和儒家思想密切相关等④。

2. 《太平记》中儒家思想的概况

在思想层面，影响《太平记》历史叙述的既有儒家思想和佛教思想，也有神道观念（神国思想）和道家思想。如卷二十六《云景未来记》通过叙述象征王权的三种神器"宝剑、镜、玉"中的宝剑随着安德天皇堕海身亡而失踪，认为这正是日本自安德天皇之后，朝廷衰微、武家繁盛的原因之一。关于道教思想，如卷一《无礼讲之事》引用了中国"八仙"之一韩湘子和韩愈的故事，暗示了后醍醐天皇在"元弘之乱"中被幕府流放。永积安明认为，《太平记》基本的世界观主要是佛教的因果观和儒家思想的道德观。⑤ 如卷三十五《北野通夜物语》中，法师以因果论来解释天下战乱不止的原因，曾如下所示：

---

① 木宮泰彦. 日華文化交流史 [M]. 東京：富山房，1955：167.
② 榎本涉. 南宋・元代日中渡航僧伝記集成—付江戸時代における僧伝集積過程の研究 [M]. 東京：勉誠出版，2013：9.
③ 小川豊生. <歌德>と<德政>：『十訓抄』をめぐって [J]. 日本文学，1996（2）；内田澤子. 『十訓抄』の「忠義」——第六の考察から [J]. 説話文学研究，2001（6）；吳素蘭. 『十訓抄』孝子譚における儒教の受容について [J]. 愛知大学国文学，2011（12）.
④ 弓削繁. 軍記物語の政道観をめぐって [M] // 軍記と漢文学. 東京：汲古書院，1993.
⑤ 永積安明. 続日本古典読本Ⅴ太平記 [M]. 東京：日本評論社，1948：233.

以如是佛说来看，臣蔑视主君、子杀父皆非今生一世之恶。大概武士丰衣足食、公卿饿死之事皆乃过去因果所致。①

这种以佛教思想解释天下动乱的原因跟《太平记》作者的身份相关，如前文所述，《太平记》的成书和惠镇、玄惠以及五山禅僧等有很大关系，因此难免会打上佛教的烙印。

增田欣对《太平记》中的儒家思想做了进一步的论述，他指出《太平记》作者儒家思想的政道观、历史观贯穿于整个作品之中，形成了《太平记》历史叙述和历史认识的一部分。②《太平记》大量引用了中国的儒家典籍，据高桥贞一的统计，《太平记》中《论语》的引用有 57 例，《孟子》的引用有 21 例，《贞观政要》的引用有 19 例，《周易》的引用有 11 例，《孝经》的引用有 8 例，《帝范》的引用有 4 例等。此外，《太平记》中引用的中国故事中也包含儒家思想，如卷二《尹大纳言师贤卿代替主上登山门之事、付坂本战争之事》中的纪信故事和卷四《吴越故事》包含"忠臣"的概念，卷三十二《许由巢父之事和虞舜孝行之事》包含"孝"的理念，卷三十七《杨贵妃之事》体现了对"尤物"的认识，卷三十八《大元战争之事》体现了"仁"的思想等，以及卷四十《细川右马头自西国上京之事》中包含"华夷观"。《太平记》对日本人物的评价也体现了儒家思想，如楠木正成和万里小路藤房忠臣形象的塑造，对为政者镰仓幕府、后醍醐天皇等缺乏"仁政"的批评、对武士"忠"的重视等。

四、先行研究和本论文研究的方法、意义

《太平记》长期以来被认为是历史书籍，实际上《太平记》使用"记"而没有像《平家物语》一样使用"物语"也可以看出《太平记》作者的初衷很可能是为了将其编撰为历史书籍，江户时代在编撰《大日本史》时曾将其作为史料来源。至于《太平记》的文学性在历史上也曾经饱受诟病，江户前期的俳谐师宝井其角曾作"平家や太平記には月も見ず"的俳句，批判《太平记》不如

---

① 鷲尾順敬校注. 太平記 [M]. 東京：刀江書院，1943：1024.
② 増田欣. 中世文藝比較文学論考 [M]. 東京：汲古書院，2002：225.

《平家物语》风雅。《太平记》中大量中国典籍、佛教典籍、生僻的汉语词汇等的引用也导致了目前《太平记》的研究在很大程度上还处在基础阶段，对其思想性的关注度和重视度也不够。可喜的是，近两年对《太平记》的关注度有所上升，如太平记研究会正在翻刻玄玖本《太平记》，岩波文库也在计划出版兵藤裕己校注的西源院本《太平记》，或许不久的将来《太平记》的研究会被推上一个新的高度。

1. 先行研究

《太平记》中大量引用中国的汉诗、汉文，这已经成为《太平记》最显著的特点之一。对这些汉诗、汉文出处的研究从室町时代（1336—1573）末期就已经开始了。1543年成书的《太平记贤愚钞》[①]是对《太平记》中汉籍的来源进行详细考察的注释书，该书将《太平记》中难以理解的汉字、句子抄出进行了详细注解，对故事、谚语也进行了详细的说明，涉及的中国典籍一百部左右，开启了《太平记》出典研究的序幕。卷一《俊基资朝被抓捕下关东之事》中的"宜乎！不义而富且贵，于我如浮云"，《太平记贤愚钞》的注解是"论语述而篇云：不义而富且贵于我如浮云。注曰：富贵而不以义者于我如浮云，非己之有也。此意乃若非道，富贵非我之物，如浮云"，不仅指出了出典，还引用了何晏注、宋邢昺疏的《论语注疏》注解，并且对其含义作了进一步的解释。

庆长十五年（1610）出版的《太平记钞》也是《太平记》的一部注释书，该书的内容是《太平记贤愚钞》的近三倍，注释详细，考证严密，有时在和原典进行对比之后还进行了评述。在卷十八对《程婴杵臼故事》的注解是"昔秦代，这是错误的，是周定王八年，晋景公元年。此故事多半是正确的，但'语'以下混淆了敌我双方，都弄错了……在《史记》《赵世家》中能够看到，应该可以知道《太平记》的这些相异"，《太平记钞》的作者不仅指出了《太平记》引用的错误之处，在与原典进行比较的基础之上，指出其相同和不同之处，这种方法至今仍是中日文学比较研究的基本方法。

近代以来对《太平记》中中国典籍引用的研究开始有了长足的发展。明治

---

① 太平記抄・太平記賢愚抄・太平記年表・太平記系圖 [M]. 東京：國學院大學出版部，1908：338.

年间，久米邦武发表了《太平记对史学无益》①一文，指出《太平记》中楠木正成的事迹和中国典籍有很多类似之处，否定了《太平记》的史学价值。久米氏将《太平记》中引用中国的故事和原典进行比较，这对研究《太平记》和中国文学的关系有很大帮助。著名汉学家青木正儿在其《支那文学艺术考》②一书中也涉及了《太平记》和中国文学的关系，指出《太平记》中韩愈的故事有可能是受到宋代《青琐高议》的影响等，对后世的研究很有启发意义。此外，狩野直喜③也从整体上介绍了《太平记》中引用的中国故事，指出了《太平记》可能受《太平广记》等宋代书籍的影响。后藤丹治在其《太平记的研究》④一书中主要考察了《太平记》中白居易新乐府诗歌的引用，指出了《太平记》的批判性和白诗的关系。

第二次世界大战之后，对《太平记》和中国典籍关系研究的集大成者是增田欣。他在1976年出版了《〈太平记〉的比较文学研究》，指出了《太平记》中中国故事和《史记》的关系。同时在该书的第三章"关于儒学经书的考察"一节中，增田欣指出《太平记》对儒家典籍语句的引用主要依据平安时代传入日本的《孝经》《论语》《孟子》等，基本没有参考宋版的儒家典籍。在2002年，增田欣又出版了《中世文艺比较论考》⑤，其中也涉及了《太平记》中中国典籍的引用，主要探讨了《太平记》和宋元文化的关系。黑田彰在《中世说话文学史的环境》⑥以及《中世说话文学史的环境·续》⑦中指出《太平记》中的许多中国故事并不是直接来源于原典，而是日本人独特的理解，主要受很多注释书籍的影响，如《和汉朗咏集》注释书以及《胡曾诗抄》等；同时黑田氏还考察了《太平记》卷三十二中虞舜的孝亲故事。⑧此外，柳濑喜代志认为

---

① 久米邦武. 久米邦武歴史著作集第三巻史学·史学方法論 [M]. 東京：吉川弘文館，1990：221.
② 青木正児. 支那文学芸術考 [M]. 東京：弘文堂書房，1942：107.
③ 狩野直喜. 支那学文藪 [M]. 東京：みすず書房，1973：58.
④ 後藤丹治. 太平記の研究 [M]. 東京：川出書房，1938：67.
⑤ 増田欣. 中世文藝比較論考 [M]. 東京：汲古書院，2002：346.
⑥ 黒田彰. 中世説話の文学史的環境 [M]. 東京：和泉書院，1987：112.
⑦ 黒田彰. 中世説話の文学史的環境 続 [M]. 東京：和泉書院，1995：78.
⑧ 長川端編著. 太平記の時代：論集 [C]. 東京：新典社，2004：245.

《太平记》中许多唐代诗句也并非直接引用,而是受宋元时代诗集、诗话的影响,如《诗人玉屑》《古文真宝》《三体诗》等。① 柳濑氏还对《太平记》中"长恨歌"的故事进行了一系列的考察,取得了很大的成就。② 目前对《太平记》中中国典籍引用进行研究的主要是森田贵之。森田贵之的研究主要集中在《太平记》和宋元文化的关系,有《〈太平记〉和元诗》③、《〈太平记〉的汉诗利用方法——从司马光的汉诗来看》④ 等论文。此外,田中尚子的《三国志享受史论考》⑤,山田尚子的《中国故事受容论考》⑥ 中对《太平记》中中国典籍的引用也有涉及。广岛大学的于君以《太平记》中的武士形象为中心,考察了其中的"忠""孝"思想。⑦ 日本古典文学系列中的《太平记》也对其中的中国典籍的引用进行了注释,如岩波书店的大系本《太平记》、新潮社山下宏明校注的《太平记》以及小学馆新编日本古典文学全集《太平记》的注释。其中,小学馆新编《太平记》的注释不仅详细而且还介绍了相关的先行研究,至今仍是一部无法超越的注释书。

  国内学者对《太平记》的研究主要是邱岭和邱鸣。邱岭在其论文《〈太平记〉中的〈楚汉战争故事〉》⑧ 一文中将《太平记》中的楚汉故事和中国原典进行对比,指出日本接受该故事的特点:重视细部、抒情性等。另外邱岭还通过对比《太平记》和《三国演义》指出了中日文学理念的不同等。⑨ 邱鸣主要是考察了《太平记》中《眉间尺故事》和《黄粱梦故事》与原典的不同,指出

---

① 柳瀨喜代志. 日中古典文學論考 [M]. 東京:汲古書院,1999.
② 柳瀨喜代志. 日中古典文學論考 [M]. 東京:汲古書院,1999.
③ 森田貴之.『太平記』と元詩—成立環境の一隅— [J]. 国語国文,2007(2).
④ 森田貴之.『太平記』の漢詩利用法——司馬光の漢詩から [J]. 国語国文,2010(3).
⑤ 田中尚子. 三志享受史論考 [M]. 東京:汲古書院,2007.
⑥ 山田尚子. 中国故事受容論考:古代中世日本における継承と展開 [M]. 東京:勉誠出版,2009.
⑦ 于君. 軍記物語に描かれた武士像:『平家物語』と『太平記』における [J]. 広島大学大学院教育学研究科紀要 第二部 文化教育開発関連領域(63),2014. 于君.『太平記』に描き出された武士像:「忠」と「孝」を中心に [J]. 広島大学大学院教育学研究科紀要 第二部 文化教育開発関連領域」(64),2015.
⑧ 邱岭.《史记·项羽本纪》与《太平记》中的楚汉故事 [J]. 外国文学研究,1994(2).
⑨ 邱嶺.『太平記』における三国故事 [J]. 中京大学文学部紀要,2001(1). 后收录于宁夏人民出版社于 2005 年出版的《三国演义在日本》一书。

《太平记》作者篡改的意图。① 之后，邱鸣又尝试从比较文学的视野来审视《太平记》，有《中日古典小说虚构的异同——中日军记小说应验描写比较》② 一文。二位学者的论文对笔者研究《太平记》有很大的启发意义。此外，曲维、张哲俊、张真等学者对《太平记》的研究也有所涉及。③

由此看出，虽然日本研究界对《太平记》关注较多，但令人遗憾的是中国研究界对《太平记》的关注度还不够。研究的热点主要集中在版本对比研究、出典研究、人物形象、中日对比研究等几个方面，而从儒家思想角度切入对整个《太平记》历史叙述进行的研究还很少，或者只是略微提及，未作深入论述。然而正如前文所述，《太平记》中大量引用儒家典籍，多处存在对儒家思想的运用，因此，笔者认为，考察《太平记》的历史叙述和儒家思想的关系有很大的研究空间。关于与本研究相关的先行研究，笔者将会在后面的各个章节中具体涉及。

2. 本书研究的方法、意义

《太平记》是一部史诗般的历史文学作品，其叙述的历史年代跨度之大、历史事件之繁多超过了之前的军记物语作品。《太平记》虽与《平家物语》一同被称为日本军记文学的双璧，但相对于《平家物语》的"物语"之称，《太平记》却使用了"记"。与伤感的、优雅的、风花雪月的"物语"相比，"记"更侧重对事实的记录、记述等。④《太平记》序中的"采古今之变化、察安危之来由""是以前圣慎而得垂法于将来也，后昆顾而不取诫于既往乎"的政治理念与《史记》"究天人之际，通古今之变，成一家之言"的创作主旨，以及《资治通

---

① 邱鸣. 護良親王の人間像と中国故事説話—『太平記』における中国故事説話の方法 [J]. 『都大論究』，1990（3）.『太平記』における中国故事説話の方法——黄粱夢説話についての考察を中心に [J]. 『都大論究』，1991（3）. 这两篇文章收录于邱鸣编著《太平記の漢文学研究》（新世界出版社，1999）一书。

② 邱鸣. 中日古典小说虚构的异同——中日军记小说应验描写比较 [J]. 日语学习与研究，2005（3）.

③ 曲维. 军记物语《太平记》与《参考太平记》论析 [J]. 外国问题研究 1998（3）；张哲俊. 《太平记》中三国故事的文献来源考察 [J]. 内蒙古师范大学学报（哲学社会科学版），2010（3）；张真. 《太平记》中的三国故事来源再考察 [J]. 明清小说研究，2014（3）.

④ 邱鸣. 论《史记》对日本军记文学之影响——以"太平记"研究为中心 [J]. 日语学习与研究，2009（4）.

鉴》编撰的意图"鉴前世之兴衰，考当今之得失"具有相通之处。《太平记》具有很强的历史记录性格，也具有很强的故事性、虚构性、抒情性等特点，是一部采用了多重叙述方式的文学作品。那么，考察《太平记》的历史叙述可谓是将"历史的文学性和文学的历史性"紧密地结合了起来，能将文学作品研究中的文化与诗学完美地结合在一起，打通了历史和文学之间的研究界限，既符合中国古代文史不分的传统研究方法，也符合西方新历史主义的理论诉求。因此，本书主要采用"文史互证法"、中日比较法来探寻《太平记》的历史叙述和儒家思想的关系。

"文史互证法"在近代由陈寅恪倡立，源于传统的训诂考据学方法，参照了宋代以来的史学方法以及近代西方史学、语言学等，是一种既打通汉宋，又融合中西的研究方法。① 陈寅恪在《元白诗笺证稿》一书中从政治制度、文人交往、社会风气等角度对元白二人诗文进行独到解说：一方面从中看出了许多前人没有关注的史实；另一方面也对诗文之意义，特别是写作缘由多有揭示。② 笔者在借鉴陈寅恪的"文史互证法"的基础之上，对本书运用的"文史互证法"归纳如下：一是从史学角度考证作品，即通过和同时代的历史书籍，如《增境》《梅松论》《神皇正统记》等进行对比，探寻出《太平记》历史叙述的独特性；同时运用中日比较研究、出典研究考察这种历史叙述的独特性和儒家思想的关系，进而论述作品的意图和目的。二是以作品作为史料，用所谓的"历史之眼光"通过梳理儒家思想在日本历史上的接受状况，指出《太平记》中儒家思想在日本儒家思想接受史中的位置，以及《太平记》中儒家思想的特点。中国中日比较文学领域的大家严绍璗曾提出的"以原典实证为基础的文学与文化的发生学研究"③，是以东亚文学与文化关系为中心的比较文学研究的重要方法。本书也在吸收严绍璗提出的研究方法的基础上，以《太平记》中的儒家思想为材料，尝试探索考察中日儒家思想的异同。同时，笔者还考察了作品中儒家思想

---

① 景蜀慧."文史互证"方法与魏晋南北朝史研究[J].中山大学学报（社会科学版），2000（1）.
② 陈建华.从"以诗证史"到"以史证诗"——读陈寅恪《柳如是别传》札记[J].复旦学报（社会科学版），2005（11）.
③ 严绍璗.中日古代文学关系史稿[M].长沙：湖南文艺出版社，1987：10.

与后世儒家思想的关系,从而更全面地把握儒家思想在日本的接受状况。

　　考察《太平记》的历史叙述和儒家思想对阅读《太平记》这部重要的军记物语,以及解明作品的创作意图有很大的帮助。此外,正如前文所述,《太平记》成书的年代大体相当于中国的元代中后期,而此时正处于中日古代交流的高峰期,也是日本积极吸收中国宋元文化的重要阶段,因此,研究《太平记》中中国典籍引用的新出典、新材料,对理解《太平记》的成书过程和中世中日文化的交流情况也有一定的参考价值。《太平记》是一部儒家思想浓厚的文学作品,既继承了平安时代的儒家思想传统,又对日本近世的儒家思想、近代的倒幕运动、近代的皇国思想等产生了很大的影响,是一部承上启下的重要文学作品。[1] 虽然古代日本受到中国儒家思想很大的影响,属于东亚"儒家文化圈"的范围,但由于古代日本的政治制度、社会状况等和中国不同,故日本对儒家思想的接受也必然有所不同。因此,研究《太平记》中的儒家思想对理解日本文化和日本人思想观念的形成也有很大的启发意义。

　　儒家思想包罗广泛,内涵丰富,是一套包含人生观、价值观、世界观或天下观的思想体系,包含"仁""忠""孝""义"等核心概念。其中,儒家对为政者对待尤物(美女和珍奇之物)的态度、大臣对君主应尽的义务、王朝交替的现象、族群的划分和国际秩序等均有一套长期影响我国古代思想文化的看法,形成了所谓的"尤物观""忠臣观""革命观""华夷观"等。这四个儒家话语极大地影响了《太平记》的历史叙述。本书第一章通过"尤物"的叙述,考察了作品对为政者"君"的评价,即"尤物观";第二章通过"忠臣"的叙述,考察了作品对"臣"的要求,即"忠臣观";第三章通过"革命"的叙述,探讨了作品对"君臣"之间关系的看法,即"革命观";第四章通过"太平"的叙述,考察了作品对所谓"太平"的看法,即"华夷观"等。以下四章,笔者将在梳理这四个儒家话语在中日两国接受的基础之上,对《太平记》的历史叙述和儒家思想的关系进行探讨,管窥儒家思想对日本古代文学乃至整个日本社会文化的影响。

---

[1]　兵藤裕己. 太平記《よみ》の可能性 [M]. 東京:講談社,1995:13.

29

第一章 "尤物"的叙述和尤物观

尤物的基本含义有两层，一为绝色美女；一为珍奇之物。①《春秋左传》中开始出现"尤物"一词，意为特美之女②，记载的是晋国有个大臣叫叔向，想娶楚国大夫申公巫臣的女儿。然而叔向的母亲不同意这门婚事，以"夫有尤物，足以移人，苟非德义，则必有祸"③ 来劝诫自己的儿子，认为美女足以能改变一个人，如果没有德义的话，早晚会带来灾祸。此外，《晋书》中有"昔汉光武皇帝时，有献千里马及宝剑者，马以驾鼓车，剑以赐骑士。世祖武皇帝有上雉头裘者，即诏有司焚之都街。高世之主，不尚尤物，故能正天下之俗，刑四方之风"④，认为不喜好"尤物"的圣君才能较好地统治天下，此处的"尤物"指千里马、宝剑等珍奇之物。由此可见，我国古代对"尤物"的看法，即"尤物观"包含两个方面："红颜祸水（祸国）"和"玩物丧志（丧国）"。然而时至今日提到"尤物观"时，人们常常将其和"红颜祸水（祸国）"联系在一起，却忽略了"玩物丧志（丧国）"的含义。唐代诗人白居易的新乐府诗《长恨歌》和《八骏图》等运用了"尤物"的这两个含义，对《太平记》产生了很大的影响，笔者将在后文中进行详细论述。

关于《太平记》中"尤物观"的先行研究，釜田喜三郎在《倾城倾国之乱》一文中指出，《太平记》将战乱的原因归结到女性身上，体现了中国所谓的

---

① 諸橋轍次著，鎌田正、米山寅太郎修訂. 大漢和辞典［M］. 東京：大修館書，1989.
② 《汉典》等将其误解释为"珍贵的物品"。
③ 杨伯峻编. 春秋左传注［M］. 北京：中华书局，1990：1197.
④ 中华书局编辑部编. 晋书［M］. 北京：中华书局，200：536.

"红颜祸水"观。① 柳濑喜代志指出在《太平记》卷一《立后之事》中引用了白居易《长恨歌》和陈鸿《长恨歌传》的语句，对女性提出了"后妃之德"的要求，体现了白居易、陈鸿等人所提倡的新乐府精神。② 然而令人遗憾的是，这两位学者认为作品中的尤物观主要是为了批判女性，并未触及尤物观的深层含义。其实，作品中出现的"奇物"一词也是尤物观的组成部分，二位学者也没有涉及。因此，以下四节在梳理中日两国尤物观的基础上，主要探讨《太平记》中的"尤物"杨贵妃、倾国倾城之乱的尤物观、奇物佚游丧失政权的尤物观，考察《太平记》中尤物观的独特性和意图。

第一节　中日两国的尤物观

鲁迅在《阿Q正传》中曾对美女祸国的"尤物观"进行过辛辣的讽刺，他说："中国的男人，本来大半都可以做圣贤，可惜全被女人毁掉了。商是妲己闹亡的；周是褒姒弄坏的；秦……虽然史无明文，我们也假定他因为女人，大约未必十分错；而董卓可是的确给貂蝉害死了。"③ 这种"尤物观"如今看来十分荒谬滑稽，然而在中国古代一直是儒家思想的主要内容之一，并且对文学作品也产生了重要影响。那么，我国古代的"尤物观"是怎么形成的？日本在《太平记》之前又是如何接受"尤物观"的？

一、中国典籍中的尤物观

就笔者的调查而言，最早出现"美女乱政"的文献记载是《诗经·大雅·瞻卬》篇，是讽刺周幽王因宠幸褒姒而导致国家大乱，其中有"哲夫成城，哲妇倾城。懿厥哲妇，为枭为鸱。妇有长舌，维厉之阶。乱匪降自天，生自妇人。

---

① 釜田喜三郎. 傾城傾国の乱 [C] //鈴木登美恵，長谷川端編：太平記. 東京：尚学図書，1980：112.
② 柳瀬喜代志. 日中古典文學論考 [M]. 東京：汲古書院，1999：325.
③ 鲁迅. 鲁迅全集 第一卷 [M]. 北京：人民文学出版社，2005：512.

31

匪教匪诲，时维妇寺"①的描述，"哲妇"指美貌的女子，指代褒姒，《诗经》将褒姒比拟为猫头鹰，认为她是搬弄是非的长舌妇，是祸害的根源。这里的"哲妇倾城"并非"尤物乱政"，而是"才女乱政"。这种观念也影响到了史书的编撰，《汉书》中的"北方有佳人，绝世而独立，一顾倾人城，再顾倾人国。宁不知倾城与倾国，佳人难再得"②，是李延年以倾城倾国告诫汉武帝不要沉溺于女色。汉代荀悦的《前汉纪》中记载了大臣对于拥立皇后的谏言"臣闻立后妃者，王教之大端，三纲之本理，治道所由废兴也，社稷所以存亡也，故夏之兴也以涂山，亡也以妹嬉，殷之兴也以有娀，亡也以妲己，周之兴也以文母，亡也以褒姒，夫三代安危，后主所观，是以圣王必审举措，察操行，以计胜色者昌，以色立为后亡"③，认为夏商周的亡国是亡于三个美女，即妹嬉、妲己、褒姒，因此，立皇后应以德行为标准，不然将会亡国。

唐朝中期，因藩镇割据、宦官专权等原因导致社会动荡不安，于是士大夫们掀起了恢复古代儒家道统、将改革文风与复兴儒家思想紧密结合的运动。其中元稹、白居易等人提倡新乐府运动，主张恢复古代的采诗制度，发扬《诗经》和汉魏乐府讽喻时事的传统，使诗歌起到"补察时政""泄导人情"的作用，强调文学的社会教化功能，即"文章合为时而著，歌诗合为事而作"。陈鸿在《长恨歌传》的开头明确地指出了创作的目的，"乐天因为《长恨歌》。意者不但感其事，亦欲惩尤物，窒乱阶，垂于将来者也"④，是为了警惕美人，堵塞祸根，给未来留下教训。白居易的新乐府诗歌中也有很多类似的诗句，如"贵妃胡旋惑君心，死弃马嵬念更深"⑤、"女为狐媚害即深，日长月增溺人心。何况褒妲之色善蛊惑，能丧人家覆人国"⑥、"生亦惑，死亦惑，尤物惑人忘不得。人非木石皆有情，不如不遇倾城色"⑦等，白居易通过这些诗句告诫为政者不

---

① 周振甫译注. 诗经今译 [M]. 北京：中华书局，2002：488.
② 中华书局编辑部编. 汉书 [M]. 北京：中华书局，2000：2897.
③ 荀悦. 前汉纪 [M]. 长春：吉林出版集团有限责任公司，2005：175.
④ 鲁迅编. 唐宋传奇 [M]. 长沙：岳麓书院，2014：43.
⑤ 谢思炜. 白居易诗集 [M]. 北京：中华书局，2006：305.
⑥ 谢思炜. 白居易诗集 [M]. 北京：中华书局，2006：432.
⑦ 谢思炜. 白居易诗集 [M]. 北京：中华书局，2006：405.

要沉溺于女色。新乐府运动的另一位代表人物元稹在其创作的传奇小说《莺莺传》中以张生的口吻发表了如下的议论：

> 大凡天之所命<u>尤物</u>也，不妖其身，必妖于人。使崔氏子遇合富贵，乘宠娇，不为云，不为雨，为蛟为螭，吾不知其所变化矣。<u>昔殷之辛，周之幽，据百万之国，其势甚厚。然而一女子败之，溃其众，屠其身，至今为天下僇笑</u>。予之德不足以胜妖孽，是用忍情。①

在上述的文字中张生将崔莺莺比作殷朝的妲己、周朝的褒姒，认为她是"尤物"。因为尤物害人害国，而自己的德行却不足以压制尤物，所以只好远离崔莺莺。陈寅恪指出元稹抛弃崔莺莺的原因在于她出身非高门，并认为："元稹利用当时社会仍沿袭北朝重门第婚姻的旧风习，在爱情上乐于去旧就新，名实兼得，足见其为人之多诈。"② 也就是说元稹是以"尤物观"为自己的用情不专、始乱终弃寻求正当的理由。

在中国明清小说之中，"尤物观"也屡见不鲜。《封神演义》将殷纣王的灭亡归结为爱好美色，即女娲娘娘派遣三个妖精化身美女，"托身宫院，惑乱君心；俟武王伐纣以助成功"③。《隋唐演义》将武则天比作"尤物"，因为唐高宗宠幸武则天导致了李唐王朝被武则天取代。《东周列国志》中有"妖艳春秋首二姜，致令齐卫紊纲常。天生尤物殃人国，不及无盐佐伯王"④，是说齐僖公有两个绝色女儿，长女宣姜，次女文姜。宣姜嫁于卫宣王，文姜嫁于鲁桓公，二人祸乱了这两个国家。总之，"尤物"导致"倾城倾国之乱"这一观点在中国古代可谓根深蒂固，影响深远，成为中国古代文学作品的一个重要主题。

"尤物"还有另一则含义："珍奇之物"。在中国的典籍中很早就开始对为政者的沉溺于"珍奇之物"不理政事进行批判，如《尚书·周书·旅獒》中有

---

① 鲁迅编. 唐宋传奇 [M]. 长沙：岳麓书社，2014：48.
② 陈寅恪遗作，刘隆凯整理. 元白诗证史之莺莺传 [J]. 广东社会科学，2003（4）.
③ 许仲琳. 封神演义 [M]. 长沙：岳麓书社，1988：5.
④ 冯梦龙. 东周列国志 [M]. 北京：人民文学出版社，1979：67.

如下议论：

> 玩人丧德，玩物丧志。志以道宁，言以道接。不作无益害有益，功乃成。不贵异物贱用物，民乃足。犬马非其土性不畜，珍禽奇兽不育于国，不宝远物，则远人格。所宝惟贤，则迩人安。呜呼。夙夜罔或不勤，不矜细行，终累大德。为山九仞，功亏一篑。允迪兹，生民保厥居，惟乃世王。①

上述引文的含义是周武灭商纣后，蛮夷邦进贡了一头獒犬，高四尺有余，能晓解人意，威猛而善于和人搏斗，与中原犬大不相同。担任太保的召公奭担心武王会因喜好此犬而荒废政事，写了《旅獒》来告诫武王"玩人丧德，玩物丧志"。召公奭认为，喜好奇物的君主将大量的精力与时间花费在自己喜好的事物上，无心过问政事、实行德政，其统治地位也很难维系。管仲在《管子》一书中说："珍怪奇物不能惑也，万物百事非在法之中者不能动也。故法者，天下之至道也，圣君之实用也"②，意为圣明君主应该立下法度而坚定地执行它，这样，珍奇宝物就不可能惑乱君主执法之心了。唐太宗著的《帝范》引用《尚书》的语句告诫为政者不要沉溺于珍奇之物：

> 《书》曰：不役耳目，百度惟贞。玩人丧德，玩物丧志，志以道宁，言以道接。不作无益害有益，功乃成。不贵异物贱用物，民乃足。犬马非其土性不畜，珍禽奇兽不育于国。不宝远物，则远人格。所宝唯贤，则迩人安。此亦戒后人之君，不可以声色乱百度，不可玩人玩物以丧德志。③

上述引文即是从《尚书》中引用的，是对帝王的行为的要求，和前文"玩物丧国"的理念是相通的。

---

① 慕平译注. 尚书 [M]. 北京：中华书局，2009：125.
② 李山译注. 管子 [M]. 北京：中华书局，2009：236.
③ 李世民. 帝范 [M]. 北京：新世界出版社，2009：57.

白居易的新乐府诗《八骏图》描写了周穆王驾八骏马西游至王母处，批评了周穆王沉溺于"尤物"骏马而导致周王室朝政废弛，其中的诗句"由来尤物不在大，能荡君心则为害"是警惕为政者"玩物丧国"。《隋堤柳》是白居易的一首七言新乐府叙事长诗，描写了隋朝大兴土木修凿大运河，在运河两岸广植柳树，该诗认为隋炀帝的恣意逸游导致了隋朝的亡国。中国因为"奇物佚游"或"玩物丧国"的典型为政者是宋徽宗。宋徽宗喜好"奇物"，花费巨资，建了一个最著名的园子，开始叫万岁山，后改名艮岳，把全国的名胜古迹、奇花异草、怪石佳木等，均浓缩到这里。《水浒传》中的"花石纲"即是专运送奇花异石以满足宋徽宗的喜好。南宋诗人刘克庄《药洲四首·其二》中的"役民如犬马，国破作降俘。往往湖中石，宣和艮岳无"①，元代诗人郝经有诗云："万岁山来穷九州，汴堤犹有万人愁。中原自古多亡国，亡宋谁知是石头"②，元代编修的《宋史》中也有类似的表述："昔西周新造之邦，召公犹告武王以不作无益害有益，不贵异物贱用物，况宣、政之为宋，承熙、丰、绍圣椓丧之馀，而徽宗又躬蹈二事之弊乎。自古人君玩物而丧志，纵欲而败度，鲜不亡者，徽宗甚焉，故特著以为戒"③，均是讽刺宋徽宗玩物丧志，嗜石误国，导致了"靖康之变"，北宋皇室及大臣被金人掳去，宋徽宗本人也成了亡国之君。

总之，儒家思想的背景下，"尤物观"是劝诫为政者不要沉溺于"尤物"，避免亡国的危险。"尤物观"经唐代诗人白居易发扬光大，对后世政治文学产生了很大的影响，也影响了同属于古代东亚儒家思想文化圈的日本。

二、日本对尤物观的接受

"尤物观"在日本又是如何被接受的呢？平安时代的汉文小说《续浦岛子传》中有"灵龟变化、忽作美女、绝世之美丽、希代之尤物也"④的记载，灵龟化身美女，为少有的"尤物"。大江匡衡《王昭君》中的"可惜明妃在远营，

---

① 刘克庄. 后村诗话 [M]. 北京：中华书局，1983：116.
② 郝经. 陵川集 [M]. 太原：山西古籍出版社，2006：92.
③ 中华书局编辑部. 宋史 [M]. 北京：中华书局，1977：418.
④ 群書類叢 第九輯 [M]. 東京：続群書類従完成會，1959：564.

本来尤物感人情"①，将王昭君比作"尤物"，即美女之意。这些都是尤物的基本含义，并非儒家思想背景下的"尤物观"。

伴随着白居易《长恨歌》等在日本的流行，杨贵妃故事也为日本人所喜爱，对日本古代文学产生了很大的影响。日本平安时代文学中的杨贵妃故事受白居易《长恨歌》的影响，有重视唐玄宗和杨贵妃之间所谓爱情的一面，如《和汉朗咏集》卷上250首的"杨贵妃归唐帝思、李夫人去汉皇情"②，突出了唐玄宗对杨贵妃的思念。《源氏物语·桐壶》中将桐壶更衣比拟为杨贵妃，其中有如下描述：

>唐朝就有此等事，弄得天下大乱。这消息逐渐传遍全国，民间怨声载道，忧心忡忡，认为此事十分可忧，将来免不了会引发杨贵妃那样的大祸。因此，（更衣）在宫中如坐针毡、度日如年，依靠天皇无比的宠爱，在宫中谨慎度日。③

这部分描写的是桐壶天皇对美女更衣的宠爱所引起的议论，世人担心桐壶天皇沉溺于更衣会导致唐朝那样的"安史之乱"。然而，张龙妹认为，在当时日本摄关政治下，没有实权的天皇宠幸一位没有外戚作为后援的更衣根本不可能发生类似于安史之乱的战乱，被比为杨贵妃的桐壶更衣实现了脱胎换骨的变化，是一位完全日本化的"杨妃"。④也就是说《源氏物语》只是表面上接受了杨贵妃"红颜祸水"的一面，实际上反映的是与唐玄宗后宫截然不同的摄关政治制度下的后宫斗争。

日本文学作品还引用中国的"牝鸡司晨，惟家之索"来贬喻女性掌权，所谓阴阳倒置，将导致国破家亡。镰仓初期成书的《松浦宫物语》中有"我担当

---

① 柳澤良一编. 江吏部集 [M]. 東京：勉誠出版社，2010：123.
② 菅野禮行校注訳. 和漢朗詠集 [M]. 東京：小学館，1999：58.
③ 中野幸一校注訳. 紫式部日記 [M]. 東京：小学館，1994：96.
④ 张龙妹.《源氏物语》《桐壶》卷与《长恨歌传》的影响关系 [J]. 日语学习与研究，2007（4）.

无法胜任的皇后之位已经十年了，但仍深恐牝鸡司晨之戒"①，1252年成书的《十训抄》中有"在帝王心中，君王愚蠢之例经常引用的是牝鸡司晨，惟家之索"②的记述。这些记述是强调美女乱政，明显是受到中国"尤物观"的影响。③

日本的文学作品对奇物佚游的"尤物观"又是如何接受的呢？《本朝无题诗》中有"夹阶桃李春尤物，缝石薜萝昔衲衣"④、"寻来此处有何思，触境逸游感绪连"⑤的诗句，这里的尤物是"珍稀之物"的含义，"逸游"也是普通游玩的含义，和政道并无关系。就笔者的调查而言，《太平记》之前的文学作品似乎没有对因奇物佚游致使政权丧失的"尤物观"进行政道批评。

第二节　"尤物"杨贵妃的故事

杨贵妃是中国家喻户晓的人物，她出身于官宦世家，原本被唐玄宗儿子寿王李瑁纳为王妃，后被唐玄宗看中而进入后宫，成为集"三千宠爱于一身"的贵妃。天宝十四载（755），安禄山等以清君侧（杨国忠）之名起兵发动了"安史之乱"。唐玄宗在安禄山大军攻陷潼关之后，携杨贵妃等人逃往四川的途中，因士兵的哗变被迫赐死杨贵妃。对于"安史之乱"，唐代许多诗人将其原因归于"红颜祸水"的杨贵妃，如杜甫的《北征》一诗中有如下诗句：

忆昨狼狈初，事与古先别，奸臣竟菹醢，同恶随荡析。

---

① 樋口芳麻呂校注訳. 松浦宮物語［M］. 東京：小学館，1999：67.
② 浅見和彦校注訳. 十訓抄［M］. 東京：小学館，1997：207.
③ 《保元物语》中信西向后白河天皇进献了《长恨歌绘卷》，将后白河天皇的近臣藤原信宪比拟为安禄山，劝诫后白河天皇如要继续重用藤原信宪将导致"安史之乱"一样的动乱。该故事虽为长恨歌故事，却未涉及"尤物"杨贵妃。
④ 本間洋一注釈. 本朝無題詩全注釈［M］. 東京：新典社，1994：143.
⑤ 本間洋一注釈. 本朝無題詩全注釈［M］. 東京：新典社，1994：404.

>　不闻夏殷衰，中自诛褒妲。周汉获再兴，宣光果明哲。①

杜诗将杨贵妃比拟为褒姒、妲己，将"安史之乱"的爆发归因于杨贵妃，因为朝廷像周朝诛杀褒姒一样诛杀了杨贵妃，因此将会如东周一样再兴。杜甫表面上将"安史之乱"归因于杨贵妃，实则是批评唐玄宗，劝诫为政者。当然也有一些诗人为杨贵妃鸣不平，将"安史之乱"直接归因于唐玄宗，如晚唐诗人罗隐《帝幸蜀》一诗：

>　马嵬山色翠依依，又见銮舆幸蜀归。泉下阿蛮应有语，这回休更怨杨妃。②

唐僖宗因为黄巢起义军攻下长安而逃往四川，在逃亡途中再次经过了马嵬坡。罗隐认为唐僖宗的这次逃亡和宠幸美女无关，因此不能再将动乱归结为"红颜祸水"，对最高统治者皇帝进行了直接的批判。

一、日本中世文学中的杨贵妃故事

平安时代末期、镰仓时代以及南北朝时代的日本文学作品，如《俊赖脑髓》《今昔物语集》《唐物语》《宝物集》《曾我物语》《太平记》等将《长恨歌》和陈鸿《长恨歌传》演绎为杨贵妃故事，基本上沿袭了《长恨歌》和《长恨歌传》的框架，大致可以分为两部分：一是杨贵妃被召入宫中，受到唐玄宗的百般宠爱；二是杨贵妃死后，唐玄宗对杨贵妃的思念。

与之前的文学作品相比，这一阶段文学作品中的杨贵妃故事更侧重政道的批评：批评杨贵妃的"红颜祸水"和批判唐玄宗的好色。1179年前后成书的佛教故事集《宝物集》中对"安史之乱"有如下叙述：

---

① 张忠纲选注. 杜甫诗选 [M]. 北京：中华书局，2009：91.
② 蒋祖怡选注. 罗隐诗选 [M]. 杭州：浙江古籍出版社，1987：113.

>>> 第一章 "尤物"的叙述和尤物观

唐玄宗倾心于阳贵妃皇后，将国政委托于阳贵妃之兄阳国忠，对政事毫无所知。安禄山对此十分愤怒，率数万军队，杀了阳国忠。<u>此事的根源在于阳贵妃的过错，也将阳贵妃杀害。</u>在此事之中，（白居易）听到许多伤心悲哀之事，详细地记载在了长恨歌之中。①

上述引文认为安禄山发动"安史之乱"的原因在于唐玄宗不理政事，将唐玄宗不理政事的过错归因于杨贵妃，并未直接批判沉溺于美色的唐玄宗。

1210年成书的说话集《续故事谈·第六·汉朝》"唐玄宗被姚崇、宋璟谏言变瘦的故事"中也有对杨贵妃的评价，其中有如下叙述：

唐玄宗是近代的明君。其中一个证据是，当一大臣问皇帝为何如此消瘦之时，玄宗回答说，自从姚崇宋璟为官以来，被他们过于进谏，片刻不得休息，因此变瘦。这就是证明之一。……<u>如此的贤王却因为杨贵妃的出现而不理朝政。姚崇宋璟二人真乃不同寻常的贤臣。</u>②

引文不仅没有批判唐玄宗，还将他视为明君，这样的明君因姚崇、宋璟的谏言对政事片刻也不敢懈怠，导致身体消瘦。因杨贵妃的出现，唐玄宗变得不理政事。很明显对杨贵妃的贬低是为了突出强调贤臣姚崇、宋璟的重要性。同样在该书《第六·汉朝》"杨贵妃是尸解仙的说法"一节中，也对杨贵妃进行了贬低：

贵妃原为亲王之妻。玄宗将其召入宫中。长恨歌传中写道"得于寿邸"，是寿王的住所。安禄山是她的另一个情夫，也是玄宗的一位勇猛宠臣。

虽然上面引文没有明确说明唐玄宗因为杨贵妃而不理朝政，却将杨贵妃描

---

① 小泉弘，山田昭全校注．宝物集 [M]．東京：岩波書店，1993：203．
② 神戸説話研究会編．続古事談注解 [M]．東京：和泉書院，1994：524．

写为"恶女":虽为寿王妃,却和安禄山等人私通。

延庆本《平家物语》是《平家物语》古老版本之一,与觉一本强烈的抒情性和浓厚的佛教色彩相比,更重视对政道的批评,在第三末卷七"大伯昂星之事付失去杨贵妃之事"一节中对杨贵妃故事有如下的记述:

> 在那个辰旦国(中国),玄宗在位之时也发生了这样的天变,因此七日之内天下大乱。探寻其由来,玄宗皇帝求得弘农阳玄琰之女阳贵妃,朝夕宠爱。……因此,阳贵妃之兄阳国忠窃得丞相之位,愚弄国家政权。为此,安禄山异常妒嫉,对诸位大臣谋划说,"帝王如不出现在大臣面前,紫宸殿也会很寂寞,政道荒废令天下皆叹。非是其它原因,乃是思念阳妃之故。公卿感叹国土之衰敝,大臣也悲贵贱之愁叹。无论如何也要杀此皇后"。……想起此事,平家一门皆建礼门院之故,(平宗盛)掌握国家大权,玷污丞相之位。恶贯满盈,前途凶险,天变显现真令人恐惧。①

上述引文的背景是一天夜里金星犯文曲星,星相官认为天下将要动乱。《平家物语》的作者举例唐玄宗时代也出现了这种情况,导致了"安史之乱",接着讲述了杨贵妃的故事。在讲述完此故事之后,作者将建礼门院比作杨贵妃,因为建礼门院之故,其兄平宗盛登上丞相之位,掌握国家大权,很明显是将平宗盛比作杨国忠,暗示了对平家一门的批判。②

觉一本《平家物语》卷一《二代皇后》中有一段关于二条天皇爱好女色的描写。在该故事中,作品引用了杨贵妃的故事,将二条天皇比拟为唐玄宗,对他进行了严厉的批判:

> 天皇(二条天皇)常违背上皇的旨意,其中一件事耸人听闻、受人非难。已故近卫院的皇后太皇太后,是大炊御门右大臣公能公之女,在近卫

---

① 北原保雄,小川荣一编. 延慶本平家物語 本文篇下 [M]. 東京:勉誠出版,1990:6.
② 牧野和夫. 延慶本『平家物語』の一考察—「諷諭」をめぐって— [J]. 軍記と語り物,1980(16).

第一章 "尤物"的叙述和尤物观

院驾崩之后迁出了皇宫，住在近卫河原的御所。作为先帝之皇后，太皇太后过着不引人注目的生活，到永历年间已是二十二三岁，虽已过盛年，仍被视为天下第一美人。<u>天皇生性好色，暗令高力士在宫外寻访美女</u>，将情书送到太皇太后之处。①

《平家物语》的作者认为自从"保元之乱""平治之乱"之后，天皇和上皇经常发生冲突的原因是濒临末世、人心险恶之故，接着作品列举了二条天皇的好色。二条天皇听说已故近卫上皇的皇后藤原多子，即二十二三岁的太皇太后是天下第一美人，便下诏立她为皇后。尽管很多大臣反对，但是太皇太后最终还是被立为二条天皇的皇后。画线部分"天皇生性好色，暗令高力士在宫外寻访美女"是引用中国杨贵妃的典故，将二条天皇比作唐玄宗。历史上，二条天皇迎娶皇太后并非因为好色，而是政治谋略。1159年的"平治之乱"实际上是二条天皇亲政派和后白河上皇院政派的争斗，结果二条天皇亲政派失败，二条天皇的皇位岌岌可危。在此情况下，二条天皇通过迎娶藤原多子，既表明自己为近卫天皇的继承者，又拉拢了藤原多子一方的势力。而《平家物语》以红颜祸水的"尤物观"来批判二条天皇，或许是不赞同二条天皇亲政之故。此外，在《平家物语》卷六《烽火》一节中虽然引用了周幽王因为"天下第一美女"褒姒而导致亡国的故事，但其引用意图并非批判美女祸国，而是平重盛为了证明听命于自己的军队有多少。

综上所知，《太平记》之前的文学作品在引用杨贵妃故事进行政道批判之时，主要批判的是"红颜祸水"的杨贵妃，将"安史之乱"的爆发归因于杨贵妃，除了《平家物语》之外，较少看到对唐玄宗沉溺于美色而不理政事的描写。

二、作品中杨贵妃故事的特点

《太平记》卷三十七引用了一段较长的《杨贵妃故事》，该故事引用的目的是批判畠山国清，作品认为畠山国清的行为类似于假借唐玄宗威严而欲夺天下

---

① 市古貞次校注訳. 平家物語[M]. 東京：小学館，1994：51.

的杨国忠和安禄山。畠山国清（其妹嫁于足利基氏）是北朝的诸侯，辅佐当时关东的最高权力者足利基氏（足利义诠之弟）统治关东。畠山国清率领关东大军到京都支援足利义诠对南朝的战争，因为不满足利义诠对其处罚，逃回关东起兵反对幕府。卷三十七《杨贵妃故事》以"足利基氏—唐玄宗、畠山国清—杨国忠（安禄山）、畠山国清之妹—杨贵妃"来进行类比，当然这样的类比有很多不恰当之处，许多地方的描写也偏离了引用的意图。

柳濑喜代志指出《太平记》卷三十七《杨贵妃故事》中对《长恨歌》《长恨歌传》语句的引用和古本，即中世以前《白氏文集》的训读一致，该故事中增补的许多内容和日本中世白居易《新乐府》的注释书《新乐府略意》《白氏新乐府略意》有很大的关系。① 北村昌幸指出本故事对安禄山恶行的描写并不充分，这和整个中世对安禄山的认识有很大的关系，并且该故事的引用和引用意图有很大的偏离，虽然有很强的政治批判意图，但也有很强的抒情色彩。② 二位学者的研究都很有启发意义，都将该故事和日本中世文学的背景联系起来进行探讨，指出了该故事的批判性。然而卷三十七《杨贵妃故事》中杨贵妃、宁王故事和中国典籍的关系，以及杨贵妃、宁王故事和"后妃之德"之间的关系未被提及。因此本节在指出杨贵妃和宁王故事的出典基础之上，对作品引用该故事的意图进行探讨。

1. 后妃之德

在《杨贵妃故事》中，当安禄山的大军攻破潼关时，长安便无险可守，唐玄宗带领后宫、文武官员以及官兵仓皇出逃。在逃至马嵬坡时，军队哗变杀死杨国忠并逼迫唐玄宗赐死杨贵妃，史称"马嵬兵变"。卷三十七《杨贵妃故事》中也对"马嵬兵变"进行了如下叙述：

即便如此，官军仍旧不满，仍不让龙驾通过，于是玄宗问道，还有什么愤怒？士兵齐答曰，如后妃背德，则四海平静之时无期。褒姒乱周，西施倾覆吴国，諓諓不塞耳，陛下为何不知？如不赐杨贵妃死，臣等将为忠

---

① 柳瀬喜代志. 日中古典文学論考 [M]. 東京：汲古書院，1999：325.
② 北村昌幸. 太平記世界の形象 [M]. 東京：塙書房，2010：121.

言割胸剖腹、血溅苍天。①

士兵们将杨贵妃比作没有后妃之德的褒姒、西施，因为杨贵妃导致了"安史之乱"，而《长恨歌传》中杀杨贵妃的理由是"请以贵妃塞天下怨"，日本说话集《今昔物语集》中也是以"请交出杨贵妃平天下之怒"②，和《长恨歌传》的叙述比较接近。镰仓初期的《唐物语》第十八《玄宗和杨贵妃的故事》中虽有唐玄宗和杨贵妃的故事，却没有描写杨贵妃被杀的原因。也就是说以上引文中的描写是《太平记》的增补，目的是突出杨贵妃不具备"后妃之德"这一点。这和卷一《中宫正式入宫之事》中对阿野廉子不具备"后妃之德"的批判是一致的，也就是说《太平记》将"安史之乱"归结到杨贵妃身上，更加突出了"尤物观"的批判精神。长谷川端校注的新编古典文学全集《太平记》认为画线部分的"黇纩耳ヲ塞ガズ"来源于《汉书》卷六十五《东方朔传》中的"黇纩充耳，所以塞聪"。"黇纩"是黄绵所制的小球，悬于冠冕之上，垂两耳旁，以示不欲妄听是非。白居易的新乐府《骠国乐·欲王化之先迩后远也》中有"德宗立仗御紫庭，黇纩不塞为尔听"诗句，和《太平记》的用法一致，应该说是来源于白居易的诗句。对白居易新乐府讽喻诗句的引用和"后妃之德"的批判精神也是相通的。然而在该故事的结尾，作者却是以佛教的语句进行总结：

> 有言道：一念五百生，系念无量劫（一次的妄念将遭受五百次转生的报应，多次妄念将导致永劫的报应）。何况唐玄宗和杨贵妃也要结为未知的来世夫妻，真是因缘不浅。此处死，彼处生，转生到天上、人世间、禽兽、虫鱼，无法摆脱对爱的执着，真是罪孽深重之因缘。③

在杨贵妃死后，唐玄宗在派遣道士寻找杨贵妃之后，不堪对杨贵妃的思念

---

① 鹫尾顺敬校注. 太平記 [M]. 東京：刀江書院，1943：1071.
② 小峯和明校注. 今昔物語集二 [M]. 東京：岩波書店，1999：324.
③ 鹫尾顺敬校注. 太平記 [M]. 東京：刀江書院，1943：1075.

而驾崩于未央宫，上文即是《太平记》作者的议论。作者以佛教思想来解释唐玄宗对杨贵妃的执念，认为唐玄宗不能从对杨贵妃的思念中摆脱出来，其二人之感情罪孽深重。这种思想并非《太平记》独有，在《唐物语》《十训抄》以及中世佛教的祈祷书等典籍中也存在，体现了中世共同的认识。《太平记》将儒家思想的"尤物观"和佛教思想结合在一起，体现了儒佛的融合，是日本古代文学的特点之一。①

2. 杨贵妃和宁王的故事

正如前文所述，《长恨歌传》明确记述了杨贵妃是唐玄宗从儿子寿王那里抢来的，这一历史事件也被日本中世故事集《续故事谈》等书籍所接受。② 那么，《太平记》为什么要虚构杨贵妃和宁王的婚约呢？《太平记》对杨贵妃和宁王的故事有如下描写：

> 某人从中牵线搭桥，将杨贵妃许配给玄宗皇帝之兄宁王。玄宗利用天子之威，派遣高力士从途中夺取杨贵妃纳入后宫。玄宗之高兴、宁王之痛苦好比一枝花开，另一枝凋零。诗人亦题诗曰"<u>月来前殿早，春入后宫迟</u>"。③

以上的引用是对杨贵妃美貌描写之后的记述，许多王公大臣听说杨贵妃国色天香之后争相前来求婚，然而有人却将杨贵妃介绍给了唐玄宗之兄宁王，玄宗听说以后派遣高力士将杨贵妃从半路抢入宫中。画线部分的诗句虽然来自唐代诗人刘长卿《长门怨》中的"月移深殿早，春向后宫迟"，但很可能不是直接引用，而是通过南宋时代诗话《诗人玉屑》中的"惟刘长卿云：月来深殿早，春到后宫迟。可谓怨诽而不乱矣"引用而来。《长门怨》是描写失宠宫妃哀怨之情的诗歌。《太平记》的引用却是将唐玄宗比为"前殿"，将宁王比为"后宫"，

---

① 儒佛融合的现象在平安时代的文学作品《宇津保物语》《今昔物语集》等中已经出现。
② 《続古事談》第六第三話（一七二）"貴妃ハモト親王ノ妻ナリ。ソレヲ玄宗メシタルナリ。長恨歌伝ニ「寿邸ニエタリ」トアルハ、彼王ノ居所ヲイヘルナリ"。
③ 鷲尾順敬校注. 太平記 [M]. 東京：刀江書院，1943：1067.

对比唐玄宗和宁王的境遇，体现了对汉诗高超的运用和改写。

实际上，关于杨贵妃和宁王的故事，在作品的卷三十五《北野通夜物语》中也有如下所示的描述：

> 唐玄宗兄弟二人，兄长为宁王，弟弟为玄宗。玄宗即位之后，好色之心愈强，向全国下诏，寻求姿色出众的美女。后宫佳丽争先恐后以金翠饰容，但天子并未多看她们一眼。此时，弘农杨玄琰之女杨贵妃养在深宫人未知，其美丽的容貌非人间所有。有人做媒将其进献于宁王，玄宗听说之后，派高力士将军将其从途中夺取，纳入后宫。……有记述云：天宝十年三月弘农杨玄琰女为宁王之夫人，天子闻其容貌很美，遣高将军将其夺入后宫，太史官将此事写入史书，天子览毕大怒，诛杀了史官。①

这部分引用的背景是曾经在南朝做过官的一位儒者对南朝的施政十分失望，为了阐明什么是忠臣而举了以上的例子。好色而不理朝政的唐玄宗听说嫁于宁王的杨贵妃是个美人，派遣高力士将她抢入宫中。唐朝的史官对这件事秉笔直书、毫不隐晦。为此，唐玄宗大怒，杀了史官。《太平记钞》认为这个故事是根据《春秋左氏传》襄公二十五年，以及《史记·齐太公世家》中"崔杼弑君"的故事改编而来的。"崔杼弑君"的故事讲述的是齐国国君齐庄公与大臣崔杼之妻东郭姜通奸的故事。后来崔杼杀害了正在与其妻私通的齐庄公，另立国君，掌管朝中大权。对于崔杼弑君之事，齐国史官太史公如实记载，崔杼大怒，杀了太史。太史的两个弟弟也如实记载，都被崔杼杀害。崔杼告诉太史的第三个弟弟太史季让其按自己意图，将齐庄公之死改写为暴病而死，太史季却依旧如实记载，崔杼无话可说，只得放了他。很明显《太平记》中这个故事增添了很多新内容，可以说主要是在杨贵妃和宁王故事基础之上，根据《春秋左氏传》襄公二十五年、《史记·齐太公世家》中崔杼弑君以及《古文孝经》中的语句创作而来的。

---

① 鷲尾順敬校注. 太平記［M］. 東京：刀江書院，1943：1013.

实际上从时间上讲，宁王迎娶杨贵妃是一件不可能的事情。宁王是唐玄宗的兄长，本名李宪，原本要被立为太子，却将太子之位让于唐玄宗。因为他不妄结交，不参与朝政，深受唐玄宗的敬重，741年死后被追封为"让皇帝"的尊号。杨贵妃于734年被唐玄宗儿子寿王纳为王妃，740年被唐玄宗敕出家做道人，之后被接入宫中。那么《太平记》为何要掩盖杨贵妃为寿王妃一事呢？卷三十七《杨贵妃故事》对唐玄宗和其子唐肃宗有如下描写：

> 朝敌被剿灭，洛阳归于平静。肃宗辞去帝位，为让玄宗再次即位，派官军到蜀地迎接玄宗。……玄宗愈加悲痛，无心政事，将皇位让于肃宗皇帝。玄宗哭干了眼泪，来到仙院的旧宫殿居住。①

很明显《太平记》美化了唐玄宗和唐肃宗的父子关系。中国史书记载的是唐肃宗自己在灵武即位，并将从四川回至长安的唐玄宗幽禁起来，使其不再过问政事。那么，《太平记》为何要进行这样的虚构呢？柳濑喜代志对此作了如下的解释：

> 《太平记》的作者掩盖了玄宗从其儿子寿王处夺得杨贵妃的事实，将这一事实改写为从兄长宁王处夺得杨贵妃。在这里将玄宗父子皇位的争夺改写为唐玄宗对杨贵妃的过于思念而禅让了帝位。

诚如柳濑喜代志所言，《太平记》的作者掩盖了杨贵妃是寿王妃的事实，通过禅让皇位突出强调了唐玄宗对杨贵妃的思念，体现了日本文学对杨贵妃故事抒情特点的重视。此外，在中国古代，围绕帝位争夺的斗争异常残酷，父子相残的情况经常发生，而日本的军记物语却喜欢描写父子之间浓厚的情感。② 或许《太平记》的作者为了避免乱伦，为了描写如唐玄宗和唐肃宗那样的良好父子关系，从而掩盖了杨贵妃为寿王妃的事实。

---

① 鷲尾順敬校注. 太平記 [M]. 東京：刀江書院，1943：1072.
② 平藤幸.『平家物語』の親子 [C] // 高橋秀樹編：婚姻と教育，竹林舎，2014：147.

第一章 "尤物"的叙述和尤物观

在中国的典籍中，杨贵妃和宁王的故事有哪些呢？北宋初年诞生的传奇《杨太真外传》中记述了杨贵妃偷吹宁王笛子的故事，内容如下：

> 九载二月，上旧置五王帐，长枕大被，与兄弟共处其间。妃子无何窃宁王紫玉笛吹。因此又忤旨，……初，令中使张韬光送妃至宅，妃泣谓韬光曰："请奏：妾罪合万死。衣服之外，皆圣恩所赐。惟发肤是父母所生。今当即死，无以谢上。"乃引刀剪其发一缭，附韬光以献。妃既出，上怅然。至是，韬光以发搭于肩以奏。上大惊惋，遽使力士就召以归，自后益嬖焉。又加国忠遥领剑南节度使。①

750年，杨贵妃偷偷地吹宁王李宪的玉笛，被唐玄宗看见了，以忤旨被送出宫外。贵妃出宫后，剪下一缕青丝，托中使张韬光带给玄宗，玄宗于是令高力士把她召回。正如前面所说，750年时宁王已经过世，并且《旧唐书》《新唐书》等史书只记载了贵妃忤旨，而没有记载宁王，可见《杨太真外传》的故事也是虚构的。这个故事也被成书于12世纪后半期的《唐物语》第十八《玄宗和杨贵妃的故事》引用，其中有如下叙述：

> 并且，皇帝之弟中有位名叫宁王之人侍奉玄宗身旁，兄弟之床并列而放，不分昼夜玩耍。此亲王将玉笛隐藏于帐内，杨贵妃拿到玉笛，无意中吹了一下。玄宗看到后意想不到地龙颜大怒，玉笛非其主人不得吹，恃宠无礼，岂不是扰乱秩序。②

《唐物语》的叙述和《杨太真外传》基本一致，并没有关于记述宁王和杨贵妃的婚约，很明显《唐物语》是受《杨太真外传》的影响。

实际上《杨太真外传》中杨贵妃吹宁王笛子一事也不是无中生有、随意编造，在唐代已经出现了关于杨贵妃和宁王故事的诗歌。中晚唐诗人张祜（785—

---

① 鲁迅编. 唐宋传奇 [M]. 长沙：岳麓书社，2014：154.
② 小林保治编著. 唐物語全釈 [M]. 東京：笠間書院，1998：213.

849？）有《宁哥来》一诗，描写了杨贵妃和宁王的故事：

　　日映宫城雾半开，太真帘下畏人猜。黄翻绰指向西树，不信宁哥回马来。①

该诗的寓意是在太阳的映照下宫里的雾气慢慢散去了，杨贵妃站在珠帘之下怕被别人猜到自己的心事。此时，宫里一个叫黄翻绰的人就跟杨贵妃开玩笑，往西边一指，说宁王回马进宫来了。黄翻绰是盛唐第一伶人，深得玄宗喜爱，应该对宫中秘事知之甚详，他或许是知道杨贵妃和宁王有私情才开这个玩笑的，因此《宁哥来》这首诗歌明确地写出了杨贵妃和宁王私通一事。

到了宋元时代，关于杨贵妃和宁王私情的诗歌大量涌现。如：宋朝诗人徐秋云《题明皇》中有"天子锦缠娱虢国，贵妃音律教宁王"②；宋朝诗人岳珂的《宫词一百首》中有"骥騄双驰挽六钧，一枝花蕊委红尘。相辉楼下空排马，徒见宁王奉太真"③；元朝诗人冯谓《太真教鹦鹉图》（《元文类》卷八）有"温泉赐浴意融怡，犹念宁王玉笛吹。却怕能言泄幽事，丁宁慎勿语人知"④ 等。不仅如此，在诗话中也引用了很多杨贵妃和宁王故事的诗歌，南宋诗人魏庆之的《诗人玉屑》中对杨贵妃和宁王的故事也有如下的记述：

　　①惟刘长卿云"月来深殿早，春到后宫迟"，可谓怨诽而不乱矣。②近世陈克咏李伯时画《宁王进史图》云"汗简不知天上事，至尊新纳寿王妃"，是得谓为微、为晦、为婉、为不污秽乎。惟李义山云"侍宴归来宫漏永，薛王沈醉寿王醒"，可谓微婉显晦、尽而不汙矣。⑤

正如前文所言，画线部分①被卷三十七《杨贵妃故事》中的杨贵妃和宁王

---

① 尹占華校. 張祜詩集校注［M］. 成都：巴蜀书社，2007：171.
② 北京大学古文献研究所编. 全宋诗第五卷［M］. 北京：北京大学出版社，1992：2829.
③ 岳珂. 棠湖诗稿［M］. 北京：国家图书馆出版社，2006：53.
④ 苏天爵编. 元文类［M］. 北京：商务印书馆，1958：534.
⑤ 魏庆之著，王仲闻注释. 诗人玉屑［M］. 北京：中华书局，2007：23.

故事所引用。注意画线②部分出现了宁王、汗简、至尊、寿王妃,"汗简"的意思是史书或史官,和《太平记》卷三十五杨贵妃和宁王故事中"史官"的设定比较类似。"至尊"指的是"唐玄宗","寿王妃"指的是"杨贵妃"。陈克是北宋末期南宋初期的诗人,其《宁王进史图》一诗的原文如下:

上林风暖脊令飞,玉带花骢侍宴归。汗简不知天上事,至尊新纳寿王妃。①

这首诗中"脊令"一词比喻兄弟友爱,急难相顾。该诗是对唐玄宗、杨贵妃、宁王等人到上林苑游玩之后发出的议论,对唐玄宗纳儿媳妇寿王妃进行了讽刺。虽说《诗人玉屑》对《太平记》产生了很大的影响,但《诗人玉屑》中出现了"寿王妃"的字眼,因此,《太平记》中杨贵妃和宁王故事直接受《诗人玉屑》影响的可能性较小。

以《宁王进史图》为题材作诗也被日本中世五山禅僧所效仿,如瑞溪周凤(1392—1473)的《宁王进史图》一诗:

每日深闺飞御觞,史臣多暇大哥忙。一枝玉笛未终曲,点笔春风倚海棠。②

这首诗主要是模仿《诗人玉屑》中陈克的诗歌,可见陈克《宁王进史图》一诗在日本中世的影响。需要注意的是,与《诗人玉屑》中陈克《宁王进史图》一诗相比,瑞溪周凤删掉了寿王,只写了杨贵妃、宁王、史臣等人。这样的设定和《太平记》中杨贵妃和宁王故事的设定类似。此外,五山僧子建净业有《护花铃》一诗涉及了宁王,如下所示:

---

① 北京大学古文献研究所编. 全宋诗 [M]. 北京: 北京大学出版社, 1991: 3125.
② 玉村竹二编. 五山文学新集 第5卷 [M]. 東京: 東京大学出版会, 1968. 除此之外,子建净业《护花铃》"掖外郎当风力斜、宁王心护玉皇家、渔阳乌鹊犹狼藉、蹴落沉香亭畔花",义堂周信《明皇击桐图》中有"图下一本注有王以筋击桐树宁王以笛黄幡拍板杨妃舞十七字"(《重刊贞和类聚祖苑联芳集》卷第九)等。

掖外郎当风力斜，宁王心护玉皇家。渔阳乌鹊犹狼藉，蹴落沉香亭畔花。①

"护花铃"指一种系在花枝上的金铃，怕鸟雀糟蹋花，所以在花枝上系上铃铛，鸟来时铃铛自响，将鸟雀惊走。宁王为了护花，将"护花铃"系于花上。"渔阳乌鹊犹狼藉"指的是"安史之乱"，"沉香亭"是唐玄宗和杨贵妃赏花之地。这首诗讽刺了唐玄宗，将"安史之乱"的爆发归因于为政者沉溺于"风花雪月"，不处理政务。玉村竹二认为这首诗在当时的日本五山禅林之间流传很广。②另外，这首诗还被五山僧横川景山（1429—1493）编写的汉诗集《百人一首》收录。由此可见对中世的五山禅僧来说，宁王是比较熟知的一个人物。因此，《太平记》的作者很有可能根据瑞溪周凤的诗《宁王进史图》等虚构了杨贵妃和宁王婚约的故事。③

三、对唐玄宗好色的批判

那么，《太平记》为什么将宁王和杨贵妃故事设定为婚约呢？笔者认为应该与这个故事的主题相关。作品在卷三十七《杨贵妃故事》开头就批评了唐玄宗的好色，其中有如下叙述：

玄宗即位之初，四海无事，专心享乐，放纵奢侈，沉溺女色，……④

---

① 玉村竹二氏編. 五山文学—大陸文化紹介者としての五山禅僧の活動［M］. 東京：至文堂，1966：221.
② 玉村竹二. 日本禅宗史論集 上［M］. 東京：思文閣，1976：623.
③ 《太平记》中宁王和杨贵妃的故事影响了日本中世对长恨歌故事的接受。中世后期的国学家、儒学家清原宣贤的《长恨歌抄》也是略去了杨贵妃是寿王妃而将其改写为宁王的妃子，"この貴妃と申すは弘農の楊玄琰がむすめなり。此むすめのかたちよしと聞つたへて人ごとにこれをのぞみけれども、父さらにゆるしあたへず。ここに玄宗の御弟に寧王と申すに契約し侍べりけり。げん宗皇帝このよしを申しめしをよびて、父の楊玄琰にちよくしをつかはして貴妃をめしつかはるべきよしありけれは、寧王に先約いたし侍べるうへはかなひ申すまじきと勅答申す……"（近藤春雄. 長恨歌と楊貴妃［M］. 東京：明治書院，1993）.
④ 鷲尾順敬校注. 太平記［M］. 東京：刀江書院，1943：1066.

第一章 "尤物"的叙述和尤物观

此外，在卷三十五《北野通夜物语》杨贵妃的故事中，作品也批判了唐玄宗的好色，"玄宗即位之后，好色之心愈强"。《太平记》通过对唐玄宗好色的批判，进而批判了当时的为政者足利基氏、后醍醐天皇等人。而作品中关于对后醍醐天皇好色的批判与卷四《吴越故事》紧密相关。

《太平记》卷四《吴越故事》中描写了中国春秋时期吴越争霸的故事。该故事主要以《史记·越王勾践世家》为主，在吸收了诸多传说的基础之上，加上作者自身的虚构创作而成。《吴越故事》中西施的故事增补了许多内容，是作者最着力描写的部分之一，其用语和基调与《长恨歌》极为相似，将西施描写为"杨贵妃"那样的人物。①《吴越故事》中西施故事的背景是，在吴越战争中，越王战败，在吴国被囚禁了三年之后返回到越国。在越王的后宫之中，有一名妃子叫西施，越王对她十分宠爱。在越王被囚禁的三年之中，西施离开王宫，过着隐居生活。越王归国后，西施也返回王宫。越王和西施刚刚重逢、互相述说相思之苦的时候，吴国派使者向越王索要西施，说了如下的一段话：

> 我君吴王好淫重色，遍寻天下美女，然如今还未见到西施那样的美女。越王出会稽山之围时有一言之约，言及早将西施送吴之后宫，为其准备后妃之位。②

《史记》对越王战败的记载是"乃令大夫种行成于吴，膝行顿首曰：'君王亡臣勾践使陪臣种敢告下执事：勾践请为臣，妻为妾。'吴王将许之"。《史记》中只出现了"妻为妾"，并未提及西施的名字，然而《太平记》却将其中的"妻"设定为西施。据《太平记》的叙述，越王觉得吴王得寸进尺，决定不把西施献于吴王，这时，大臣范蠡极力劝谏越王：

> 臣谨以为，吴王十分好淫迷色，如将西施送入吴国后宫，吴王必沉溺

---

① 徐萍. 『太平記』の西施説話考：比較文学の視点から [J]. 東京大学国文学論集，2015（3）.
② 鷲尾順敬校注. 太平記 [M]. 東京：刀江書院，1943：96.

女色而不理朝政，将导致国废民背。彼时（陛下）起兵攻吴则可取胜。①

越王听完范蠡的一番话之后，将西施献于吴王。吴王得到西施之后沉溺其中，不理朝政，眼看吴国即将衰落，吴国大臣伍子胥向吴王进谏说：

君不见殷纣王沉溺于妲己而乱世，周幽王宠爱褒姒而亡国，今陛下沉溺于西施甚于他们，国之倾败不远矣！愿陛下止之！②

伍子胥劝谏吴王：殷纣王因为沉迷于妲己的美色而亡国，周幽王因为宠爱褒姒而使国家倾覆。如今吴王和纣王、幽王相比有过之而无不及，吴国的灭亡已经不远了。然而吴王却没有听取伍子胥的谏言。终于在伍子胥被吴王杀死之后，越王出兵灭掉了吴国。中国典籍《吴越春秋》《越绝书》等虽提及吴王好色，却是越王主动向吴王进献美人西施，而非吴王主动向越王索取的。同时西施并非越王的妃子，向吴王进献西施是越王意在剿灭吴国所实施的"美人计"。而《太平记》中是吴王夺取越王妃子西施，将越王设置为受害者，更加突出了吴王的好色。③

《太平记》卷四插入《吴越故事》的背景是，后醍醐天皇发动倒幕的"元弘之变"失败之后，天皇被流放至隐岐。一位名叫儿岛高德的武士闻讯后欲在途中将天皇解救出来，但因为改变了行程致使解救未果，于是儿岛高德在树上刻下了"天莫空勾践，时非无范蠡"来鼓舞后醍醐天皇。为了解释这两句诗，作品插入了吴越故事。作品通过引用吴越故事，将后醍醐天皇比拟为越王勾践，暗示了后醍醐天皇将如勾践一样卧薪尝胆，终将消灭镰仓幕府。但森田贵之认为该故事具有双重比拟的特点：既把后醍醐天皇比拟为越王，又把他比拟为吴王；既暗示了后醍醐天皇如越王勾践一样倒幕的成功，又暗示了他如吴王一样

---

① 鷲尾順敬校注. 太平記 [M]. 東京：刀江書院，1943：97.
② 鷲尾順敬校注. 太平記 [M]. 東京：刀江書院，1943：97.
③ 三田明弘.『太平記』卷第四「呉越闘事」と中国における呉越説話 [J]. 早稲田大学教育学部学術研究（国語・国文学編）第 44 編，1995.

失去政权。① 如此说来,《吴越故事》对吴王夫差好色的批判也暗示了对后醍醐天皇好色的批判。那么,《太平记》又是如何批判后醍醐天皇的好色的呢?

第三节 倾城倾国之乱的尤物观

作品中对后醍醐天皇好色的批判是通过对阿野廉子"倾城倾国之乱"的描写进行的。"倾城倾国"作为一个成语,出自《汉书·外戚传》中的孝武李夫人传。李延年向汉武帝夸自己妹妹容貌十分美丽时使用了"北方有佳人,绝世而独立,一顾倾人城,再顾倾人国"的诗句,意为这位佳人美如天仙,看一眼就可以倾覆一座城,再看一眼就可以倾覆一个国,后来主要用于"君王因迷恋女色而亡国"。如东汉袁康的《越绝书》卷九《越绝外传计倪第十一》中载有"夫差不信伍子胥,而任太宰嚭,乃此祸晋之骊姬、亡周之褒姒。尽妖妍于图画,极凶悖于人理。倾城倾国,思昭示于后王,丽质冶容,宜求监于前史"②,将西施比拟为祸晋之骊姬、亡西周之褒姒,因为君王宠爱她们而导致亡国。南宋末期诗人汪元量在其《把酒听歌行》中也描写了中国古代的"倾城倾国","君把酒,听我歌。美人美人美如此,倾城倾国良有以。周惑褒姒烽火起,纣惑妲己贤人死。……君不见马嵬坡下杨太真,天生尤物不足珍"③,认为君王沉溺于这些"尤物"而导致亡国或动乱。《太平记》中也描写了一位"倾城倾国"的阿野廉子,后醍醐天皇因为宠爱她而导致"建武新政"失败,从而失去国家政权,偏安于吉野山中。那么,日本的这位"倾城倾国"是怎样被作品描写的呢?

---

① 森田貴之.『太平記』テクストの両義性——宣房·藤房の出処と四書受容をめぐって——[M]//『太平記』をとらえる第一卷,笠間書院,2014.
② 俞纪东译注.越绝书全译[M].贵阳:贵州人民出版社,1996:324.
③ 孔凡礼辑校.增订湖山类稿[M].北京:中华书局,1984:101.

《太平记》中的儒家思想研究 >>>

一、"倾城倾国"的阿野廉子

阿野廉子是正四位阿野右中将公廉的女儿，洞院公贤的养女。本来她是作为伺候中宫皇后的女官而入宫的，却得到了后醍醐天皇的特别宠幸，与后醍醐天皇生下了后村上天皇（南朝第二位天皇）、恒良亲王、成良亲王和两个皇女。后村上天皇即位后，阿野廉子被尊为"新待贤门院"，权倾南朝。

1. 阿野廉子"尤物"形象的塑造

《太平记》中对阿野廉子干预朝政的具体描写是在卷十二之中，然而作品却在卷一描写完后醍醐天皇的"德政"之后，对他的所谓"霸道"作了批判，紧接着在接下来的章节《中宫入宫之事》中对阿野廉子作了如下的描述：

> 那时，阿野中将公廉之女，被称为三位殿局，乃侍奉中宫的女官。天皇只看了她一眼便对她十分宠爱，正如①<u>三千宠爱在一身，六宫粉黛无颜色</u>。②<u>天皇虽有三夫人、九嫔、二十七世妇、八十一女御，以及后宫诸多美人、乐府妓女等，却毫无顾眄之心</u>。非只殊艳尤态独能致是，盖善巧便佞，不待圣旨，先承其意。③<u>花下春游，月前秋宴，驾则共辇，幸则专席，从此君王不早朝</u>。终被封为准后，人皆将其视为皇后元妃。④<u>可怜光彩生门户，此时天下之人不重生男重生女</u>。⑤<u>于是御前之评定，各种诉讼之裁决，皆有准后之参言，公卿无功受赏，奉行混淆是非</u>。⑥<u>所谓《关雎》乐而不淫，哀而不伤，诗人喻之，后妃之德。如之奈何？令人想起倾城倾国之乱，真是令人惊愕</u>。①

在《中宫入宫之事》的章节中，《太平记》的作者叙述了后醍醐天皇对中宫禧子的冷落和对阿野廉子的宠爱。上述引文即是阿野廉子被宠爱的描写。画线部分①的出典是《长恨歌》中的"三千宠爱在一身"和"六宫粉黛无颜色"，②的出典来源于《长恨歌传》中的"虽有三夫人、九嫔、二十七世妇、八十一

---

① 鷲尾順敬校注. 太平記 [M]. 東京：刀江書院，1943：6.

<<< 第一章 "尤物"的叙述和尤物观

御妻,暨后宫才人、乐府妓女,使天子无顾盼意。自是六宫无复进幸者。非徒殊艳尤态致是,益才智明慧,善巧便佞,先意希旨",③来源于《长恨歌传》中的"骊山雪夜,上阳春朝,与上行同辇,止同室,宴专席,寝专房"以及《长恨歌》中的"从此君王不早朝",④的出典是《长恨歌》中的"可怜光彩生门户、遂令天下父母心、不重生男重生女"。① ①②③④是通过对《长恨歌》《长恨歌传》的引用将阿野廉子比喻为杨贵妃那样的"尤物",主要是为了说明后醍醐天皇对她的宠幸。

⑤的意思是说阿野廉子在后醍醐天皇的宠爱之下,干预朝廷施政,导致了无功受禄,颠倒是非的现象。⑥的出典是《论语》"子曰:《关雎》,乐而不淫,哀而不伤"和《毛诗序》中的"《关雎》,后妃之德也。风之始也,所以风天下而正夫妇也",批判阿野廉子没有后妃之德。紧接着作者指出阿野廉子的干预朝政将会导致⑦的"倾城倾国之乱"。很明显作品是将阿野廉子比拟为杨贵妃,也意味着将后醍醐天皇比拟为唐玄宗,以"尤物观"解释了后醍醐天皇对阿野廉子宠幸的后果,将导致"安史之乱"那样的战乱。

然而在作品的第一部除了这一部分之外,并无再涉及阿野廉子的描述,作品对⑤⑥部分的具体描述是在卷十二《公家一统政道之事》,也就是在后醍醐天皇推翻镰仓幕府、一统天下之后,其中有如下描述:

藤房卿接受任命,调查是否有军功,判断军功大小,正要进行恩赏,因为内奏的密谋,先前之朝敌得到之前土地的所有权,无军功之人得到五个或十个领地,藤房难以谏言,称病辞职,……

日本六十多个国因内奏而赏赐,已无立锥之土地可供赏赐……或者因为内奏,原告得到天皇许可,而在决断所(诉讼机关)被告反而变得有理;或在决断所,领主的领地被承认,而因为内奏却又赏赐给了别人。因为这样的混乱,常常是一个领地分封给四五个人,因此诸国的动乱难以平息。②

---

① 長谷川端校注訳. 太平記 1 [M]. 東京:小学館,1996:12.
② 鷲尾順敬校注. 太平記 [M]. 東京:刀江書院,1943:295.

这部分讲述的是在后醍醐天皇一统天下之后，朝廷任命公卿洞院实世对有军功之人封赏，其中有军功之人不阿谀奉承而得不到封赏，无功之人谄媚于天皇身边的近臣得到了封赏。这样的封赏导致许多人的不满而无法推行，于是朝廷将洞院实世更换万里小路藤房来解决封赏的问题，然而这次却因为"内奏"而把许多土地封赏给了无功之人。之后作品中又出现了三次"内奏"，因为"内奏"封赏的混乱而导致国家混乱不止。据日本的《国语大辞典》，内奏的含义是"中世，尤其是南北朝时代，在围绕领地等的诉讼之中，通过天皇的身边的大臣或女性来诉苦，以得到有利的裁决"①。也就是说"内奏"的人是后醍醐天皇身边的大臣或女性，而在作品中作为女性干政的例子只提到了阿野廉子，所以如果指代女性的话，只能是阿野廉子。此外，除了上述引文之外，《太平记》中还有一例提到"内奏"，在卷三十五《北野通夜物语》中有：

　　　　危害政道的是无礼、不忠、邪欲、夸功、大酒、宴会、大摆排场、倾城、双六、赌博、攀附权贵、内奏、趋炎附势的奉行。②

也就是说"内奏"是妨碍实行正确政道的原因之一。前文引用卷一《中宫入宫之事》中的"于是御前之评定，各种诉讼之裁决，皆有准后之参言，公卿无功受赏，奉行混淆是非"是说阿野廉子干预政事，干预诉讼，而关于干预诉讼的具体例子也只能是卷十二的这个地方。卷一《中宫入宫之事》中称呼阿野廉子为"准后"，实际上阿野廉子被册封为准后是卷一所设定时间的16年后，即1335年，也就是说她干预政事应该指建武新政之后。因此，可以说这里的"内奏"应该和卷一阿野廉子干预恩赏诉讼的描写相对应。③

---

① 日本词典对"内奏"的解释为"中世、特に南北朝時代、所領をめぐる訴訟などで、天皇に近い臣下あるいは女性を通じて訴え、有利な裁許を得ようとすること"（尚学图书编. 国語大辞典. 東京：小学館，1988），中国古代"内奏"的含义是"负责内、外廷之间事件传宣沟通及文书之传递"，并无女性干政之意思，清代设有内奏事处。
② 鷲尾順敬校注. 太平記［M］. 東京：刀江書院，1943：1011.
③ 忠鉢仁.『太平記』執筆の背景—禧子・廉子を中心として［C］//軍記物語の系譜と展開，汲古書院，1998：523.

第一章 "尤物"的叙述和尤物观

同样在卷十二《兵部卿亲王流放之事》中，也有描述阿野廉子干涉朝政的记述，如下所示：

> 高氏听说此事之后，<u>通过准后向后醍醐天皇上奏说</u>，兵部卿亲王（即大塔宫）召集兵马，向许多诸侯国下了旨意，欲夺帝位，其谋反的证据确凿。<u>天皇御览了大塔宫给诸侯国的旨意，龙颜大怒，决定将大塔宫流放</u>。①

大塔宫又名护良亲王，是后醍醐天皇的皇子，六岁时出家于天台山，两度出任天台座主。元弘之乱时，大塔宫还俗，率领僧兵倒幕，镰仓幕府灭亡后与足利尊氏对立。大塔宫一直觉得足利尊氏早晚要推翻后醍醐政权，于是准备及早动手除掉尊氏。尊氏通过"准后"，即阿野廉子向后醍醐天皇进谗言：大塔宫欲夺帝位，已经向地方发了令旨，让地方武士起兵。听信这些谗言之后，天皇在没有调查的情况下剥夺了大塔宫的兵权，将他流放至镰仓。后来在"中先代之乱"中，足利尊氏的弟弟足利直义将大塔宫杀害。紧接着作品引用了中国故事《骊姬故事》，对大塔宫的被杀寄予了深深的同情，同时对阿野廉子的谗言展开了猛烈的抨击，该故事将阿野廉子比作骊姬，将大塔宫比作申生。骊姬是中国春秋时代的人物，她以美色获得晋献公的专宠，并逐步获得晋献公信任，参与朝政，但骊姬仍不满足，又使计离间挑拨晋献公与其几个年长的儿子申生、重耳、夷吾的感情，并且下毒手杀害了申生，逼迫公子重耳、夷吾逃亡国外，从而使晋献公改立自己所生的儿子奚齐为太子。在《骊姬故事》的最后，作品作了如下的总结：

> 如今兵戈已止，后醍醐天皇重登帝位，全靠大塔宫之功劳。因此，即便大塔宫有小的过失，天皇也不该忘记他的功劳，而应劝诫他、宽恕他的错误。然而天皇却强制地将其交予敌人之手，处以流放之刑。这大概应是朝廷再次倾覆、武家又夺取天下的吉兆。确实，大塔宫被杀后，天下转瞬

---

① 鹫尾顺敬校注. 太平記[M]. 東京：刀江書院，1943：318.

间皆归将军。古贤云：牝鸡之晨，惟家之索。诚如古贤之言，使人深有体会。①

作品认为后醍醐天皇之所以能推翻幕府、一统天下主要是大塔宫的功劳，即使大塔宫有过失也应该对他有所宽恕，不应该将大塔宫抓起来幽闭在镰仓。这件事预示着朝廷再次失去天下，天下将再次归属武家，接着作品笔锋一转将大塔宫事件归结为阿野廉子。划线部分引用了《尚书》中的"古人有言曰：'牝鸡无晨；牝鸡之晨，惟家之索'"，意思是母鸡不晨叫，母鸡晨叫，全家萧条。这句话是周武王伐纣之际，在誓师大会上说的话，是将妲己比作母鸡，意味着纣王宠信妲己而面临灭亡。《太平记》引用这句话是将阿野廉子比作母鸡、比作妲己，正是她这样的"尤物"干预朝政从而导致了"倾城倾国之乱"，即后醍醐天皇失去天下。至此，《太平记》完成了对阿野廉子"倾城倾国之乱"的批判。

2. 藤原禧子形象虚构的原因

《太平记》同时代的历史书籍，如《梅松论》《保历间记》等书中没有关于阿野廉子的记述。在《增境》等书籍中有关于后醍醐天皇的皇后藤原禧子的记述，与《太平记》对藤原禧子的描述不同。《太平记》卷一《中宫入宫之事》对藤原禧子入宫之后有如下描述：

（本以为会得到天皇的无比宠爱）岂料君恩薄如树叶，禧子一生难以接近龙颜，在 A 深宫之中叹春日之难暮，恨秋夜之漫长。金屋无人，皎皎残灯背壁影，熏笼消香，萧萧暗雨打窗声。诸物皆成为使人流泪之源。B 人生勿作妇人身，百年苦乐因他人。白乐天所写之诗，真是很有道理。②

上述引文中画线部分 A 化用了白居易《上阳白发人》中的"春日迟，日迟

---

① 鷲尾順敬校注. 太平記 [M]. 東京：刀江書院，1943：322.
② 鷲尾順敬校注. 太平記 [M]. 東京：刀江書院，1943：6.

独坐天难暮""秋夜长，夜长无寐天不明""耿耿残灯背壁影，萧萧暗雨打窗声"诗句，画线部分 B 引用了白居易《行路难》的诗句，目的是通过描述后醍醐天皇对藤原禧子的冷落，来衬托后醍醐天皇对阿野廉子的宠爱。然而成书于南北朝时期的《增境》却对后醍醐天皇和藤原禧子的感情作了如下的描述：

> 今上（后醍醐天皇）很早就将西园寺入道大臣实兼的小女儿、兼季大纳言的妹妹（禧子）偷偷带出，一心一意地宠爱，年越久感情愈深。（天皇即位后）封禧子做了女御，不久的八月封禧子为皇后。①

《增境》等书籍对后醍醐天皇和藤原禧子的亲密关系均作了描述。可见对藤原禧子不受后醍醐天皇宠爱的描写是《太平记》的独特叙述，目的是反衬后醍醐天皇对阿野廉子的无比宠爱，为引入"倾城倾国之乱"的"尤物观"做铺垫。

二、对后醍醐天皇的批判

这种"倾城倾国之乱"的"尤物观"的背后到底暗含了什么样的信息？作品表面上是在批判阿野廉子，实际上是批判宠爱阿野廉子的后醍醐天皇。作品为何要批判后醍醐天皇？笔者认为这和后醍醐天皇推翻镰仓幕府之后，欲建立天皇亲政的专制体制有很深的关系。

后醍醐天皇（1288—1339）是后宇多天皇（1267—1324）的第二皇子，1318 年继承天皇之位。1324 年，后醍醐天皇试图推翻镰仓幕府，被幕府发觉未遂，史称"正中之变"。1333 年，后醍醐天皇再次发动推翻幕府的"元弘之变"，也以失败告终，被镰仓幕府流放至隐岐岛。然而此时各地武士纷纷起兵响应后醍醐天皇的号召，足利尊氏在京都消灭了幕府的势力，新田义贞攻下镰仓，消灭了幕府在镰仓的势力。1333 年 6 月后醍醐天皇重新即位，1334 年改元"建武"，同时实施改革，史称"建武新政"。

---

① 井上宗雄訳注. 増鏡 [M]. 東京：講談社，1983：63.

《太平记》中的儒家思想研究 >>>

关于"建武新政"的评价,也是日本史学界争论的焦点之一,但是可以肯定的是后醍醐天皇试图通过新政加强天皇权力,即所谓的"朕之新规是未来之先例",同时效仿中国建立"君主专制体制"。《太平记》对后醍醐天皇的政治抱负也作了描述,如在卷一《后醍醐天皇企图灭亡武臣之事》中有如下叙述:

  时年三十一岁,继承皇位。在位期间,内守三纲五常之仪,遵周公孔子之道;外不懈于万机百司之政,<u>追延喜天历之迹</u>,四海望风而悦,万民归德而乐。①

上述引文是对后醍醐天皇即位之后的高度赞扬,如画线部分所示,后醍醐天皇以圣代"天历延喜"为榜样。"天历"(947—957)是村上天皇的年号,"延喜"(901—923)是醍醐天皇的年号。"天历、延喜之治"被称为日本的圣代,是王朝政治文化的高度繁荣期,也是天皇的"亲政"时期。后醍醐天皇的称号本身就是以醍醐天皇为榜样,是后醍醐天皇生前为自己定的谥号。②南朝大臣北畠亲房编写的《神皇正统记》《后醍醐天皇》一节中也记述了后醍醐天皇试图加强中央集权:

  戊午年即位,己未夏四月改元为元应。最初后宇多上皇掌权,两年之后将实权让于天皇。后醍醐遵循(天皇亲政时的惯例)旧例设立记录所,凤兴夜寐勤于政事,倾听民之忧愁。天下万民称其德。天下无论贵贱之人无不事前称颂道:"<u>公家掌权之世现在就要来临。</u>"③

北畠亲房称赞了后醍醐天皇即位以来为国为民日夜操劳,得到了天下人的拥戴。画线部分说后醍醐天皇要恢复公家以前的政治,即镰仓幕府、院政以前的政治,也就是天皇亲政。《太平记》卷一《关所停止之事》中详细叙述了后

---

① 鹫尾顺敬校注. 太平记 [M]. 東京:刀江書院,1943:4.
② 長谷川端校注訳. 太平记 3 [M]. 東京:小学館,1997:36.
③ 岩佐正,時枝誠記. 神皇正統記 増鏡 [M]. 東京:岩波書店,1965:180.

第一章 "尤物"的叙述和尤物观

醍醐天皇施政的三项方针：第一条是废除关所。除了大津、葛叶关所之外，后醍醐天皇废除了京都四境七道的关所，减轻了商人往来的税赋。第二条是赈济灾民。元亨二年（1322）夏，京都附近大旱致使饿殍满野、饥民倒地。后醍醐天皇不仅反思了自己没有帝德，还利用富商赈济灾民，使商人和灾民各得其利。第三条是整理诉讼。后醍醐天皇考虑或有下情不得上达，于是亲临记录所（处理诉讼的机构），垂听直诉，明断理非。这三条措施不见于《太平记》同时代的书籍中，或许是作品的虚构，目的是突出强调后醍醐天皇亲政的决心。

然而，虽然《太平记》的作者十分崇尚中国思想文化，却不认同君主亲政，在作品的卷十三《藤房卿遁世之事》中，作者通过藤房批判了后醍醐天皇的专制体制，其中有如下叙述：

> 并且在诸侯国之中，守护失去权威，国司权力加强。因此，不在职的卑贱的目代（也被称为代官，代理国司处理政务）等没收了贞应以后新成立的庄园，在京地方官、检非违使、健儿所的官员加强了与身份不符的权力。不仅如此，从镰仓源赖朝以来诸国武士家臣长年使用的称号（氏族名）也被废止，大庄园的武士领主和门第高的武士不知何时变得和普通老百姓并无两样。对此，愤懑不已之人何止几千万。①

藤房强调"守护"失去势力，"国司"的权力增大，贞应（年号，后堀河天皇时代）以来新设立的庄园被没收，地方官员等人也增加权力，导致很多武士不满。"守护"是镰仓幕府为加强对地方控制所设置的军事行政长官，由幕府将军直接任命。"国司"是朝廷派往地方的官员，体现了中央对地方的统治。后醍醐天皇欲加强中央集权，建立君主专制体制，压制"守护"，提高"国司"的权力应该是理所当然之事。然而《太平记》却通过藤房批判了后醍醐天皇的这些政策，体现了其对后醍醐天皇亲政的批评。

此外，"倾城倾国之乱"的"尤物观"是和皇权紧密联系在一起的，只有

---

① 鷲尾順敬校注. 太平記［M］. 東京：刀江書院，1943：329.

当为政者，如中国的皇帝拥有至高无上的皇权之时，"尤物观"才会导致"倾城倾国之乱"；当为政者没有权力之时，无论君王多么宠爱女性，也不会导致社会动乱。《太平记》的作者对阿野廉子的批评或许暗含了对后醍醐天皇亲政的批判，体现了其对中国"尤物观"的理解之深。《太平记》的作者虽然有"宫方深重"，即偏袒同情天皇的一面，但认同的却是"天皇—将军—管领"体制。①"天皇—将军—管领"的体制是天皇作为精神的象征，武士阶层掌管世俗权力，辅佐将军的"管领"来具体负责权力的实施。关于这一点，笔者在第三章和第四章中将会再次论述。

三、战争的失败和"倾城倾国"

《太平记》除了批判后醍醐天皇因"倾城倾国之乱"而失去天下，还批判了新田义贞因为"倾城倾国"勾当内侍而贻误战机，使后醍醐天皇失去天下。新田义贞是《太平记》的主要人物之一，他在上野国（日本的群马县）起兵响应后醍醐天皇的倒幕运动，一举攻陷镰仓，成为后醍醐天皇的股肱之臣。在"建武之乱"中后醍醐天皇和足利尊氏对立时，他站在天皇一方和足利尊氏展开了殊死的战斗。在京都之战中，后醍醐和新田义贞战胜足利尊氏，使足利尊氏退兵至九州。此时，作品卷十六《西国起义新田义贞进发船坂熊山等战争之事》对新田义贞有如下的描述：

> 将军足利尊氏逃至筑紫（九州）之时，四国、西国的朝敌们失去和将军一起逃亡的机会，或隐匿山林，或寻找各种关系，无人不想得到新田义贞的御教书（赦免等的文书）从而得到保护。此时，新田义贞若乘胜追击，无人不降。然而新田义贞除了召开长时间的会议讨论之外，此时还宠爱闻名天下的美女勾当内侍，因此悲于和勾当内侍短暂的分别，拖延至建武三

---

① 和田啄磨.『太平記』の擱筆理由：細川頼之の管領就任記事の位置付け [J]. 文学・語学, 2011 (11). 大坪亮介.『太平記』における北条氏の治世：大尾記事との関わり [J].『国語国文』, 2012 (8).

>>> 第一章 "尤物"的叙述和尤物观

年三月末才率兵进发西国，这即是倾城倾国之缘故。①

引文的背景是足利尊氏从九州再次起兵进攻京都，战胜新田义贞，将后醍醐天皇赶出京都，建立了室町幕府。《太平记》的作者认为如果新田义贞没有被"倾城倾国"的勾当内侍所羁绊，趁机追赶，将会一举歼灭足利尊氏，从而保全后醍醐天皇的天下。在这里，作品将"倾国倾城"和战争联系在一起，解释了新田义贞战败的缘由。

同样在作品卷二十《枭左中将首级之事》中，作品再次提到了新田义贞因为"倾城倾国"而导致战败的话题，作品的叙述如下：

建武之末，朝敌（足利尊氏）漂泊于西海之时，中将（新田义贞）悲于和此内侍的短暂分别，延迟了出征的时间，之后天皇临幸山门之时，敌人被比叡山僧兵赶走，（新田义贞）如果乘势追击，京都的敌军将会被消灭。而此时，义贞沉迷于和内侍的感情，没有采取乘胜追击疲敌军的策略，结果被敌人夺取国家。真是一笑倾人国，古人劝诫勿沉溺于女色，诚如斯理。②

新田义贞战死后，作者回顾了他和勾当内侍优美缠绵的爱情，在对他们的爱情哀婉叹息之余，又重提了足利尊氏败走九州之事。由于新田义贞沉迷于勾当内侍，没有乘胜追击，以致足利尊氏卷土重来，夺取天下。上述引文中的"一笑倾人国"来自《汉书》的"北方有佳人，绝世而独立，一顾倾人城，再顾倾人国。宁不知倾城与倾国，佳人难再得"。白居易《李夫人》一诗中也有如"生亦惑，死亦惑，尤物惑人忘不得。人非木石皆有情，不如不遇倾城色"这样与之相似的诗句，劝诫帝王不可沉溺于女色，否则将酿成国家大乱。在日本中世的《新乐府略意·李夫人》的注释文中有：

---

① 鷲尾順敬校注. 太平記 [M]. 東京：刀江書院，1943：431.
② 鷲尾順敬校注. 太平記 [M]. 東京：刀江書院，1943：601.

倾城色者、文选云、倾城谁不倾佇节停中河、史记云、南国有佳人、一咲即倾城。①

白居易的《新乐府》注释书《新乐府略意》和《新乐府注》被认为对日本中世文学产生了很大的影响，也可能影响了《太平记》。可以说新田义贞因"倾城倾国"而贻误战机的设定受白居易《李夫人》一诗影响的可能性较大。卷一《中宫入宫之事》对阿野廉子"倾城倾国之乱"的描写中引用了白居易《长恨歌》的诗句。《长恨歌》《李夫人》属于白居易的新乐府诗歌，均劝诫君王不要沉溺于"尤物"。新田义贞和勾当内侍故事体现的"尤物观"主要批判的是新田义贞，《中宫入宫之事》的"倾城倾国之乱"通过对阿野廉子的批判，进而批判后醍醐天皇。

需要注意的是《太平记》虽然使用了带有儒家色彩的"尤物观"批评了政治，但是也融合了浓厚的佛教色彩，这一点或许有别于儒家视野下的"尤物观"。在卷二十《枭左中将首之事》的最后有如下的叙述：

（内侍）在蒿草的露水之中嚎啕大哭，附近寺院的僧人看到后觉得很凄惨，将她请到佛堂。内侍当晚削发为尼，穿上黑色的衣服，然而马上又浮现出了义贞的面容而悲泣。不久，因会者定离之理而悟道爱别离苦之梦，厌离秽土之心与日俱增，欣求净土之心愈强，因此在嵯峨的往生院一带结草为庵，日夜为义贞祈冥福。②

新田义贞战死之后，其首级被室町幕府在京都示众。勾当内侍看到新田义贞的首级之后十分伤心，嚎啕大哭，被寺院的和尚请入寺院。勾当内侍于是削发出家，觉悟到了"爱别离苦"，脱离尘世，开始修行。很明显上述引文带有浓厚的佛教说教色彩，儒家色彩的"尤物观"被冲淡，体现了日本文学中的儒佛

---

① 太田次男. 釈信救とその著作について——附·新楽府略意二種の翻印 [J]. 斯道文庫論集 第五辑, 1966.
② 鷲尾順敬校注. 太平記 [M]. 東京：刀江書院, 1943：603.

融合，如本章第一节的论述，这种儒佛融合的思想在卷三十七《杨贵妃故事》中也得到了体现。①

四、对近世的影响

《太平记》中的"尤物观"影响了日本的近世文学，江户时代成书的流行本《保元物语》中增补了因美福门院无"后妃之德"而导致"保元之乱"的内容。"保元之乱"之后，新院，即崇德院被流放至赞歧岛。作品以哀婉的笔调描写了崇德院去赞歧岛途中的情景，接着，又回顾了"保元之乱"的原因。"保元之乱"是日本前所未有的战乱，战争发生在皇室、摄政关白、父子之间。作者认为这场战乱源于鸟羽院的皇后美福门院，她让鸟羽院逼迫崇德帝退位，使自己的儿子近卫天皇即位。在近卫天皇死后，本来应该由崇德帝的儿子继承皇位，她却煽动鸟羽院拥立后白河天皇即位。对于美福门院的行为，作品批判了她没有"后妃之德"。作品还引用了中国《无盐君的故事》，从反面进一步阐明了美女祸国论的观点。无盐君名叫钟无盐，本名钟离春，是战国时期齐宣王的皇后，相貌奇丑无比，却是中国历史著名的女性政治家。在她的劝说下，齐宣王"停渐台，罢女乐。退谄谀，去雕琢。选兵马，实府库。四辟公门，招进直言，延及侧陋"②，齐国因此成为强国。这个故事也流传至日本，被《保元物语》所引用。作品在讲述完这个故事之后，发表了如下的议论：

> 天下的大乱、政道的错误皆源于后宫。因此诗云："妇人长舌是祸之开始。祸非从天而降，而是源于妇人"。……《史记》记载：牝鸡司晨，其里必灭。……鸟羽上皇将政事委于美福门院，使没有犯错误的崇德上皇退位，让近卫上皇即位，如今又排除嫡孙，让第四宫即位，导致了如今的大乱。③

---

① 卷三十三《新田左兵卫义兴自杀之事》描写了新田义贞的儿子新田义兴因为好色，敌人送他许多美女。新田义兴沉溺于女色，结果落入敌人圈套，被迫自杀。"義興元来色ヲ好ム心深カリケレバ、……誠ニ褒姒一度笑ヒテ幽王国ヲ傾ケ、玉妃傍ラニ媚ビテ玄宗世ヲ失ヒ給ヒシモ、カクヤト思ヒ知ラレタリ"。

② 刘向. 新序 [M]. 北京：中华书局，2017：9.

③ 栃木孝惟校注. 保元物語 [M]. 東京：岩波書店，1992：356.

美福门院本名藤原得子，为鸟羽天皇皇后，和鸟羽天皇之间育有近卫天皇等。引文中的"第四宫"是后白河天皇。引文认为美福门院逼迫崇德天皇退位，让自己儿子近卫天皇即位，近卫天皇去世后，又让第四宫即位，排除了"嫡孙"崇德天皇的儿子即天皇位，因而导致天下大乱。流行本《保元物语》对美福门院批判的目的是批判宠爱她的鸟羽天皇，这一点和《太平记》中对后醍醐天皇的批判相同，都是尤物观的体现。近世的许多儒学家将丰臣氏的灭亡归结为丰臣秀吉宠爱"倾城倾国"的淀姬之故。《应仁记》认为"应仁之乱"爆发的原因在于室町幕府第八代将军足利义政宠爱日野富子。① 总之，在《太平记》之后，儒家思想背景下的"尤物观"对流行本《保元物语》等近世文学产生了很大的影响。

第四节　奇物佚游致使政权丧失的尤物观

"奇物"是奇品、珍物，珍奇之物的含义。"奇物"一词在中国古代典籍中经常出现，如《淮南子》卷八中有"夫声色五味，远国珍怪，瑰异奇物，足以变心易志"②，西汉韩婴《韩诗外传》卷五中有"奇物变怪，所未尝闻见"③，《汉书》卷六十一《张骞李广利传》中"天子既闻大宛及大夏、安息之属皆大国，多奇物"等用例。当为政者沉溺于"奇物"时，中国典籍多持批判态度，如《史记》卷三《殷本纪》以"益收狗马奇物，充仞宫室"批判殷纣王；《太平御览》卷六百二十四《治道部》以"人多伎巧，奇物滋起，法令滋章，盗贼多有"④ 评价施政情况等。然而令人遗憾的是，"奇物"这一古代经常使用的词语在今人编撰的词典，如《汉语大词典》中并未收录。"佚游"，亦作"逸游"，指放纵游荡而无节制，常常用来劝诫为政者，如汉代韦孟的《讽谏诗》中有

---

① 田端泰子. 日本中世の社会と女性 [M]. 東京：吉川弘文館，1998：121.
② 陈广忠译. 淮南子 [M]. 北京：中华书局，2014：87.
③ 韩婴撰. 韩诗外传集释 [M]. 北京：中华书局，1980：345.
④ 李昉等撰. 太平御览 [M]. 上海：上海书店，1985：1522.

第一章 "尤物"的叙述和尤物观

"邦事是废,逸游是娱",《汉书》卷二十七上《五行志》中有"天戒若曰,去贵近逸游不正之臣,将害忠良"等。白居易以《八骏图》批评了周穆王沉溺于"奇物"骏马而导致周王室朝政废弛的行为,将"戒奇物惩佚游也"作为主题,故本节标题采用"奇物佚游"一词。

一、对北条高时沉溺于"奇物"的批判

北条高时(1303—1333)是日本镰仓幕府第十四代"执权",是幕府的实际掌权者。《太平记》卷一《后醍醐天皇企图灭亡武臣之事》叙述南北朝几十年的动乱时,将动乱的原因归结到后醍醐天皇和北条高时的身上,即所谓的"上乖君之德,下失臣之礼。从之四海大乱,一日未安"。在接下来描述北条高时"失臣礼"时有如下叙述:

> 时政九代的子孙,前相模守平(北条)高时入道崇鉴之时,其行为十分轻率,不顾世人非议,其政道不正,不思民之疲弊,日夜以逸游为乐。高时玷污先祖之功绩,早晚玩赏奇物,北条氏的衰颜近在眼前。卫懿公乘鹤之乐早尽,秦李斯牵犬之恨今来。这两种先例也将发生在高时身上,见者人人皱眉,闻者个个咋舌。①

北条高时治世之时,面临被推翻的危机,主要原因是北条高时政道不正,不恤民情,日夜玩赏"奇物"。作品将北条高时比为卫懿公。卫懿公是春秋时期卫国的国君,喜好"奇物"鹤,甚至给予鹤官位和俸禄,遭到民怨,后来狄人攻打卫国,卫国人均不帮助卫懿公,于是卫懿公被狄人杀害。也就是说《太平记》以北条高时沉溺于"奇物"来解释其灭亡的原因。然而镰仓幕府北条政权灭亡的原因比较复杂,并不全因北条高时沉溺于"奇物"之故。成书于日本南北朝时期的《保历间记》对北条高时的执政有如下记载:

---

① 鷲尾順敬校注. 太平記[M]. 東京:刀江書院,1943:4.

关东的政道毫无理智，众人说，啊！或许将会回到公家的时代。此时，因为高时的管领长崎入道年事已高，因此指示长崎入道之子长崎左卫门高资为其管领。高资随心所欲地处理天下政事。……高资不道，武威受到轻视，故天下大乱，成为人皆背叛之源。①

镰仓幕府的执政者北条高时将政事托于长崎园喜，因为园喜年事已高，又把政事托付于自己的儿子长崎高资。长崎高资随心所欲地处理政事，正因为高资的无道，所以武威被轻视，世道混乱，人心背离。也就是说镰仓北条氏的灭亡还在于北条高时用人不当，很明显《太平记》是将镰仓幕府北条政权的灭亡完全归结为北条高时沉溺于"奇物"之故。

这样的"奇物观"在《太平记》卷十三《天马故事》也有出现。建武二年，即1334年，佐佐木高贞向后醍醐天皇进献了一匹龙马，天皇龙颜大悦，于是向臣下询问怎么看待龙马这件事情。有一大臣叫洞院公贤引用汉籍《穆天子传》《菊慈童的故事》等认为龙马的出现为祥瑞之兆，是皇恩浩荡、德泽四方的象征。与此相反，万里小路藤房引用《贞观政要》、白居易的《八骏图》等来说明龙马的出现预示国家将亡，是不祥之兆。关于藤房的谏言有如下记载：

形状实非普通之马，骨骼强健，筋肉粗大，脂肉短，颈如鸡细，鬃毛垂至膝部，……周代即将衰落之时，房星下落化为八匹马。穆王爱之，令造父驾驭，在四荒八极之外的瑶池游玩，在碧台举行宴会，因此七庙之祭祀逐年衰落，明堂之礼仪日渐废弛，……臣愚钝，窃以为由来尤物是非大，只荡君心则为害。如今政道不正，房星之精化为此马迷惑人心，……只有停止玩赏奇物，实行仁政，藤房诚恳毫无保留地进言。龙颜少有不快，大臣皆大惊失色，盛大的酒宴失去了兴致，当日的游玩也被中止。②

藤房劝谏后醍醐天皇不应该沉溺于"奇物"天马，应该施行德政。《天马故

---

① 佐伯真一，高木浩明编著. 校本保历间记 [M]. 东京：和泉书院，1999：410.
② 鹫尾顺敬校注. 太平记 [M]. 东京：刀江书院，1943：328.

事》被认为是受多重中国典籍影响故事，其中上述引文的画线部分被认为是来自白居易的新乐府《八骏图》。以下引文是白居易的《八骏图》：

穆王八骏天马驹，后人爱之写为图。<u>背如龙兮颈如象，骨竦筋高脂肉壮</u>。

日行万里疾如飞，穆王独乘何所之。<u>四荒八极蹋欲遍，三十二蹄无歇时</u>。

属车轴折趁不及，黄屋草生弃若遗。<u>瑶池西赴王母宴，七庙经年不亲荐</u>。

璧台南与盛姬游，<u>明堂不复朝诸侯</u>。白云黄竹歌声动，一人荒乐万人愁。

周从后稷至文武，积德累功世勤苦。岂知才及四代孙，心轻王业如灰土。

<u>由来尤物不在大，能荡君心则为害</u>。文帝却之不肯乘，千里马去汉道兴。

穆王得之不为戒，八骏驹来周室坏。至今此物尚称珍，<u>不知房星之精下为怪</u>。八骏图，君莫爱。①

画线部分和上文《天马故事》中引文的画线部分比较相似。其中"由来尤物不在大，能荡君心则为害"的诗句被《太平记》直接引用，是藤房劝诫后醍醐天皇要"戒奇物佚游"。白居易的《八骏图》一诗通过周穆王玩物丧志来警诫唐朝的统治者。引文中"七庙之祭祀逐年衰落，明堂之礼仪日渐废弛"指的是周穆王因为沉溺于"奇物"天马而不祭祀、不理朝政，导致了周王室的衰败。藤房以此劝诫后醍醐天皇。

而在《太平记》之前的文学作品中，天马或龙马是祥瑞的象征，如《日本书纪》卷第二十五《孝德天皇》中有如下记述：

---

① 王贺，赵仁珪选注. 白居易诗［M］. 北京：中华书局，2013：158.

69

《太平记》中的儒家思想研究 >>>

   诏曰、圣王出世治天下时、天则应之示其祥瑞、囊者、西土之君周成
  王世与汉明帝时、白雉爰见。日本国誉田天皇之世、白乌楺宫。大鹪鹩帝
  之时、<u>龙马西见</u>。是以自古迄今、祥瑞时见、以应有德、其类多矣。①

  很明显在上述引文中，龙马是祥瑞，是帝德的象征。此外，《今昔物语集》卷第十一的《玄昉僧正恒唐传法相语第六》中的龙马具有神性，奔跑速度很快，如鸟一样能飞。与《日本书纪》《今昔物语集》相比，《太平记》以儒家思想的政道观叙述了龙马故事，目的是突出"奇物观"，批评后醍醐天皇沉溺于"龙马"的行为和周穆王是一样的，将导致朝政废弛、失去天下。

  《天马故事》在《太平记》以外的典籍中都没有相应的记载，或许是基于汉籍的虚构，目的是用白居易的"戒奇物惩佚游"来批判后醍醐天皇，解释他失去政权的原因。因此，卷一《后醍醐天皇企图灭亡武臣之事》以北条高时沉溺于"奇物"来解释镰仓幕府北条氏的灭亡也和白居易《八骏图》"戒奇物惩佚游"的主题一脉相承。

  《太平记》以"奇物"对北条高时的批判并未止于卷一，在卷五《相模入道好田乐斗狗之事》中，作品以"奇物观"的理念解释了北条氏的灭亡，其中有如下叙述：

   相模入道（北条高时）听说此事（京都流行田乐），将新座、本座
  （田乐的两个流派）从京都招来，日夜玩赏田乐，……<u>相模入道对这样的妖</u>
  <u>怪并不吃惊，愈加沉溺于奇物</u>。某日，此禅门（高时）看到庭前狗在撕咬
  觉得十分有趣，于是对观看斗狗爱到骨髓。②

  "田乐"是日本传统的艺术形式，是能乐的一种，为武士阶层喜爱，北条高时也不例外。然而，在北条高时观赏"田乐"时，出现了妖怪。有一位名叫仲范的儒者认为妖怪的出现是天下大乱的象征，武家应该施行仁政避免灭亡，但

---

① 小島憲之校注訳. 日本書紀 [M]. 東京：小学館，1994：79.
② 鷲尾順敬校注. 太平記 [M]. 東京：刀江書院，1943：105.

是高时却没有听取，反而愈加喜欢观赏，并也喜欢上了观看斗狗比赛。关于历史上的北条高时是否爱好田乐无从而知，而在《金泽贞显书简》中有"田楽之外、无他事候、穴贤"①的记载，因为没有主语，不知道指代何人，而长坂成行认为并不一定是指代北条高时。然而在建武二年（1335年）《二条河原匿名落书》中有：

犬、田乐是关东灭亡的原因，但现在田乐仍旧很流行。②

这样的记述，由此可见当时的人们将镰仓幕府的灭亡归结为斗狗和田乐。或许《太平记》受到这样想法的影响，将"犬""田乐"上升为儒家思想的"奇物观"，批评北条高时不是合格的为政者。

而在《太平记》之前的书籍中，如《平家物语》卷一《许愿》中田乐只是一种祈祷的形式，"表面的祈祷形式有，百番的芝田乐"。在中世的日记文学《春之深山路》中田乐是风雅的象征，"首先是风流的马长，其次是本田乐，之后是猿乐的围棋"③。《太平记》将"田乐""犬"这种逸游之物称为"奇物"，和政道结合起来，因为北条高时沉溺其中，所以面临失去天下、行将灭亡的命运。很明显《太平记》的作者以奇物佚游的"尤物观"来批判北条高时，解释镰仓幕府灭亡的原因。

二、对室町幕府的批判和"奇物"

在作品的卷二十七《清水寺失火之事和田乐之事》中，《太平记》记述了足利尊氏观赏田乐的行为，其中有如下描述：

---

① 永井晋. 金沢貞顕書状概論［J］. 鎌倉遺文研究（十三），2004（4）.
② 長谷川端校注. 太平記3［M］. 東京：小学館，1997：123. "落书"是批判讽刺政治、社会、人物等的匿名文书，流行于中世和近世。"二条河原落书"对建武新政混乱的政治进行了讽刺和批判。
③ 飛鳥井雅有著，外村南都子校注訳. 中世日記紀行集［M］. 東京：小学館，1994：336.

四条河原又发生了不可思议之事。祇园的执行行惠为了修建四条之桥而化缘，将新座、本座的田乐合在一起，将老少分开，搭起高的看台，让他们进行猿乐比赛。京都城里城外的所有男女，不分贵贱却觉得这种观赏世间罕见、值得一看，纷纷搭建看台，……搭建三重的是将军（足利尊氏）的看台。①

贞和五年，即1349年，"田乐"团体到京都表演，京都内外之人，包括足利尊氏将军和"关白"二条良基等人纷纷搭建看台观赏"田乐"。然而在观赏"田乐"过程中，出现妖怪，看台全部倒塌。这部分内容也预测了幕府的内乱，即"观应之乱"，高氏兄弟和足利直义的争权夺利而导致被杀。② 虽说这部分的描述没有直接出现对足利尊氏以及室町幕府的讽刺，但这部分的描述很容易让人想起卷五《相模人道好田乐斗狗之事》。北条高时是因为喜好"田乐"而导致幕府灭亡，足利尊氏因为喜好"田乐"而导致了幕府的内乱。通过足利尊氏和北条高时爱好田乐的行为重合，暗含对足利尊氏以及室町幕府的批判。

流行本《太平记》和天正本《太平记》诞生时，日本已经进入战国时代，室町幕府的权威已经一落千丈，对于这一部分内容，流行本和天正本《太平记》在原来的基础之上增补了以下内容：

今年许多不可思议之事接连发生，京都之中爱好田乐之人比以往更多。将军爱好田乐的热情无以伦比，因此许多人也沉溺其中，朝夕为此过度花费。据说关东灭亡之时，高时十分喜爱田乐导致了北条氏的灭亡，喜欢田乐不是一件好事情。③

这部分内容警示足利尊氏如果一直沉溺于"奇物"田乐，而不处理政事的

---

① 鷲尾順敬校注. 太平記 [M]. 東京：刀江書院，1943：763.
② 長谷川端. 太平記の研究 [M]. 東京：汲古書院，1982：92.
③ 後藤丹治，釜田喜三郎校注. 太平記 [M]. 東京：岩波書店，1960：55.

话，可能会导致和北条高时一样的命运。与古本《太平记》相比，流行本和天正本《太平记》更加明确地以沉溺于"奇物"来批判足利尊氏和室町幕府。

此外，《太平记》还使用这种"奇物佚游"的理念批判了北朝的天台座主梶井亲王，在卷三十二《芝宫即位之事》有如下叙述：

> 梶井二品亲王之弟承胤亲王被任命为天台座主，此亲王跟前天台座主二品亲王的行为不同，不热衷于游玩宴会和奇物，专心修行，以吾山的繁荣为己任，（比叡山）僧徒无不听其号令。①

天台宗是日本中世最大的宗派，不仅拥有庞大的庄园，还有很多僧兵，其本山坐落在京都郊外的比叡山，天台座主即是比叡山天台宗的住持方丈。这部分引文主要讲述的是"观应之乱"中发生的事情。足利尊氏为了消灭足利直义暂时向南朝求和，而南朝也利用这次求和迅速占领京都，基本俘获了北朝的整个朝廷，天台座主梶井二品亲王也是其中的一位皇室成员。作者在讲到他被俘获时，说他日夜沉溺于歌舞、品茶、游玩，对佛法置之不理。② 到了卷三十二，北朝将南朝赶出京都，重新立了天皇和天台座主。此时的天台座主是承胤亲王，他不像梶井亲王那样沉溺于游宴、奇物，而是将佛教事业的隆兴放在首位。在这里作品以"奇物佚游"评价了北朝比叡山的天台座主。

三、对近世的影响

《太平记》以"奇物观"批判了镰仓幕府的执政者北条高时。作品将室町幕府的第一代将军足利尊氏爱好的"奇物"田乐和北条高时的喜好重合，进而批判室町幕府以及足利尊氏。作者也以"奇物观"批评了天台座主梶井亲王，"奇物观"也成了《太平记》政道批评的方式之一。

军记物语《源平盛衰记》（流行本）诞生于江户时代，卷十四《周朝八匹

---

① 鹫尾顺敬校注. 太平记 [M]. 東京：刀江書院，1943：899.
② 鹫尾顺敬校注. 太平记 [M]. 東京：刀江書院，1943：867.

马之事》中批判了源仲纲因为一匹马而导致家族的灭亡。源仲纲有一匹宝马叫"木下丸",平清盛的儿子平宗盛听说之后,欲索取一饱眼福,而源仲纲以各种借口搪塞。后来经过平宗盛的多次索取,无奈的源仲纲只好将宝马献于平宗盛。平宗盛将"仲纲"的名字刻在宝马身上以此来侮辱源仲纲,不堪侮辱的源仲纲和他的父亲源赖政拥立"以仁王"起兵反对平家,却以失败告终,源仲纲一族也全部被杀。其中有"木下丸嘶叫声高、勇猛,是天下无双的奇物啊!这样不可思议之事也出现了……现在仲纲因为一匹马的缘故而导致一门灭亡,真是令人感叹"①,明显也是以"奇物观"来批判源仲纲。同时在《源平盛衰记》的卷十七《隋提柳之事》中引用白居易的诗作《隋堤柳》批判平清盛迁都福原"只为恣意佚游",其理念和"尤物观"也是相通的。江户时代初期的儒学家人见竹洞在褒扬水户藩主德川光国的施政时使用了"宰相岂特爱奇物,黎庶所益何可忽"②的诗句,意为德川光国特别爱好奇物的原因不是为了游玩,而是为了黎民百姓。该诗的背景是朝鲜使者向德川光国进献了驴马,人见竹洞在和朝鲜使者诗歌唱和之时作了此诗。这两句诗也是"尤物观"的体现。总之,"奇物佚游"观影响了日本古代文学的创作,也成为日本古代文学政道批评的方式之一。

本章小结

《太平记》以"尤物观"来解释战乱的原因,主要受白居易新乐府诗歌的影响。在"尤物观"的影响下,《太平记》卷三十七《杨贵妃故事》强调杨贵妃没有"后妃之德"而导致"安史之乱"。《杨贵妃故事》中杨贵妃和宁王的故事在中国宋元文化的影响之下,主要根据五山禅僧的诗歌创作而成的可能性较大,目的是批判沉溺于女色的为政者唐玄宗,也暗含了对后醍醐天皇等人的批判。

《太平记》卷一因为后醍醐天皇宠爱阿野廉子而导致"倾城倾国之乱",这种设定和卷十二对应起来,解释后醍醐天皇失去政权的原因,暗含了对后醍醐

---

① 市古贞次等校注. 源平盛衰记 [M]. 東京: 三弥井書店, 1991: 134.
② 菅野禮行, 德田武校訳. 日本漢詩集 [M]. 東京: 小学館, 2002: 324.

天皇的批判。《太平记》将新田义贞战败的原因归结为"倾城倾国"的勾当内侍。这种"尤物观"对近世文学,如流行本《保元物语》等产生了很大的影响。此外,杨贵妃、勾当内侍身上所体现的"尤物观"还带有佛教的色彩,体现了儒佛的融合,是日本文学的特点之一。

　　奇物佚游致使政权丧失的尤物观也是《太平记》的政道批评方法之一。《太平记》以"奇物"批判了镰仓幕府的执政者北条高时。作品将室町幕府的第一代将军足利尊氏爱好"奇物"田乐和北条高时的喜好重合,影射批判了室町幕府的将军足利尊氏。这种"奇物佚游观"也影响了军记物语《源平盛衰记》等文学作品。

第二章 "忠臣"形象的叙述和忠臣观

"忠"是儒家思想中的一个重要概念，主要是忠于君主，为君主效忠，"忠臣"也是文学作品喜欢描写的人物形象。那么，日本文学作品中是如何描写"忠臣"的呢？《太平记》又是如何塑造忠臣形象的呢？这样的忠臣形象在作品中起到了什么作用，体现了日本什么样的忠臣观？判定忠臣的标准较多，如"忠臣不事二君""求忠臣必于孝子之门""忠臣不谄其君""国家昏乱有忠臣""忠臣谏君"等。然而日本的中世文学，尤其是军记物语特别喜欢引用中国的纪信故事，将纪信作为日本忠臣的类比对象。纪信替身刘邦，诈降项羽，被项羽烧死，成为替主身亡的忠臣。《太平记》引用了纪信的故事，并将被称为日本三大忠臣之一的楠木正成比拟为纪信。在塑造如楠木正成这样以死报君的忠臣形象的同时，《太平记》还塑造了另一类忠臣形象，即万里小路藤房的忠臣形象，强调其诤谏君王。因此，本章要探讨的"忠臣"范畴主要聚焦于"以死报君"和"忠臣谏君"这两点。以下四节在梳理日本对忠臣观接受的基础上，主要探讨《太平记》中纪信的忠臣形象、楠木正成以死报君的忠臣形象和万里小路藤房奉身以退的忠臣形象，考察《太平记》中的忠臣观。

第一节　中日两国的忠臣观

为君尽忠是处理君臣关系的重要伦理标准，在儒家典籍中被反复提及，不断强调。中国古代的先秦时代和秦汉以来对"忠臣"的要求也不尽相同。

一、中国的忠臣观

中国先秦典籍中最早出现"忠"字的是《论语》①,《论语》中对鲁定公的"君使臣,臣事君,如之何?"的发问,孔子回答说:"君使臣以礼,臣事君以忠"②。《晏子春秋》中晏子对齐景公"忠臣之事其君何若?"的发问,给出的回答是:"有难不死,出亡不送"③,当君主不听臣下的意见最终招致灾难降临时,君主有难他不会替他去死,君主流亡,他不会出去送他。孟子甚至说:"君之视臣如手足,则臣视君如腹心。君之视臣如犬马,则臣视君如国人。君之视臣如土芥,则臣视君如寇雠"④。这些都是强调相对的君臣关系,强调君臣双方的义务。这种观点的产生是在中国的春秋战国时代,是处于激烈动荡的时代,那时候的国家有很多,君主也不只是一个。所以,忠君是不稳定的,臣下与君主的关系不需要从一而终。⑤

秦汉以来,古代中国建立了统一的专制主义中央集权的国家,这个制度核心的皇权也达到了空前的高度,当然对君臣关系的要求也不一样。比如,汉代的《忠经》在对忠臣定义时有"忠臣之事君也,莫先于谏。下能言之,上能听之,则王道光矣。谏于未形者上也,谏于已彰者次之,谏于既行者下也。违而不谏,则非忠臣。夫谏始于顺辞,中于抗议,终于死节,以成君休,以宁社稷"⑥,强调了忠臣仕君,要以死净谏。同样在汉代刘向编撰的古代杂史小说集《说苑》中有"楚庄王立,三年不听朝,令于国曰:谏者死,苏从曰:处君之高爵,食君之厚禄,爱死不谏,非忠也,乃谏,事具谏篇",以及"卑身贱体,夙兴夜寐,进贤不解,数称于往古之德行事以厉主意,庶几有益,以安国家社稷宗庙,如此者忠臣也",⑦强调大臣要不惜身体,以生命为代价向君王净谏,这

---

① 雷学华. 论中国封建社会的忠君思想 [J]. 华中师范大学学报(哲学社会科学版), 1997 (6).
② 杨伯峻译注. 论语译注 [M]. 北京: 中华书局, 2012: 24.
③ 晏婴. 晏子春秋 [M]. 上海: 上海书店, 1989: 42.
④ 杨伯峻译注. 孟子 [M]. 北京: 中华书局, 1960: 184.
⑤ 宁可, 蒋福亚. 中国历史上的皇权和忠君观念 [J]. 历史研究, 1994 (2).
⑥ 马融. 忠经 [M]. 北京: 商务印书馆, 1922: 58.
⑦ 欧阳询. 艺文类聚 [M]. 上海: 上海古籍出版社, 1999: 358.

样才是忠臣应尽的责任。此外，对《太平记》产生影响的《贞观政要》也有关于忠臣的论述①，即"良臣使身获美名，君受显号。子孙传世，福禄无疆。忠臣身受诛夷，君陷大恶。家国并丧，独有其名。以此而言，相去远矣"②，这句话是魏征向唐太宗回答忠臣、良臣有何区别时的话，魏征的主张是忠臣对应的是昏君，良臣对应明君。这句话也从侧面反映了忠臣要以舍弃生命的决心侍奉君王。秦汉以后的许多儒学家反对相对的君臣关系，如宋代的司马光就反对孟子的如君主不善可以推翻君主的说法，"为卿者，无贵戚异姓，皆人臣也。人臣之义，谏于君而不听，去之可也，死之可也，若之何其以贵戚之故，敢易位而处也。孟子之言过矣"③，司马光指斥孟子无君臣之礼，担忧孟子的观点会为不臣之心之人利用，动摇国家的统治根基。④ 宋代兴起的程朱理学更是重视君臣之间的关系，提倡忠臣为国献身的精神。明朝朱元璋做皇帝，下令删除《孟子》中不利于皇权与忠臣的部分，并且将孟子逐出孔庙。也就是说在秦汉以后，中国形成了以死谏君、为君守节的绝对的君臣关系，强调大臣单方面为君主尽责。

二、日本对忠臣观的接受

平安时代末期，武士阶层登上历史的舞台，出于维护自身的利益和增强武力的需要，武士集团内部要求从者对主君"忠"的主从关系也随之形成。自此之后，"忠"的对象既有天皇又有主君。

1. 对天皇的忠

日本对忠臣观的接受最早可以追溯到《日本书纪》。在《应神天皇纪》中，臣下武内宿祢被派往筑紫监察百姓时，武内宿祢之弟甘美内宿祢向天皇诬告其谋反，武内宿祢感叹道，"今大臣以忠事君、既无心、天下共知"⑤；在《允恭天皇纪》中，衣通郎姫（又名弟姫）因惧怕皇后的嫉妒隐居近江坂田，允恭天

---

① 高橋貞一. 太平記諸本の研究 [M]. 東京：思文閣出版，1980：427.
② 吴竞撰. 贞观政要 [M]. 上海：上海书店，1984：90.
③ 司马光. 传家集 [M]. 长春：吉林出版集团有限责任公司，2005：243.
④ 孙先英.《孟子》升经与王安石变法——兼论尊孟疑孟的争论及实质 [J]. 求索，2004（3）.
⑤ 小島憲之校注訳. 日本書紀 [M]. 東京：小学館，1994：245.

皇派臣下乌贼津使主前去请衣通郎姬返回皇宫，乌贼津使主假装以绝食的决心相请，衣通郎姬为之感动，"于是弟姬以为、妾因皇后之嫉、既拒天皇命。且亡君之忠臣、是亦妾罪"①等，但并未展开对忠臣观的具体阐述。此外，《古事纪》《日本书记》的《神代卷》时有论"清心"的资料，因为"清心"与"正直""诚心"等概念相通，这些意义在日语中也都与"忠"一词是通用的。② 在平安朝的汉诗文中有"忘私好而奉公者、忠臣之雅事"③、"政轲犹蕰忠臣之操"、"孝子善述父志、忠臣不失主心"④ 等。菅原道真任赞岐守期满归京之后，作了《霜菊诗》，其中的"似星笼薄雾，同粉映残妆。戴白知贞节，深秋不畏凉"⑤，将自己比为霜菊，表明自己为朝廷忠贞不二的节操。到了平安时代末期，日本出现大动乱，忠臣观开始频频出现在文学作品之中，尤其是出现在说话文学以及军记物语之中。成书于1252年的说话集《十训抄》对忠臣观展开了比较详细的阐述。该书以"教训"为主题，将印度、中国和日本的传说故事列为"朋友""思虑""忍耐"等10项，佛教色彩浓厚。该书卷第六《应存忠直之事》对忠臣观作了如下的议论：

  或曰，孔子有言，"<u>一味顺从君非忠，一味顺从父母非孝，该争论之时争论，该顺从之时顺从，这才是忠、孝</u>"。……<u>微子知纣王已丧心病狂，伴装疯子</u>。何曾不谏晋国政治之骄奢，闭门家中议论。这些人被讥讽为只考虑自己，只一味谄媚，非报国之臣。⑥

上文称引用的是孔子的话，实际上这句话和《古文孝经·净谏章》孔安国的注"从命不得为孝，则谏为孝矣。故臣子之于君父，值其不谊，则必谏争，

---

① 小島憲之校注訳. 日本書紀［M］. 東京：小学館，1994：265.
② 张崑将. 德川日本"忠""孝"概念的形成与发展：以兵学与阳明学为中心［M］. 上海：华东师范大学出版社，2008：79.
③ 小島憲之校注. 懐風藻 文華秀麗集 本朝文粹［M］. 東京：岩波書店，1964：319.
④ 良岑安世編. 経国集［M］. 東京：日本古典全集刊行會，1927：92.
⑤ 川口久雄校注. 菅家文草 菅家後集［M］. 東京：岩波書店，1966：198.
⑥ 浅見和彦校注訳. 十訓抄［M］. 東京：小学館，1997：209.

所以为忠孝者也"十分相似，强调了不应一味顺从，诤谏才是忠臣应尽的职责。之后作品又举了微子和何曾的例子，微子诤谏纣王，知道纣王不会听其谏言之后，选择了离开；而何曾对晋朝君王的骄纵没有任何诤谏，选择了回家，没有尽到忠臣的职责。

成书于1254年的说话集《古今著闻集》中有"治世之政、万方靡然。是则君以仁使臣、臣以忠奉君。君者忧国、臣者忘家。君臣合体、上下和睦者也"①，虽然强调了臣要以忠侍奉君主的重要性，同样也要求君主要仁义。成书于镰仓初期的《续古事谈》引用了《史记·宋微子世家》的语句来阐述忠臣观，认为父子君臣之礼是"父误子三谏、不闻者随之可事。君误臣三谏、不闻者义以可去"②，意思是儿子或者大臣三谏之后，如果父亲或君王不听可以选择离开。《续古事谈》《十训抄》等说话文学都认为忠臣谏言君主之后，如果君主不听即可选择离开，将微子视为忠臣的榜样。这样的忠臣观和中国先秦时代的忠臣观比较接近，强调君臣双方的责任。

关于军记物语中的忠臣观，最典型的忠臣形象之一莫过于《平家物语》中的平重盛了。平重盛人物形象的塑造和同时代的书籍有很大的出入，在他的身上寄托了作者的理想。后白河法皇和其近臣欲发动兵变打倒平家，即所谓的"鹿谷之变"。后来这场政变被平家发觉，在围绕这件事情的处理上，平重盛和其父亲平清盛产生了很大的分歧。针对平清盛的严厉处理方法，平重盛主张尊崇皇室，从宽处理。《平家物语》卷二《烽火》一节中对平重盛的内心作了如下的描述：

①悲哉！要为君王尽忠，须忘记比须弥山还高的父恩。痛哉！要摆脱不孝之罪，须成为天皇不忠的逆臣。真是进退维谷。……②君虽不君，臣不可以不臣；父虽不父，子不可以不子。为君尽忠，为父尽孝，这不违背文宣王所说。……所谓③"国有谏臣其国必安，家有谏子其家必正"。无论

---

① 永積安明，島田勇雄校注. 古今著聞集 [M]. 東京：岩波書店，1966：78.
② 播摩光寿編. 続古事談 [M]. 東京：おうふう，2002：224.

第二章 "忠臣"形象的叙述和忠臣观

是上古还是末代,平重盛都是少有的大臣。①

①是平重盛的内心描述,他觉得要为君王尽忠,就要忘却比须弥山还高的父恩;而要为父尽孝,便要成为君王的逆臣,因此进退维谷。②是作者对平重盛的褒扬,引用了《古文孝经》序言中的"君虽不君,臣不可以不臣;父虽不父,子不可以不子",作品认为平重盛做到了这一点,是所谓的忠臣孝子。③是作者对这件事的感叹,该部分来源于《古文孝经·诤谏章》中的注解,这句话也被《太平记》引用,强调了有平重盛那样的忠臣孝子国家才会兴亡,家族才会昌盛。实际上这种战乱中为忠孝而纠葛的描写在平安时代末期诞生的《松浦宫物语》中已经开始出现,其中的主人公氏忠作为遣唐使到中国唐朝帮助唐皇打败叛军之后,面临两难的选择,是继续留在唐皇身边尽忠,还是回日本对母亲尽孝。氏忠的塑造和平重盛忠臣孝子形象的塑造具有相似之处。② 近世儒学家安东省庵③也将平重盛作为日本的三大忠臣之一,为平重盛写传,主要素材来源于《平家物语》。然而《平家物语》对平重盛忠臣形象的塑造,主要是谏言其父平清盛要尊崇皇室、不要作恶之外,似乎再无别的作为,在阻止平家灭亡的命运上似乎也是束手无策,无怪乎近世的学者批判平重盛是"不忠、不孝、不智、不勇"。④《平家物语》对平重盛忠臣孝子的塑造似乎是将重点放在了"进退维谷"的矛盾冲突之上,给读者强烈的情感共鸣。对平重盛的两种相反评价

---

① 市古貞次校注訳. 平家物語 [M]. 東京:小学館,1994:143. 延庆本《平家物語》②③部分的叙述和觉一本语句不一样,但把平重盛塑造为忠臣孝子是一致的。
② 赵秀全.『松浦宮物語』にみる「忠」と「孝」[J]. 日本文学,2013(6). 于君.『太平記』に描き出された武士像:「忠」と「孝」を中心に [J]. 広島大学大学院教育学研究科紀要 第二部. 文化教育開発関連領域 第62号,2013.
③ 安东省庵(1622—1701),日本江户初期的儒学家,被古学派著名学者伊藤东涯誉为"西海之巨儒"。1655年,明末遗臣朱舜水流亡至日本,安东省庵曾向其求教。
④ 武田昌憲. 平重盛『平家物語』の孝子説話 [J]. アジア遊学,2008(7). 安積艮斎(1791—1861,幕末の朱子学者)《艮斎閒話》:"左様ニ家ノ亡ビンコトヲ憂フルナラバ、一族ノ賢者ト評議シ、清盛ヲ押籠メテ国家ノ穏カナルヤウニスベキナリ"、中山三柳(1614~1684,江戸時代前期の医師)《醍醐随筆》:"父清盛の悪事を諌めかねて、熊野権限に詣で、命を取りたまへと祈給ふ、賢者の所行なりといへど、不孝、不知、不勇三の罪あるをや"等。

81

反映了日本忠臣观的两种评价标准，关于这一点，笔者将在第三节、第四节中进一步论述。此外，《平家物语》是将平重盛的"忠孝"放在一起叙述的，《太平记》在描述楠木正行忠臣形象之时，也涉及了"孝"的观念。日本中世文学，尤其是军记文学中的"忠孝"观念是一个更复杂的问题，因此本书暂且不涉及对"忠孝"观念的研究，留待作为今后的研究课题。

2. 对主君的忠

古代日本除了有大臣对天皇的忠之外，还有家臣对主君的忠。主君和家臣的主从关系形成于平安时代末期的武士阶层之间，和庄园制的形成密切相关。武士阶层十分强调家臣对主君的尽忠，在军记物语《平家物语》《太平记》等文学作品中均有记述。在《平家物语》中，今井兼平在主君源义仲被杀之后为主殉死，将刀插入口里，然后一头栽于马下，使刀穿透头颅而死，成为武士阶层的模范，不断被之后的军记物语引用。《平家物语》还批判了不顾主君死活的家臣。在主君平重衡的马被敌人射伤之后，为了防止自己的马不被换骑，家臣后藤盛长先行逃走，遭到了《平家物语》作者的批判和讽刺。《太平记》中强调家臣对主君尽忠的事例也不计其数，如卷六《人见本间战死之事》中褒扬了人见本间父子为镰仓幕府战死的忠诚，卷三十一《武藏野小手差原战争故事》一节中强调了三浦介为足利尊氏将军的尽忠等。在新田义贞攻陷镰仓的《太平记》卷十中，作品重点描写了大佛陆奥守贞直、金泽武藏守贞将、人道信忍、盐田父子、盐饱父子、安东昌贤等为镰仓幕府战死尽忠的武士，并对他们的行为极力褒扬。

《太平记》描写了许多家臣背叛主君的事例，作者对他们背叛主君的行为进行了谴责和讽刺。如卷十《镰仓交战之事》批判了岛津四郎的投降行为，其描写如下所示：

> 此时，岛津从马上飞身而下，脱去盔甲，整理下装束，旁边之人正在猜测他会怎么做时，他却毫不知耻地投降加入了义贞的阵营。无论贵贱身份高低之人看到此情况都改变了对他的赞誉，无不憎恶之。以他为开始，或者长年受重恩的武士们，或者代代奉公的家臣们纷纷舍弃主君而降，舍

弃父母跟随敌人，真是不堪入目的场景。①

引文背景为，新田义贞在"元弘之变"中于上野国起兵响应后醍醐天皇的倒幕，势如破竹，迫近镰仓附近，并趁海水落潮之时，从稻村崎海岸攻入三面环山的镰仓。此时镰仓有一位名叫岛津四郎的武士，力大无比、一人当千，深得北条高时赏识。当新田大军将要攻至北条高时府邸时，北条高时赐其名马和酒，派其出战。义贞方的士兵看到威风凛凛的岛津四郎之后，也认为他是一位值得钦佩的对手，纷纷准备与其交战，正当双方都期待岛津四郎的表现时，令人出乎意料的是，岛津四郎到了新田义贞的阵地却下马投降了。卷十《镰仓交战之事》还描写了狩野五郎重光未为主君盐田氏自杀尽忠的行为。在主君自杀之后，重光本应立即切腹自杀报答主君的重恩，他却剥掉主君身上的盔甲、兵器等，携带主君家的财宝逃走。作者对重光的结局作了如下描写：

想着有这些财宝，一生不用为生活担忧，然而大概是上天报应吧，（新田军）舟田入道听闻此事率兵而来，不分青红皂白将其逮捕，最后将其斩首，首级挂于由井之滨。②

重光没有为主君自杀尽忠却携主君财宝逃跑，作品认为新田军的舟田将其逮捕斩首是对其未尽忠的惩罚。

第二节　纪信的忠臣形象

《史记》是中国古代第一部纪传体通史，记述了从黄帝到汉武帝约三千多年的历史。《史记》不仅具有很高的史学价值，还具有很强的文学色彩，如其中的《鸿门宴》《信陵君窃符救赵》等一直是中国高中语文课本收录的篇章。《史记》

---

① 鷲尾順敬校注. 太平記［M］. 東京：刀江書院，1943：250.
② 鷲尾順敬校注. 太平記［M］. 東京：刀江書院，1943：255.

具体何时传入日本已无从可考，但在奈良时代圣德太子的《十七条宪法》以及《续日本纪》等文献中的许多出典很可能来源于《史记》。在平安时代，《史记》是公家社会必读的中国典籍之一，也影响了紫式部、清少纳言等后宫的女性知识分子。《史记》也是日本中世文学最喜欢引用的中国书籍之一，作为军记物语的《太平记》尤其喜欢引用《史记》中的故事，引用最多的部分是《史记》的《高祖本纪》和《项羽本纪》，刘邦和项羽也是《太平记》中中国人名出现频率最高的两个人。在《高祖本纪》中有一则纪信故事被《太平记》引用，吸引了很多研究者的注意。最早关注纪信故事的是早川光三郎，他在《替身说话的中国要素》[1]一文中，指出纪信替主（刘邦）舍命是替身故事的类型之一，日本中世军记物语之所以喜欢引用纪信故事是因为适应了武士阶层对主从关系的要求。增田欣全面考察了《太平记》中的楚汉故事，指出《太平记》中的纪信故事和其他日本文学中纪信故事的不同，《太平记》的叙述跟《史记》比较接近，体现了对原典《史记》的忠实。吴志良在增田欣论文的基础之上重新对日本中世军记物语中的纪信故事进行了梳理，认为《太平记》中纪信故事将重点放在了将纪信设定为刘邦夺取天下的关键人物之上。[2] 然而先行研究只是探讨了《太平记》中纪信故事本身的特点，并未进一步考察纪信故事在《太平记》中的意图，以及《太平记》中替身故事和中国纪信故事的不同之处。此外，笔者认为，纪信故事的引用并不是孤立的存在，和卷二十八《楚汉战争之事》也紧密相关，暗示了对后醍醐天皇的批判。以下试论述之。

一、中国的纪信故事

纪信是秦末人，跟随刘邦起兵反抗秦朝暴政。在鸿门宴中，纪信和樊哙、陈平、靳强一起保护刘邦从项羽大营逃回灞上。公元前204年，项羽率大军包围了荥阳城的汉军，在粮食耗尽、城池即将陷落之际，纪信假扮刘邦降楚从而使刘邦得以趁机逃跑，后项羽发现纪信假扮刘邦，怒而将其烧死。司马迁《史

---

[1] 早川光三郎. 身替説話の中国的要素 [J]. 斯文, 1957 (19).
[2] 吴志良. 中世日本文学における紀信説話の受容について [J]. 中京大学文学部紀要, 2006 (40).

记》卷七《项羽本纪》和卷八《高祖本纪》对此都作了如下记述：

> 汉将纪信说汉王曰："事已急矣，请为王诳楚为王，王可以间出。"于是汉王夜出女子荥阳东门被甲二千人，楚兵四面击之。纪信乘黄屋车，傅左纛，曰"城中食尽，汉王降。"楚军皆呼万岁。汉王亦与数十骑从城西门出，走成皋。项王见纪信，问："汉王安在？"曰："汉王已出矣。"项王烧杀纪信。①

> 汉军绝食，乃夜出女子东门二千余人，被甲，楚因四面击之。将军纪信乃乘王驾，诈为汉王，诳楚，楚皆呼万岁，之城东观，以故汉王得与数十骑出西门遁。（卷八《高祖本纪》）

《史记》对纪信的记载基本止于此事，也没有纪信的单独传记。后世对纪信的接受主要体现在两个方面：一是强调纪信诈降的智谋，如宋代曾公亮、丁度等人编写的《武经总要后集》卷十三《察敌降附料降诈降》收录了纪信诈降的故事；② 二是强调对汉高祖刘邦的忠心，并为纪信鸣不平，如唐代周昙的诗歌《前汉门 周苛纪信》"为主坚能不顾身，赴汤蹈火见忠臣。后来邦国论心义，谁是君王出热人"，宋代祖无择的《题纪信庙》一诗中有"汉祖临危日，将军独夺功。一身虽是诈，万古尽言忠"，以及明代郭谏臣的《濠梁杂咏六首（其五）》"彭蠡鏖兵势颇穷，韩生徇节意何忠。那知汉室论功日，不录荥阳纪信功"等。

二、日本对纪信忠臣形象的强调

虽说《史记》很早就传入日本，但日本对《史记》中纪信故事的关注是从

---

① 《史记》的引文均来自韩兆琦译注《史记》（中华书局，2007 年），此外《汉书》中也有关于纪信的记载，李善注《文选》引用了《汉书》中纪信故事，"《汉书》曰：项羽围汉荥阳。将军纪信曰：事急矣。臣请诳楚，可以间出。信乃乘王车。曰：食尽，汉王降楚。皆之城东观纪信。王得与数十骑出遁。羽见信，问，汉王安在。曰：已去矣。羽烧杀信"。

② 明代的唐顺之《武编》后卷四、明末的话本小说《三刻拍案惊奇》第十八回《奇颠清俗累 仙术动朝廷》等书中也有引用。

《蒙求》中的"纪信诈帝"开始的。《蒙求》是中国唐朝李翰编著的以介绍典故和各科知识为主要内容的启蒙书,在日本平安时代传入日本,成为日本知识阶层必读的中国书籍之一,对日本古代文学也产生了很大的影响。其中的"纪信诈帝"是关于纪信的典故,《蒙求》注释书对"纪信诈帝"的解释基本相同,主要参照的是《史记》卷七《项羽本纪》和卷八《高祖本纪》,如下所示:

前汉纪信为将军、项羽围汉王荥阳、信曰事急矣、臣请诳楚、可以间出、乃乘车、黄屋左纛曰、食尽、汉王降楚、楚皆呼万岁、之城东观、以故汉王得与数十骑出西门遁、及左右视之、乃信也、羽烧杀之。①

《蒙求》注释书只是根据《史记》解释了"纪信诈帝"的故事,并未作过多的评价,也没有突出强调纪信对汉高祖刘邦的"忠"。而到了中世,日本文学开始关注纪信的"忠"。

在中世的说话集《十训抄》第六之五《藤原百川的活跃》中记述了藤原百川向佛祈祷,使被皇室排斥的白璧皇子继承了皇位,即桓武天皇。《十训抄》认为藤原百川是日本的忠臣,在接下来的《中国之忠臣:苏武、纪信等》一节中将藤原百川比拟为中国的苏武、纪信等人,认为他们都是忠臣的典型,《中国之忠臣:苏武、纪信等》中有如下叙述:

苏武是在麒麟阁被祭祀的功臣,在塞垣(长城)之地被囚禁十九年,最后也没失去对大汉的忠节。郑众为出使乌孙国的使节,被派往三千里之外的胡地,未曾屈服于单于。樊无期将自己首级献于荆轲,纪信替汉高祖而死。

身为恩使,命因义轻。

此种说法指的就是他们这些行为。②

---

① 池田利夫编. 蒙求古註集成(上卷、中卷、下卷、别卷)[M]. 東京:汲古書院,1990.
② 浅见和彦校注訳. 十訓抄[M]. 東京:小学館,1997:215.

苏武、郑众、樊无期、纪信不顾生死，报效君王。然而藤原百川拥立桓武天皇继承皇位的行为和苏武、纪信等人不同，并非为君而置生死于不顾，其拥立桓武天皇的目的也很难说不是为了个人的权势。很明显这样的比拟很不恰当，但不论怎么说，在该故事中，《十训抄》明确地将纪信视为中国忠臣的典型。

在《十训抄》第六之十五的《纪信成为高祖替身》一节中，作者再次引用了纪信的故事。此故事引用的背景是，应神天皇派大臣武内宿祢至九州视察民情，然而武内宿祢之弟甘美内宿祢却趁机诬告武内宿祢企图联合朝鲜半岛推翻天皇。应神天皇大怒，派遣使者诛杀武内宿祢。此时，有一位酷似武内宿祢、名叫真根子之人同情武内宿祢之遭遇，替武内宿祢受死，使武内宿祢重返京都，申述冤情，重新被天皇重用。《十训抄》引用纪信故事将真根子比拟为纪信，将武内宿祢比拟为刘邦，其中有如下记述：

> 那个汉代的纪信在楚军包围荥阳之时，替身刘邦，乘坐革面之车，为主献身，<u>毫无疑问是一位忠臣</u>。虽说是毫无血缘关系之人，却有根据时机替主而死的忠诚之心。虽然是亲弟弟，却忘记兄弟之间的血缘关系，欲欺骗兄长。所谓：
>
> 志合则胡越为昆弟，志不合则骨肉为仇敌。
>
> 让人想起在许多方面都有相同之处。①

虽然真根子替武内宿祢死和纪信替刘邦身亡比较类似，但此故事引用的目的却并非强调主从之间的关系，而是批判亲兄弟之间的骨肉相残。甘美内宿祢不顾手足之情对其兄长武内宿祢诬告，这种行为还不如没有血缘关系的刘邦和纪信。此故事和《中国之忠臣：苏武、纪信等》一样，都把纪信视为忠臣。

纪信故事也是军记物语经常引用的故事之一，纪信代替汉高祖而死也成为日本中世主从关系的楷模。《保元物语》上卷的《左大臣上京城之事》中，藤原赖长听说太上皇崇德院行幸至白河殿，将原本自己乘坐的轿子让给菅宣登和

---

① 浅见和彦校注訳. 十訓抄 [M]. 東京: 小学館, 1997: 231.

《太平记》中的儒家思想研究 >>>

山城重纲乘坐，让他们经过平清盛居住的六波罗，迷惑后白河天皇一方，而藤原赖长自己则乘坐一顶破轿，偷偷地沿醍醐路前往京都白河殿。菅宣登和山城重纲经过六波罗时，士兵将他们扣下，报告于信西，信西知道这样的花招，即纪信故事的典故，认为藤原赖长未必乘坐此顶轿子，于是让他们通过了。作品接下来引用纪信的故事，作如下叙述：

  昔，汉高祖和楚国项羽打仗之时，高祖兵败而处危险时刻，纪信乘高祖之车故意在项羽阵前通过，而高祖偷偷逃跑。此时，项羽手下士兵将高祖之车扣留，然而车内只有纪信一人。因纪信以勇猛名震天下，项羽不忍杀之，劝曰：汝若降吾，吾将救汝。纪信却讥讽曰：<u>忠臣不事二君</u>，不做你项羽之臣。项羽怒而杀纪信。

  大概左大臣想起了此先例，信西亦应联想到此典故。他们二人均以擅长学问闻名。然而，宣登、重纲却不似纪信，刚到白河殿就说："真恐怖！差点成为鬼的饵食。"战战兢兢地从车中跌落下来。①

此故事的引用除了讽刺宣登、重纲不似纪信勇敢之外，还体现了《保元物语》对中国文化的崇尚，表现藤原赖长和信西均精通中国典故，博学多才。在"保元之乱"中藤原赖长和信西各为其主，他们之间是你死我活的斗争，然而《保元物语》却通过纪信故事的引用消解了他们之间的斗争，表现了他们之间儒雅的交流。或许可以说，作者是为了引用纪信故事而虚构加工了这一历史事件。此外，与《史记》中的纪信故事相比，《保元物语》加入了项羽对纪信劝降的对话。对于项羽的劝降，纪信以"忠臣不事二君"予以拒绝。小学馆新编古典文学全集认为"忠臣不事二君"的谚语来源于《史记》卷八十二的《田单列传》，《田单列传》中有如下记述：

  王蠋曰："<u>忠臣不事二君</u>，贞女不更二夫。齐王不听吾谏，故退而耕于

---

① 信太周，犬井善壽校注訳. 保元物語 [M]. 東京：小学館，2002：246.

第二章 "忠臣"形象的叙述和忠臣观

野。国既破亡,吾不能存。今又劫之以兵为君将,是助桀为暴也。与其生而无义,固不如烹!"遂经其颈于树枝,自奋绝脰而死。

引文的背景是在中国战国时代,燕国大将乐毅攻破齐国,听说齐国王蠋是一位贤人,乐毅欲以高官厚禄使王蠋为燕国效命,王蠋认为"忠臣不事二君"从而拒绝出仕燕国,自杀身亡。很明显《保元物语》加入项羽对纪信劝降的对话以及"忠臣不事二君"的部分是为了突出强调纪信的忠臣形象。

在《源平盛衰记》的卷二十《高纲得到姓名附纪信假托高祖姓名之事》中也引用了纪信的故事。1180年,源赖朝在和大庭景亲等平氏一族进行"石桥山之战"之时,源赖朝被平氏一族包围,面临生命危险。源赖朝的家臣佐佐木高纲假托源赖朝之名将敌人引开,从而使源赖朝逃走。《源平盛衰记》的作者感叹佐佐木高纲的忠心,引用纪信故事对高纲作了高度的赞扬。作品对纪信故事有如下叙述:

> 昔,楚国项羽和汉朝高祖为争夺地位而战,项羽势多,高祖势小。然而双方势均力敌,难分胜负。为了讨伐项羽,高祖入楚国,楚国大军闻听,十分高兴,静待高祖前来。高祖乘坐革面之车,带领官兵杀向楚国,却被楚国大兵包围。高祖难于逃走之际,纪信乘坐高祖之车使高祖逃走。纪信自称高祖,敌人信以为真,将革面之车围住,见非高祖。项羽抓到纪信说,汝若降楚则免死,纪信却答道,<u>忠臣不事二主</u>,勇士不得谗言,宁死不从。于是项羽令以火烧革面之车,将纪信烧死。佐佐木四郎高纲或许想到此故事,假主之名,吸引敌军,使佐殿(源赖朝)逃跑。纪信以死留名,高纲生还而得到恩赏,异国和本朝虽不同,皆为实例。①

虽然《源平盛衰记》中的纪信故事和《史记》有所出入,但基本上还是沿用了《史记》的记述。和《保元物语》相同,《源平盛衰记》也增加了项羽对

---

① 黒田彰,松尾葦江校注. 源平盛衰記 四 [M]. 東京:三弥井書店,1994:73.

纪信劝降的对话,"忠臣不事二主"之语的添加也强调了纪信的忠臣形象。与《保元物语》不同,《源平盛衰记》的引用更加自然合理,并且《源平盛衰记》指出了佐佐木高纲替身源赖朝和纪信替主而死的不同:虽然没有被敌人杀死,但其对源赖朝的忠心却和纪信相同。

关于《保元物语》《源平盛衰记》等军记物语中所增加的项羽对纪信劝降的对话,尤其是"忠臣不事二主"之语,外村久江认为是受《蒙求和歌》第一五五《纪信诈帝》的影响。①《蒙求和歌》由源光行于1204年编著而成,是从中国唐朝李翰编撰的《蒙求》中抽出约一半的标题,按照日本和歌集的分类进行编写,用日语对标题作了解释并配以和歌编撰而成。《蒙求和歌》第一五五《纪信诈帝》讲述了纪信故事,摘引如下:

> 纪信是汉祖之将军。容貌似汉高祖。
>
> 汉祖被项羽围困而见在危机之际,纪信进言:"我替君乘革面之车。项羽必以为我是高祖而进攻我,君趁机乔装而逃。"言毕乘高祖之车。项羽看到高祖之车十分高兴,令士兵集中围困之,于是高祖逃走。
>
> 项羽接近革面之车,发现非高祖而是纪信,劝曰:"你可为楚之将军"。纪信答言:"忠臣不事二主,勇士不得谗言,你何不降汉?"项羽怒而欲杀纪信。纪信毫无后悔之心,任由项羽将他烧死。②

上述引文是在《史记》《蒙求》等注释书的基础之上,增加了项羽对纪信劝降的对话,其中作品通过增添"忠臣不事二主"等内容来突显纪信的忠臣形象。纪信的忠臣形象对日本中世文学,尤其是军记物语产生了很大的影响。

近世《大日本史》的编撰者德川光圀在其《西山公随笔》的《儒学》一节中对《史记》中的纪信故事有如下议论:

---

① 外村久江. 六代勝事記と源光行 [J]. 東京学芸大学研究報告 15,1964. 此外,《六代胜事记》中也有纪信故事,和《蒙求和歌》叙述也比较接近。
② 章剑校注. 蒙求和歌 [M]. 東京:溪水社,201:343.

读司马迁史记，忠臣义士功高之人的传记详载其中。然而汉之纪信替身高祖，被火烧死。如当时无纪信，高祖性命难保。如此之大忠臣未列于传记之中。或有人说，纪信只有一时之功，其余之事不得而知，故不为其特别立传。此说法应该是大错误。纪信替主而死的行为是天下无双的大忠诚，胜于百战百胜之功。如此之人应与萧何、曹参、张良、陈平之传记并列而排，不能因传记简短而省略。史记教垂万世，无纪信之传令人遗憾。后世的晋书、唐书之类的史书中有许多毫无建树之辈的简短传记，难道史记不及这些史书吗？①

德川光圀为纪信鸣不平，认为纪信是大忠臣，然而在《史记》中没有单独的传记实在令人遗憾。德川光圀的这种认识和日本中世文学对纪信忠臣形象的强调一脉相承。

三、作品中纪信故事的特点

纪信假扮刘邦为主而亡的故事也是《太平记》喜欢的中国典故之一。在卷五《大塔宫流落熊野之事》中，在大塔宫面临生命危险时，其部下赤松律师说："临危舍命、为主尽忠是士卒应遵循之道，因此纪信假扮高祖降敌，魏豹留守城池，难道不都是替身主君，留名后世"②，欲效仿纪信，假扮大塔宫，为主献身。在卷七《吉野城战争之事》中，大塔宫再次面临生命危险之时，村上义光欲假扮大塔宫吸引敌人以保大塔宫逃脱，而大塔宫却认为主君要体恤部下生命。在此情况下，村上义光对大塔宫说，"真是遗憾之事，汉高祖被围荥阳之时，纪信请求高祖让其假扮高祖而欺骗楚国，高祖岂不允许？此时殿下却有如此无意义的想法，想起天下之大事，真令人遗憾万分"③。于是，村上义光获得大塔宫的允许，吸引敌人注意，使大塔宫逃脱。从这两处典故的引用可以看出《太平记》作者对纪信故事的熟知。

---

① 千葉新治編. 義公叢書［M］. 東京：早川活版所，1909：18.
② 鷲尾順敬校注. 太平記［M］. 東京：刀江書院，1943：115.
③ 鷲尾順敬校注. 太平記［M］. 東京：刀江書院，1943：150.

1. 师贤替身天皇的"闹剧"色彩

在卷二的《尹大纳言师贤替天皇登山门之事和坂本战争之事》中，作品对纪信故事作了篇幅较长的引用。其背景是元弘元年，即1331年，当后醍醐天皇推倒镰仓幕府的计划败露之后，大塔宫向后醍醐天皇奏报：幕府即将派大兵进驻京都，目的是流放倒幕的后醍醐天皇，处死大塔宫。大塔宫建议后醍醐天皇应尽快逃到奈良，同时派一名近臣假扮天皇到比叡山。比叡山是日本天台宗的大本山，是日本佛教的中心之一，在日本中世比叡山不仅拥有大量的庄园，还拥有大量僧兵，僧兵最多时达两万余人。大塔宫建议天皇派一大臣假扮天皇到比叡山，将幕府大军吸引到比叡山，利用比叡山的僧兵拖住幕府大军，同时召集京都周围的官军，再次对京都发动总攻，以期一举消灭幕府的势力。《太平记》对大塔宫的计谋做了如下的描述：

> 八月二十四日入夜，大塔宫偷偷遣使向后醍醐天皇上奏说：据说镰仓使者进京的目的是流放天皇，处尊云死罪，因此请赶快在今夜悄悄驾临南都。皇居无险可守，在官军前来未驰援之前，如果逆贼进攻皇居的话，或许我方在防御战方面将失利。且为了阻挡京都之敌，也为了试探比叡山僧徒之真心，<u>可派一近臣假天子之名登临比叡山。如宣布天子驾临比叡山的消息</u>，想必幕府大军将进攻比叡山。如此一来，或许僧徒为守山将舍命而战。凶徒力疲，战斗将持续数日，此时以尹贺、尹势、大和、河内之官军反之而进攻京都的话，凶徒将顷刻被灭。国家安危在此一举。①

《太平记》将尹大纳言师贤替身天皇一事设定为大塔宫献上的计谋。《增境》和《太平记》的成书年代相近，也是南北朝时代，以编年体的形式记述了后鸟羽天皇到后醍醐天皇约150年的历史。《增境》对尹大纳言师贤替身天皇有如下记述：

---

① 鹫尾顺敬校注. 太平記［M］. 東京：刀江書院，1943：42.

第二章 "忠臣"形象的叙述和忠臣观

在坂本，正在等待（后醍醐）天皇的行幸，然而天皇却改变了方向去了奈良，因此如果僧兵们听说之后想必情形会变糟。并且无论怎样都不能让武家知道天皇的所在，大概是有此计谋，于是派遣花山院大纳言师贤至比叡山假装天皇悄悄驾临。那两个出家的亲王（大塔宫、尊澄）负责所有事情，防范六波罗武士的进攻。①

《增境》只记载了后醍醐天皇临时决定不去比叡山而去奈良，为了防止泄露后醍醐天皇的踪迹，派遣尹大纳言师贤以天皇的名义驾临比叡山，引诱幕府大军进攻比叡山。虽然《增境》记述尹大纳言师贤假扮天皇的计谋，但《太平记》通过大塔宫的献计、大臣的讨论等一系列的叙述，着重强调了师贤替身天皇"计谋"的重要性：关乎后醍醐天皇是否倒幕成功，是生死攸关的大事。

后醍醐天皇听从大塔宫的建议，派大臣尹大纳言师贤假扮天皇，以后醍醐天皇的名义驾临比叡山。幕府听闻此事之后，派大军攻打比叡山，比叡山的僧兵在初次战斗中获胜。然而当尹大纳言师贤所假扮的天皇在由比叡山的东塔驾临西塔之际，大风将师贤所乘轿子的帘子吹开，僧兵发现轿中非真正天皇，于是纷纷倒戈投靠幕府。《太平记》对师贤假扮天皇败露之事作了如下描写：

当时正好从深山上刮下来的风十分猛烈，将（师贤所乘坐的轿子的）帘子刮起来，僧兵们看到轿中之人非天皇，而是尹大纳言卿师贤穿天子御衣之时，扫兴地说，这是何等天狗所为？之后，没有一位僧兵再来助阵。②

僧兵见过后醍醐天皇的可能性几乎不存在，但《太平记》的叙述是师贤假扮天皇一事轻易地暴露在了僧兵面前。而《增境》并无师贤如何假扮天皇的描写，只有如下的记述：

那天，大纳言（师贤）和天台前座主都是威风凛凛的武士打扮。……

---

① 井上宗雄訳注. 増鏡 [M]. 東京：講談社，1983：204.
② 鷲尾順敬校注. 太平記 [M]. 東京：刀江書院，1943：49.

《太平记》中的儒家思想研究 >>>

天皇前往笠置一事很快被知晓，比叡山的僧兵因被欺骗也稍微变了心。亲王们从比叡山逃至了笠置。①

《增境》的记述是尹大纳言师贤只以天皇的名义驾临到了比叡山，在之后的战争中以武士身份参加战斗，在僧兵知道师贤假扮天皇之后稍稍变心，于是亲王们、师贤逃到了笠置。

因此，可以说《太平记》为了引用纪信故事而改编了这一历史事件，一开始将师贤假扮天皇一事设定为计谋，并详细描写了师贤假扮天皇败露的过程。师贤假扮天皇关乎后醍醐倒幕成功与否，然而《太平记》的叙述是师贤假扮天皇一事如闹剧一般，轻易地暴露在了僧兵们面前。

2. 和《史记》中纪信故事的不同点

那么，《太平记》这种独特的历史叙述用意何在？笔者想通过和《史记》的比较来进一步探寻其背后的意图。《太平记》在尹大纳言师贤假扮天皇败露之后，引用了纪信故事来解释师贤假扮天皇的行为。卷二《尹大纳言师贤替天皇登山门之事和坂本战争之事》对纪信故事作了如下的记述：

原本因为此次天皇未驾临比叡山，僧徒叛变而导致计划没有成功，虽然如此，仔细思量，假扮天皇之事很有智慧。①昔，强秦灭亡之后，楚项羽和汉高祖争夺天下历时八年，经历七十多次战斗，每次战斗均是项羽胜利，使高祖屡次苦战。一次，高祖被困荥阳，项羽重兵围之数百重。围困日久，城中粮尽士兵疲惫。……天亮之后，发现降楚之人非高祖，而是其臣纪信，项羽大怒，遂杀纪信。②不久，高祖率成皋之兵攻项羽，项羽兵力耗尽于乌江被灭，故高祖长兴汉之王业，成为天下之主。如今天皇想到此佳例，③师贤大概也有纪信一样的忠心，纪信为解敌围而伪装，师贤为阻挡敌兵而谋划，虽和汉时异，④但君臣一体之计，诚为千载一遇之忠贞，随机应变之智谋。②

---

① 井上宗雄訳注. 増鏡 [M]. 東京：講談社，1983：212.
② 鷲尾順敬校注. 太平記 [M]. 東京：刀江書院，1943：51.

94

第二章 "忠臣"形象的叙述和忠臣观

如上所引,《太平记》中纪信故事的引用比较长,在《史记》等书籍中纪信故事的基础之上加入了画线部分①②等内容。同时该故事删去了《蒙求和歌》《保元物语》《源平盛衰记》中项羽对纪信的劝降,也删去了"忠臣不事二主"等内容,体现了对《史记》的忠实引用。① 虽然这种对《史记》忠实的引用删去了"忠臣不事二主",然而如③④所示,仍有使用"忠节""忠贞"等词语,仍旧强调了纪信的忠臣形象。①②是《保元物语》《源平盛衰记》中纪信故事中没有的内容,也并非《太平记》作者的创造,而是根据《史记》中《高祖本纪》《项羽本纪》所进行的增补。①是纪信故事的开头,强调了在秦朝灭亡之后,刘邦在和项羽的战争中无一次胜利。②是纪信被杀之后的记述,刘邦率大军灭掉项羽,成为天下之王。很明显①②的增补是为了突出强调忠臣纪信的作用,即纪信在没替刘邦死之前,刘邦连战连败;在纪信替刘邦死之后,刘邦马上就打败项羽,夺取了天下。实际上,纪信对于刘邦夺取天下所起的作用并不是关键因素,在楚汉争霸之中,刘邦身陷囹圄,多次面临生命危险,舍身救刘邦之人何止纪信一人。此外,在《史记》卷八《高祖本纪》中,刘邦在夺取天下之后,对自己的部下有如下议论:

高祖曰:"公知其一,未知其二。夫运筹策帷帐之中,决胜于千里之外,吾不如子房。镇国家,抚百姓,给饷馈,不绝粮道,吾不如萧何。连百万之军,战必胜,攻必取,吾不如韩信。此三者,皆人杰也,吾能用之,此吾所以取天下也。项羽有一范增而不能用,此其所以为我擒也"。

由以上引文可知,张良、萧何、韩信才是刘邦能够夺取天下的重要人物。《太平记》的作者熟读《史记》,尤其是其中的《高祖本纪》《项羽本纪》。那么,《太平记》为何要将纪信设定为刘邦夺取天下的关键人物呢?其目的主要是凸显《太平记》中尹大纳言师贤假扮天皇之事的重要性。这件事关系到后醍醐天皇倒幕成功与否,关系到后醍醐天皇是否能夺取天下。关于派大臣假扮天皇

---

① 増田欣.『太平記』の比較文学的研究 [M].東京:角川書店,1976:194.

到比叡山一事，大塔宫在向后醍醐天皇进献计策之时，以"国家安危在此一举"来强调此计谋的重要性。后醍醐天皇能否夺取天下在于尹大纳言师贤假扮天皇能否成功，刘邦之所以能夺取天下在于纪信的舍身救主，这种对比才是《太平记》作者的意图，也是《太平记》独特的历史叙述、改写纪信故事的原因所在。

师贤假扮天皇和纪信替主而死有两点不同：一是纪信冒死欺骗敌人，而尹大纳言师贤是欺骗自己人，并无太大的生命危险；二是纪信替身刘邦而死，获得成功，使刘邦成为天下之主，而尹大纳言师贤假扮天皇失败，最终导致后醍醐天皇被幕府流放。师贤对自己人的欺骗暴露之后，导致了本该属于后醍醐天皇一方的势力比叡山投靠了敌方镰仓幕府，这种毫无谋略的行为也是后醍醐天皇倒幕屡遭挫折的原因之一。纪信替身刘邦成功，师贤假扮天皇失败，这种成功与失败的强烈对比使师贤假扮天皇失败一事令人遗憾万分。从这个意义上讲，如上述《太平记》引文画线部分④所示，后醍醐天皇和尹大纳言师贤所谓的"君臣一体之计，诚为千载一遇之忠贞，灵机应变之智谋"似乎失去了其价值，具有了强烈的反讽效果。

四、对后醍醐天皇的批判

卷二《尹大纳言师贤替天皇登山门之事和坂本战争之事》一节中对后醍醐天皇的少谋寡断作了描述，在后醍醐天皇听完大塔宫的计策之后，作品对后醍醐天皇的描写是"主上惘然不知所措"①，也就是说后醍醐天皇虽有倒幕的雄心壮志，但面对倒幕具体的计划安排时却是束手无策。在听从了大臣意见之后，后醍醐天皇才决定采纳大塔宫的计策。在卷十七《天皇从山门返回京都之事》一节中，足利尊氏占领京都之后，假装和后醍醐天皇和谈，许以优厚条件，后醍醐天皇即轻易地相信了足利尊氏的和谈条件。然而当后醍醐天皇返回京都之后，立即就被足利尊氏软禁了起来。作品也对后醍醐天皇的毫无谋略作了描述：

（后醍醐天皇）与身边的元老、才智之臣没有商谈，立即答应降旨回

---

① 鹫尾顺敬校注. 太平记 [M]. 东京：刀江书院，1943：43.

京，（足利尊氏）得到天皇的答复十分喜悦，认为天皇虽智力不浅，但容易欺骗。①

很明显《太平记》作者假借尊氏之口，认为后醍醐天皇和足利尊氏相比，没有政治谋略，因此被足利尊氏赶出京都，偏安吉野。

在《太平记》的纪信故事之中，作者将尹大纳言师贤比拟为纪信，将后醍醐天皇比拟为刘邦，暗示了将比叡山的势力以及幕府一方比拟为项羽。然而如上文所述，《太平记》的作者认为尹大纳言师贤并非纪信，而后醍醐天皇也并非成为天下之主的刘邦，暗示了对后醍醐天皇的讽刺。这种对后醍醐天皇以及其继任者后村上天皇的讽刺在卷二十八《楚汉战争之事》中也得到了体现，《楚汉战争之事》对楚汉争霸的过程作了详细的记述，其中对项羽和刘邦有如下描述：

  项羽在新安城之战获胜，斩敌人首级二十万，①<u>项羽大军所向披靡，攻无不克，战无不胜，但项羽每到一处沉溺酒色，贪图财物，屠城掠地，因此沿路滞留数月，还未入都城咸阳</u>。汉元年十一月，项羽大军至函谷关。②<u>沛公势单力薄，且道路难走，然而因其爱护百姓，不贪财，不杀人，故无抵抗之城，无不降之敌</u>，道开事安，因此沛公比项羽提前三个月到达咸阳宫。②

画线部分①②部分地反映了《史记》对刘邦、项羽的评价，如刘邦入咸阳灭掉秦朝之后与关中父老约法三章，表面上争取民心的仁义；而项羽坑杀秦军二十万的残暴等。《史记》对刘邦夺取天下的原因和项羽兵败自刎的缘由从各个方面作了深入的剖析，而《太平记》中的《楚汉战争之事》，如①②所示，简单地将刘邦的成功归于"仁义"，项羽的失败归于"非仁义"。尤其是画线部分①中对项羽"所到之处，沉溺酒色，贪图财物"的描述并不是《史记》对项羽

---

① 鷲尾順敬校注. 太平記［M］. 東京：刀江書院，1943：496.
② 鷲尾順敬校注. 太平記［M］. 東京：刀江書院，1943：796.

的评价，而是《史记》卷七《项羽本纪》中范增对刘邦"贪财好色"的议论："范增说项羽曰：沛公居山东时，贪於财货，好美姬。今入关，财物无所取，妇女无所幸，此其志不在小。吾令人望其气，皆为龙虎，成五采，此天子气也。急击勿失"，范增认为刘邦在山东时，贪财好色；入函谷关之后，对百姓秋毫无犯，志在天下。《太平记》的作者熟读《高祖本纪》和《项羽本纪》的内容，那么为何还要简单地将刘邦描写为"仁义"的化身，而将项羽描述为"非仁义"的象征？这和卷二十八《楚汉战争之事》的引用意图相关。《楚汉战争之事》的引用背景是在"观应之乱"中，足利直义投靠南朝之际，围绕是否接受足利直义的投降，在南朝内部展开了讨论。其中南朝重臣畠山亲房引用了《楚汉战争之事》，说明要学习陈平、张良的谋略，利用足利直义攻打北朝。很明显畠山亲房是将南朝比作刘邦，而将北朝比作项羽，站在南朝立场批判北朝，强调南朝的仁义，北朝的非仁义。然而《太平记》的作者并未站在畠山亲房的立场来看，不但在卷三十的《准后禅门之事》中讽刺了畠山亲房在南朝位极人臣的奢侈，还在卷三十七《可立大将之事》中批判了南朝只注重谋略，不惜违背父兄之道和主从之义，重用北朝降将。远山美纪认为作品在《楚汉战争之事》之中，叙述畠山亲房将南朝比作"仁义"的刘邦，实际上是对南朝的讽刺。[1]

因此，卷二中的纪信故事将后醍醐天皇比作刘邦也可以说是对后醍醐天皇的讽刺。或许可以进一步说，假扮天皇事件的失败说明后醍醐天皇不是"仁义"的刘邦，尹大纳言师贤也不是"忠臣"纪信，以刘邦纪信来比拟后醍醐天皇君臣只不过是一种笑谈，暗示了对后醍醐天皇倒幕行为失败的讽刺。

第三节 以死报君的忠臣形象
——以楠木正成为中心

《太平记》除了引用纪信替主而死的故事，还塑造了以死报君的日本忠臣

---

[1] 遠山美紀.〈賢臣〉像の虚と実—『太平記』卷第二十八「漢楚合戰事」を中心に[J]. 新潟大学国語国文学会誌, 2009 (9).

楠木正成。楠木正成是响应后醍醐天皇倒幕的武士首领之一，曾在"元弘之乱"中，在千早城和镰仓幕府大军激战，以少量的军队成功阻止了幕府大军的进攻。在足利尊氏反叛后醍醐天皇之时，楠木正成竭力效忠后醍醐天皇，在和足利尊氏进行的"凑川之战"中战死。《太平记》对楠木正成寄予了很大的同情，将其塑造为日本忠臣的典范，对后世产生了很大的影响。江户时代的《大日本史》的编撰者德川光圀、儒学家林罗山等都纷纷在自己的著作中讴歌楠木正成的忠贞。江户末期的倒幕势力将楠木正成作为精神导师，致力于推翻幕府，举起"尊王攘夷"的大旗，强调忠于天皇。在明治维新之后，日本建立了以天皇为首的近代国家，当时日本政府不仅将楠木正成的故事编入中学国语课本，还强制学生学习，并谱写了许多关于楠木正成的歌曲让学校传唱，甚至还干涉学术界对楠木正成是否为忠臣的探讨研究。

第二次世界大战之后，日本学术界对《太平记》中楠木正成忠臣形象的研究取得了长足的进步。釜田喜三郎在将《太平记》和同时代的书籍《增境》《梅松论》《神皇正统记》等对比之后，指出了《太平记》中楠木正成的忠臣形象是作者受儒家思想影响虚构的。[1] 海津一朗人指出楠木正成实际上出身于中世的"恶党"。[2] 所谓"恶党"是指在镰仓后期到南北朝时期，以武力反抗统治阶级的武装集团。因此，可以说《太平记》中楠木正成的忠臣形象只是文学作品的一种虚构。对于楠木正成忠臣形象的塑造是否受中国某位忠臣的影响也存在争议，江户时代的日本学者认为楠木正成忠臣形象的塑造受唐代张巡的影响，如石川安贞在其《圣学随笔》卷下中有如下记述：

太平记中楠公固守金刚山的叙述看起来是根据唐书忠义传中张巡固守睢阳城而写，……大概是玄惠法印模仿而作。[3]

---

[1] 釜田喜三郎. 太平記研究：民族文芸の論 [M]. 東京：新典社，1992：156.
[2] 海津一朗. 楠木正成と悪党：南北朝時代を読みなおす [M]. 東京：筑摩書房，1999：12.
[3] 国民図書株式会社編. 日本随筆全集 第八巻 [M]. 東京：国民図書，1950：191.

《太平记》中的儒家思想研究 >>>

对于江户时代的这一说法，釜田喜三郎认为很难说是受中国故事的影响，中日同为东亚国家，古代相似的故事有很多，因此楠木正成形象的塑造也可能是日本人的创造。① 至于楠木正成在作品中所起的作用，大森北义作了详细的论述，他认为《太平记》中楠木正成的登场预示了后醍醐天皇倒幕的成功，而楠木正成的战死暗示了对后醍醐天皇的批判，预示了后醍醐天皇终将败于足利尊氏而失去国家政权。②

以上先行研究只是指出了《太平记》中楠木正成忠臣形象的虚构性以及在作品中所起的作用，并未指出楠木正成忠臣形象的塑造和中国的忠臣观的不同之处。笔者拟对《太平记》中楠木正成的忠臣形象以及与楠木正成类似的忠臣形象进行梳理，通过和中国忠臣对比，进一步探索《太平记》中忠臣形象塑造的特点以及中日两国忠臣观的异同。

一、楠木正成的忠臣形象

楠木正成为镰仓幕府末期到南北朝时期著名的武将，和结城亲光、名和长年、千种忠显并称为后醍醐天皇手下的"三木一草"③，在后醍醐中兴皇权的过程中起了重要作用。1331年的"元弘之变"中，楠木正成参加后醍醐天皇发动的倒幕运动，在赤坂城举兵。1333年据守千早城，大破幕府征讨军，促进各地反幕军的兴起。建武政权建立后，正成以其有功任河内国守、河内、摄津、和泉三国守护及记录所寄人等职。1336年，足利尊氏和后醍醐天皇对峙时，楠木正成同新田义贞联合迎击足利尊氏于兵库一带，并于凑川之战中兵败自杀。那么，《太平记》对楠木正成是如何描写的呢？

1. 楠木正成的忠臣形象的塑造

《太平记》对楠木正成的描写主要集中在第一部卷三的《赤坂战争之事》和卷七的《千早城战争之事》，主要是关于楠木正成用兵如神、神机妙算的描

---

① 釜田喜三郎. 太平記研究：民族文芸の論 [M]. 東京：新典社，1992：178.
② 大森北義. 『太平記』の構想と方法 [M]. 東京：明治書院，1988：79.
③ 三木是：楠木（クスノキ）正成、结城（ユウキ）亲光、伯耆（ホウキ）守名和长年，一草是千种（チグサ）忠显。

写；第二部卷十六的《正成下兵库之事》《正成战死之事》，侧重楠木正成忠臣形象的描写。卷十六《正成下兵库之事》的背景是当足利尊氏率大军再次向京都进攻之时，楠木正成建议天皇应暂时从京都撤出，将足利尊氏的大军引诱到京城一举歼灭，然而他的建议被认为有损天皇颜面而未被采纳。于是，楠木正成抱着必死的决心率兵进驻兵库，在出发之前，楠木正成在樱井（地名，被称为"樱井诀别）和儿子楠木正行诀别，预言自己死后天下将归足利尊氏，他勉励自己的儿子长大成人之后要继承父志，辅佐天皇消灭朝敌。在这一节中，楠木正成对儿子有如下告诫：

  如若听说正成战死，你当知晓天下必将归于将军。然即便如此，绝不可为了保命而失去多年之忠烈，做出投降不义之事。一族的年轻人之中，只要一人幸存，就固守金刚山，如有敌人来犯，<u>应将命悬于养由之箭头，将义比作纪信之忠</u>，这才是你最大的孝行。……彼为外国良弼，<u>此乃吾朝忠臣</u>。虽时隔千载，然前圣后圣其揆一也，均是举世无双的良佐之人。①

画线部分"应将命悬于养由之箭头，将义比作纪信之忠"是流行本《太平记》之添加，在古老版本的基础之上增加了养由和纪信的典故。楠木正成要求楠木正行要像纪信对刘邦的忠贞一样，绝不投降，为后醍醐天皇而战。在作品的第三部，也即卷二十六《秦穆公之事附和田楠战死之事》一节中，楠木正行继承父志，在和北朝战斗中战死。楠木正成、楠木正行父子为后醍醐天皇以及南朝战死，《太平记》将他们比拟为替主舍命的纪信，是日本忠臣的典范。

  在楠木正成战死之后，卷十六《正成战死故事》对楠木正成的忠臣形象作了进一步的描述，其中有如下叙述：

  原本元弘以来，承蒙后醍醐天皇的信赖而尽忠耀战者何止千万。然而

---

① 後藤丹治，釜田喜三郎校注. 太平記2 [M]. 東京：岩波書店，1961：444. 画线部分 i 和其他版本不同，其他版本为"命ヲ兵刃ニ堕テ、名ヲ後代ニ遺ベシ"。

101

《太平记》中的儒家思想研究 >>>

出现尊氏之乱以后，不知仁义之人舍弃朝廷之恩，突然投靠敌人，无勇之辈苟且逃生而遭到刑罚，无智之人不辨时机变化而自我迷失、时进时退。其间，兼具智仁勇三德，<u>守死善道</u>，为朝廷立功，从古至今未有如楠木正成者，尤其是处在国家兴废之际，国运存亡之时，正成<u>能逃而不逃</u>，兄弟一起自杀，诚为武德倾覆王威的先兆，无人不对此忧虑。①

上文画线部分"守死善道"的出典是《论语》中的"守死善道"，强调了正成的忠臣特点。需要注意的是画线部分"能逃而不逃"，作品认为楠木正成能逃走却不逃，宁愿战死，而据历史学家们的研究，认为楠木正成是无后路可退，无法逃跑只能战死，也就是说作品虚构以楠木正成的战死来塑造其忠臣的形象，进一步说作者认为为天皇"战死"是彰显楠木正成忠臣形象的最好事例。或许流行本《太平记》也正是根据这一点在卷十六《正成下兵库之事》中增加了纪信的典故，将楠木父子比拟为为主舍命的纪信。

2. 楠木正行的忠臣形象

楠木正成身上所体现的忠臣观在其子楠木正行身上也体现了出来。在作品的第二部卷二十六《四条战争之事》中，作者对长大成人之后的楠木正行作了描述。成年之后的楠木正行在大阪起兵进攻北朝，在"藤井寺之战"中击败北朝大将细川显氏，在"住吉之战"中击败细川显氏和山名时氏的联军。和高师直、高师泰的大军在"四条畷"对阵之际，楠木正行到吉野皇宫觐见了天皇（后村上天皇）。在向天皇的上奏中，楠木正行向天皇述说了其父战死之前的交代，表明自己要继承父亲遗志，消灭敌人。引述如下：

如今正行、正时已经壮年，待帝运再开之日，草创天下，然而如不舍命而战，既违背父亲遗言又会被讥笑毫无战略。然有待之身（佛教用语，指依赖他力才能存活的人不安定的一生），随心所欲乃世之习惯，故如我等害病早逝，是<u>对君不忠，对父不孝</u>，因此此次对师直师泰的战斗将舍命而

---

① 鹫尾顺敬校注. 太平记 [M]. 東京：刀江書院，1943：452.

102

战。此次战斗是正行取他们的首级，还是他们取正行、正时的首级？将决一雌雄。今为此生一睹龙颜而特来此觐见陛下。①

由上述引文可知，楠木正行欲和高师直、高师泰在"四条畷"进行鱼死网破的战斗，同时他也将这次战斗看作是对天皇的忠和父亲的孝。然而对于楠木正行的上奏，后村上天皇有如下一番劝解：

之前的两次战斗获得胜利，使敌人失去斗志，朕心甚慰，你父子之功劳令朕敬佩，值得嘉奖。然而此次敌人倾全军之力前来进攻，所以此次战斗关乎天下之安危。进退适度，临机应变，这才是勇士应该采用的方法，因此朕不应下达命令。知可进攻当进攻，是为不失机会；见可撤退当撤退，是为确保最后的胜利。朕把汝作为股肱之臣，望卿慎保性命。②

很明显，面对楠木正行以必死的心态请战的决心，后村上天皇让其审时度势，不可逞匹夫之勇。后村上天皇还将楠木正行看作股肱之臣，让其保全性命，便于日后再为其效力。楠木正行没有听从后村上天皇的意见，在"四条畷之战"中盲目地企图取得高师直的首级，结果战败被杀。③

实际上"四条畷之战"并不是南北朝之间决定性的战争，"天下的安危"也并非仅仅就体现在这一次战斗之中。《太平记》之外的史料对"四条畷之战"只有如下的记述：

今月五月楠木带刀、同弟次郎、和田新发、同舍弟新兵卫尉以下凶徒数百人、于河州佐良々北四条所讨留也。④

---

① 鷲尾順敬校注. 太平記 [M]. 東京：刀江書院, 1943：728.
② 鷲尾順敬校注. 太平記 [M]. 東京：刀江書院, 1943：729.
③ 江户时代初期成书的《太平记》的注释书《太平记评判秘伝理尽钞》对楠木正行这种毫无谋略的战法持批判态度，参见佐伯真一. 戦場の精神史：武士道という幻影 [M]. 東京：日本放送出版協会, 2004.
④ 長谷川端校注訳. 太平記3 [M]. 東京：小学館, 1997：247

103

虽然楠木正行战死于"四条畷之战",但后村上天皇和楠木正行之间的对话显然是《太平记》的增补。楠木正行以战死来表达对天皇的忠和对父亲的孝,这一点和楠木正成忠臣形象的塑造有共同点,和纪信的舍身救主也有相似之处。然而,纪信的舍身救主是在刘邦面临生命危险之际,帮助刘邦成功逃亡;而楠木正成、楠木正行的以死报君却没有起到任何实际的作用,似乎仅仅是以死来彰显"忠"。也就是说以死来彰显"忠"是《太平记》中楠木正成忠臣形象塑造的特点。

3. 和中国忠臣的对比

楠木正成忠臣形象的塑造是否受中国唐代张巡故事的影响,目前还无法给出肯定的结论,或许还有待新材料的发掘。但可以肯定的是楠木正成忠臣形象的塑造和张巡具有相似性,可以类比。张巡是唐朝中期的忠臣,在"安史之乱"的"睢阳之战"中战死。"睢阳之战"的背景是757年,安禄山死后,其子安庆绪派部将率十几万大军进攻当时的南北交通要道睢阳(今河南省商丘市),张巡以不足一万的兵力坚守睢阳,多次打退安庆绪部将的进攻,坚守睢阳十日之久。张巡坚守睢阳保障了朝廷不断地得到江淮物资的接济,为收复长安、洛阳提供了有力的经济支持。在张巡战死不久,《蒙求》的作者李翰写了《进张巡中丞传表》,其中有"伏见故御史中丞赠扬洲大都督张巡,生于昌时,少习儒训。属逆胡构乱,凶虐滔天,挺身下位,忠勇奋发,……奋身死节,此巡之忠大矣"[①]的记述,高度赞扬了张巡的忠义行为。韩愈在807年经过睢阳时,听到了当地流传的张巡守城故事,十分感慨,写下了《张中丞传后叙》一文,其中的"竟与巡具守死,成功名,……当其围守时,外无蚍蜉蚁子之援,所欲忠者,国与主耳,而贼语以国亡主灭。远见救援不至,而贼来益众、必以其言为信;外无待而犹死守,人相食且尽,虽愚人亦能数日而知死所矣"[②],褒扬了张巡对唐朝的忠义。无论是《旧唐书》还是《新唐书》也都将张巡列于忠义传之中。

张巡的忠义行为激励着后世之人,南宋的文天祥写下了《沁园春·题潮阳张许二公庙》一词,充满了对张巡的仰慕:

---

① 董诰等. 全唐文 [M]. 北京:中华书局,1983:4379.
② 吴楚材,吴调侯编选. 古文观止 [M]. 北京:中华书局,2014:134.

第二章 "忠臣"形象的叙述和忠臣观

为子死孝,为臣死忠,死又何妨。自光岳气分,士无全节,君臣义缺,谁负刚肠。骂贼睢阳,爱君许远,留得声名万古香。后来者,无二公之操,百炼之钢。①

文天祥不仅仅对张巡充满仰慕,在和元军的战争中还以张巡的行为来激励自己抗击元军。在元军逼近南宋首都临安时,文天祥赴元军大营谈判,被元军扣押,后乘隙逃出,在其《指南录后序》中,文天祥详细地描述了自己从元军大营逃出的经过。虽然文天祥多次面临死亡的威胁,然而在南宋处于危险之际,文天祥为了抗元大业保全性命。在《指南录后序》中有"未几,贾余庆等以祈请使诣北。北驱予并往,而不在使者之目。予分当引决,然而隐忍以行。昔人云:'将以有为也'",其中的"将以有为也"是引用韩愈的《张中丞传后叙》,以张巡等人的故事来激励自己。从元军大营逃出的文天祥率兵多次打退元军的进攻,后来在和元军交战中兵败被俘,慷慨赴死。

张巡、文天祥是中国忠臣的典范,他们在为国尽忠之时,并未做无意义的牺牲,而是站在战争的全局来考虑,最后不得已才牺牲生命。并且张巡、文天祥的牺牲都起到了一定的作用,要么保障了江淮物资的供应,要么延缓了南宋的灭亡。将楠木正成的战死和张巡、文天祥作对比,可以看出楠木正成的战死毫无意义,对后醍醐天皇并未有任何帮助,似乎只是为了死而死。也就是说通过和张巡、文天祥的对比更加可以看出《太平记》中楠木正成的战死只是以死来表现他的忠臣形象而已。

二、和作品中中国忠臣形象的对比

除了楠木正成以外,《太平记》还有一些中国的忠臣形象,如伍子胥、史官等,构成了一种类似于楠木正成身上所体现的忠臣观。在卷四的《吴越故事》中,作者描述了伍子胥的忠臣形象,其中有如下叙述:

---

① 唐圭璋编纂. 全宋词 [M]. 北京:中华书局,1999:674.

忠臣进谏，吴王却不采用。伍子胥难以进谏，想到纵使被杀也要挽救国家危难。某天，伍子胥带着磨光的青蛇之剑，拔剑于吴王面前说："臣磨此剑是为了屏退邪恶，应对敌人。细细思量国之将亡皆出于西施，西施乃国之大敌。愿斩西施之头，挽社稷于危亡"，言毕，咬牙威严站立。忠言逆耳之时，君王没有不犯错误的。吴王听后大怒，欲杀伍子胥。伍子胥毫不悲伤地说，①诤谏而死，良臣之则也。与其死于越兵之手，不如死在君王之手，也是怨恨中的喜悦。只是②君王因为臣之忠言而怒、赐臣死之事是天抛弃君王的象征。三年之内，陛下将会被越王打败而亡。①

引文描写的是：在吴越战争中，越王勾践战败，作为人质被吴王夫差囚禁在吴国。三年之后勾践被放回越国，接着吴王夫差遣使者来越国索取天下第一美女勾践的皇后西施。越王无奈，采纳大臣范蠡的建议，将西施献于夫差。于是，得到西施的夫差整日沉溺于酒色之中，不理政事。在此情况之下，虽然忠臣伍子胥不断进谏，夫差却置若罔闻。无奈之下的伍子胥提剑进谏，欲亲手杀掉西施，吴王夫差怒而将伍子胥处死。范蠡听说伍子胥已死，非常高兴，认为灭吴国的时机已经成熟，于是派二十万大军消灭了吴国。引文中的"三年之内，陛下将会被越王打败而亡"预言了不听忠臣伍子胥谏言的吴王将失去国家。卷四《吴越故事》是在《史记·越王勾践世家》等部分的基础之上的创作，然而《史记》卷四十一《越王勾践世家》中对伍子胥的被杀却有如下叙述：

居三年，勾践召范蠡曰："吴已杀子胥，导谀者众，可乎？"对曰："未可。"

《史记》中伍子胥的死并未直接导致吴国的灭亡，吴国的灭亡也并非就完全归于伍子胥的被杀，而《太平记》却将伍子胥的被杀视为吴国灭亡的决定性因

---

① 此部分引用長谷川端、加美宏、大森北義、長坂成行編. 太平記 [M]. 東京：和泉書院刊，1994：107. 小秋元段认为神宮征古館本《太平記》等的卷四是最古老的部分，参见小秋元段. 『太平記』巻四古態本文考 [J]. 国語と国文学，2008 (11).

<<< 第二章 "忠臣"形象的叙述和忠臣观

素，无非是为了突显吴王不重用忠臣而亡国的主题①，也批判了吴王的昏庸无道。

如上述卷四《吴越故事》引文画线部分的"忠臣""忠言"等词语，很明显《太平记》是将伍子胥塑造为忠臣，强调了他是以死来诤谏吴王夫差的。画线部分①和《古文孝经》中的"诤谏死节，臣下之则也"十分相似②，即以死诤谏是大臣应尽的职责。画线部分②将"忠"和"谏"放在一起，突出忠臣诤谏。该故事可能受到了《史记·越王勾践世家》《吴越春秋》《伍子胥变文》等中国典籍的影响，然而笔者查阅这些中国典籍，发现均没有将伍子胥塑造为忠臣的记述，也没有引用《古文孝经》中的语句。在日本平安时代的汉诗中出现了关于伍子胥的诗歌，但主要都是吟咏伍子胥庙的诗，如大江匡房的《秋日陪安乐寺圣庙同赋神德契遐年》中的"彼萧萧暮雨、花尽巫女之台。嫋嫋秋风、木下伍子之庙"③。在中世的军记物语中伍子胥谏臣的形象开始突出，如《平治物语》中有如下叙述：

  吴国有一位叫伍子胥的大臣，谏言吴王说："不诛越王，吴国将亡。"吴王不听，伍子胥强谏，吴王怒而杀伍子胥。④

伍子胥谏言吴王杀掉越王以绝后患，然而吴王不听，伍子胥强谏，被吴王杀掉。虽然《平治物语》受《史记》影响将伍子胥塑造为谏臣形象，但是其忠臣形象并不是很突出。和《太平记》有很大关系的《胡曾诗抄》是晚唐诗人胡曾的咏史诗，经过宋代陈盖、胡元质的注释之后传到日本，并且加入了日语的注释，对日本中世文学产生了很大的影响。⑤《胡曾诗抄》中有一首《吴宫》诗"草长黄池千里余，归来宗庙已丘墟。出师不听忠臣谏，徒耻穷泉见子胥"，明

---

① 山田尚子. 伍子胥と范増——『太平記』卷二十八所引漢楚合戦譚をめぐって [J]. 芸文研究, 2005 (88).
② 汪受宽. 孝经译注 [M]. 上海：上海古籍出版社, 2007: 67.
③ 大曽根章介, 金原理, 後藤昭雄校注. 本朝文粹 [M]. 東京：岩波書店, 1992: 245.
④ 信太周, 犬井善壽校注訳. 平治物語 [M]. 東京：小学館, 2002: 547.
⑤ 黒田彰. 中世説話の文学史の環境 続 [M]. 東京：和泉書院, 1995: 111.

107

确地指出了伍子胥的忠臣诤谏性格。

此外，在卷三十五《北野通夜物语》中，对忠臣诤谏也作了描述。南朝的"云客"在批评南朝的施政时，引用了中国的两则故事，一则是理想君王周大王的故事，一则是理想大臣史官的故事。其中的史官故事中有如下的叙述：

<u>听说忠臣谏君</u>，匡扶世道，然当今朝廷的大臣却不然，……<u>国有谏臣其国必安，家有谏子其家必正</u>，然而如果吉野之君诚怀安天下人心之虑，<u>其臣无私谏君之非</u>，那么，或许失去权威的武家的天下将会被宫方夺取。①

这部分主要讲述了唐玄宗抢夺了其兄弟宁王的妃子杨贵妃，而史官对这件事秉笔直书、毫不隐晦。为此，唐玄宗大怒，杀了史官。然而，接下来的史官仍旧是照实记录，毫不畏惧，也被玄宗杀害。终于在第三个史官仍旧如实书写之时，唐玄宗幡然悔悟，认识到了史官的忠义，于是赏赐了第三个史官。《太平记钞》认为这个故事是根据《春秋左氏传》襄公二十五年，以及《史记》齐世家中"崔杼弑君"的故事改编而来的。在《太平记》史官故事的最后作者作了评述，即以上引文画线部分的"国有谏臣其国必安，家有谏子其家必正"。这种用法和《古文孝经·诤谏章》中的"天子有争臣七人，虽无道不失其国。父有争子，则身不陷于不义"十分相似。很明显《太平记》作者认为以死诤谏的史臣是忠臣。

《太平记》中也叙述了楠木正成向后醍醐天皇的谏言。当足利尊氏大军从九州向京都攻来之际，楠木正成建议天皇应暂时从京都撤出，将足利尊氏的大军引诱到京城一举歼灭。后醍醐天皇没有采纳楠木正成的建议，仍命令其率兵到兵库阻击足利尊氏。对此，楠木正成并没有如伍子胥、史官那样以死来诤谏天皇，而是选择了率兵慷慨赴死。对于这场关系到后醍醐天皇能否保全天下的战争，楠木正成没有死谏天皇，或者保全势力来保护天皇，而是选择了战死。这点或许是楠木正成和伍子胥、史官忠臣形象的不同之处。

---

① 鷲尾順敬校注. 太平記[M]. 東京：刀江書院，1943：1014.

三、忠臣形象的抒情性

楠木正成父子和伍子胥、史官均是《太平记》中的忠臣形象，都是以死报君。虽说楠木正成也向后醍醐天皇净谏了，但这种净谏在天皇不听之后就放弃了，似乎只是流于形式，并没有如伍子胥、史官那样以死净谏、以死阻止君王犯错。楠木正行不顾天皇的建议，毫无意义地战死，以战死来表现其忠孝。很明显伍子胥、史官的忠臣形象是强调净谏君王的忠，完全是站在君王的立场；而楠木父子的忠臣形象是强调以死报君的忠，是为表现忠而忠。以死报君的忠在作品中描写得哀婉凄凉、催人泪下，具有强烈的抒情性。

这种以战死来表现忠的描写在家臣对主君的事例中也有体现，也描写得极具抒情性。楠木正成首先在赤坂城起兵响应后醍醐天皇的倒幕，于是镰仓幕府派大军前去镇压。在幕府大军兵临城下开始攻城之前，幕府军中却有武士人间恩阿与本间资贞两人为留名后世而抢先一步来到城下，通报了姓名后英勇战死。本间资贞之子本间资忠得知父亲战死之后也不顾一切地单枪匹马赶到城下苦苦哀求，终于感动了守军，让他入城来到父亲尸体旁边战死。在这里三人之死都是主动的，都是为了尽忠于幕府而战死。这三位武士的"忠"虽然是家臣为主君尽忠，和楠木正成尽忠的对象天皇不同，但也是以对战争的胜利无丝毫帮助的毫无意义的战死来表现忠。作品卷六《赤坂交战之事附人间本间率先攻入敌阵之事》对这三位武士的战死描写得哀婉感人、催人泪下，其中有如下描述：

　　左边的柱子上写着一首和歌："不能使开花的老樱花树腐朽了，但其名却没有隐藏于苔藓之下（我虽然老了不能建功立业，但却想率先攻入敌营而留下名声）。"（人间恩阿）……又看右边柱子，上面写着："因思念孩子之情而迷茫，请等一下，我带您到六歧道。"还写着："相模国之人本间九郎资贞嫡子，源内兵卫资忠生年十八岁，正庆二年仲春二日，以父死骸为枕在同一战场而亡。"父子恩义、君臣忠贞，在此两首和歌得到体现，即使骨化朽于黄壤一堆之下，却名留高于青云九天之上。因此，至今见到石碑之上留下的三十一字，无人不流泪。①

上述引文以两首抒情性很浓的和歌来表达了人间恩阿的忠君、本间资忠的孝。作品还意犹未尽地添加了一句评论，表达了欣赏之情：此歌至今可见，见之者无不为他们流下感动的眼泪。这种战死的"忠"描写得详细而风雅，让人感动不已。

在第二次世界大战中，日本的"神风特攻队"以自杀式的袭击来表现对国家的忠诚，这种理念和《太平记》中楠木正成父子身上所体现的忠臣观具有相似之处，实际上都是一种毫无意义的牺牲。时至今日，日本纪念二战战后七十年的许多电视节目仍把目光聚焦于"神风特攻队"，对那种哀婉凄凉、催人泪下的忠诚抱有深深的同情。或许可以说《太平记》中楠木父子身上所体现的忠臣观在今天的日本人身上也留下了些许烙印。

第四节　奉身以退的忠臣形象
——以万里小路藤房为中心

除了楠木正成、伍子胥、史官的忠臣形象之外，《太平记》中对万里小路藤房（以下简称"藤房"）忠臣形象的塑造也十分引人注目。增田欣认为楠木正成、伍子胥、史官的忠臣形象很容易让人联想起卷十三藤房向后醍醐天皇的谏言②，也就是说《太平记》中藤房、史官、伍子胥忠臣形象的塑造有很大的相似性。那么，《太平记》中藤房忠臣形象又是怎么被塑造的呢？

关于万里小路藤房忠臣形象的研究，目前两篇论文有所涉及，一篇是增田欣对其中出典的考察；③另一篇是森田贵之的考察，指出作品在褒扬忠臣藤房的

---

① 鷲尾順敬校注. 太平記 [M]. 東京：刀江書院，1943：139.
② 大坪亮介. 万里小路藤房と『太平記』第三部世界—武家の棟梁をめぐって— [J]. 文学史研究，2013（3）.
③ 増田欣. 太平記の比較文学的研究 [M]. 東京：角川書店，1976：564.

<<< 第二章 "忠臣"形象的叙述和忠臣观

同时，暗含了对藤房的父亲宣房"忠臣不必择主，见仕而可治而已也"的批判。① 那么，《太平记》中藤房的忠臣形象是如何被塑造的？在藤房忠臣形象塑造的背后包含了哪些思想？笔者拟站在中日两国文学比较的立场来重新审视。

一、近世对忠臣藤房的褒扬

在日本江户时期，儒学家安东省庵将藤房称为日本三大忠臣之一，他在《三忠传》的序言中作了如下的评述：

> <u>本邦忠臣孝子乘问出</u>、勒德锺鼎垂功竹帛者世不乏人、就中平（重盛）<u>藤（藤房）</u>楠（正成）三公当君昏臣逆之时、极力助勤夹辅王室、世之相去也百数十年、其事虽不同而立纲常一也。……究竟称廉夫读此传者知纲常知顺逆讪乱臣贼子之心、<u>立忠臣孝子之节</u>。②

安东省庵将藤房和平重盛、楠木正成并列一起，认为他们三人是日本忠臣孝子的典型。之所以为他们立传是因为这三位忠臣在君昏臣逆之时，极力匡扶王室。安东省庵欲通过这三位忠臣孝子使人们知道纲常，进而遏制乱臣贼子。在藤房传记的最后，安东省庵对藤房又作了如下的评述：

> <u>今藤房见机而去</u>，天下殆乎岌岌乎、文衡其知人者欤、其后果有建武之乱、呜呼如藤房事君也可谓忠矣。

安东省庵认为不被后醍醐天皇采纳谏言，最终离去的藤房是一位忠臣，他离去之后，天下岌岌可危，进而导致了"建武之乱"，一统天下的后醍醐天皇被足利尊氏赶到吉野，另立朝廷。此外，在藤房传记的开头有"罗山先生立公传不换一字载之左"，意思是安东省庵的藤房传记是从江户初期的儒学家林罗山那

---

① 森田贵之. 太平記の両義性 [C].『太平記』をとらえる 第一卷，東京：笠間書院，2014.
② 安東省菴著，柳川市史編集委員会編. 安東省菴集 [M]. 柳川市，2002：289.

《太平记》中的儒家思想研究 >>>

里一字不改地照搬而来,① 也就是说安东省庵将藤房作为日本忠臣的认识是基于林罗山而来的。笔者阅读林罗山的藤房传记，发现内容与《太平记》卷十三中关于藤房的记载基本一致，也就是说《太平记》卷十三的藤房形象奠定了日本近世儒学家林罗山的忠臣观。

二、藤房的忠臣形象的塑造

藤房作为后醍醐天皇的近臣，一直得到天皇的宠信。他曾在"元弘之乱"（1331年），即后醍醐天皇倒幕计划败露之际，被镰仓幕府流放至常陆国（即今天日本的茨城县）。在后醍醐天皇推翻幕府、统一天下之后，藤房被召回京都，重新担任重要职务。《太平记》中对藤房的塑造主要在卷十三的《藤房卿遁世之事》一节。这一部分的主要背景是，有一位武士名叫佐佐木高贞，他向后醍醐天皇进献了一匹龙马，天皇龙颜大悦，于是向臣下询问怎么看待龙马出现这件事情。有一大臣叫洞院公贤，他引用中国典籍，主要以道家思想来解释龙马出现为祥瑞之兆，是皇恩浩荡、德泽四方的象征。与此相反，万里小路藤房引用了《贞观政要》、白居易的新乐府《八骏图》《孟子》等儒家思想浓厚的中国典籍语句，认为龙马出现预示国家将亡，是不祥之兆。紧接着藤房细数了后醍醐天皇统一天下以来施政的不当之处，进谏天皇应修帝德，施行仁政，以天下苍生为念。然而，对于藤房的进谏，后醍醐天皇却置之不理，依旧不问政事。在此情况之下，《太平记》的作者对藤房的进退作了如下描述：

之后，藤房接连进谏，然天皇置若罔闻，不仅未停止皇宫的营建，还频繁地举行诗歌管弦的宴会，因此，藤房不便再进谏，心里下决心说，A 我已尽了为臣之道，呜呼，如今不如奉身以退。……结束一天的参拜，天皇返回皇宫，藤房为辞官而入宫觐见。藤房觉得此次是觐见天皇的最后一次，不由自主地恭敬地侍奉于天皇身边，彻夜向天皇讲述了 B 龙逢比干进谏而死的悲伤，伯夷叔齐饿死的高洁，直到黎明时分才退出，此时照耀皇

---

① 京都史蹟会编纂. 林羅山文集［M］. 東京：ぺりかん社，1979：376.

宫的月色亦因泪眼模糊不清而显得朦胧。①

虽然藤房接连不断地进谏后醍醐天皇，然而天皇却仍旧大兴土木、整修皇宫，沉溺于管弦游乐等。画线部分 A 即是藤房以《古文孝经·诤谏篇》注释中的"事君之礼，值其有非，必犯严颜以道谏争，<u>三谏不纳，奉身以退</u>，有匡正之忠，无阿顺之从<u>良臣之节也</u>。若乃见可谏而不谏，谓之尸位。见可退而不退，谓之怀宠。怀宠尸位，国之奸人也"② 为依据，决定最后一次进谏天皇，如果天皇依旧置若罔闻，就决定辞去官职，奉身以退。从这里可以看出诤谏君王是良臣的气节，是臣下应尽的职责。省略号之后的部分是对藤房最后一次进谏天皇的描写，画线部分 B 是藤房将自己比作龙逢比干、伯夷叔齐。龙逢和比干是因为进谏君主而被杀害，中国典籍中有"怀龙逢比干之意，欲尽忠当世之君"③、"臣以为与之为忠，则可使同乎龙逢比干矣"④，很明显中国典籍认为龙逢、比干是忠臣。在作品的卷十七《堀口押留还幸事》也出现了关于比干的用例，新田义贞将自己比作伍子胥、比干，向后醍醐天皇表明自己是忠臣。而关于伯夷叔齐，中国典籍中有"伯夷、叔齐饿于首阳之下，民到于今称之。其斯之谓与"⑤、"武王已平殷乱，天下宗周，而伯夷、叔齐耻之，义不食周粟，隐于首阳山，采薇而食之"⑥，赞扬了伯夷叔齐不作二臣的高尚气节。伯夷、叔齐是殷商的大臣，他们以不食周黍的气节，反对作为臣的周取代作为君的殷。

作品以伯夷、叔齐来比喻藤房，也意味着以周武王来比喻后醍醐天皇，这样的比喻明显不太恰当，后文中也没出现藤房如伯夷、叔齐一样饿死于"首阳山"之下。或许作品是强调藤房学习伯夷、叔齐的高洁，暗示了藤房不会侍奉室町幕府和北朝的结局。这样的认识和《古文孝经》中的"三谏不纳，奉身以退"的理念是一致的，即忠臣要诤谏天皇，反复谏言不听则离去。因为后醍醐

---

① 鷲尾順敬校注. 太平記 [M]. 東京：刀江書院，1943：328.
② 長澤規矩也編. 和刻本經書集成 第3輯 [M]. 東京：汲古書院，1975.
③ 司马迁. 史记 [M]. 北京：中华书局，1959：2459.
④ 骈宇骞译注. 贞观政要 [M]. 北京：中华书局，2011：76.
⑤ 何晏注，宋邢昺疏. 论语注疏 [M]. 上海：上海古籍出版社，1990：145.
⑥ 何晏注，宋邢昺疏. 论语注疏 [M]. 上海：上海古籍出版社，1990：40.

《太平记》中的儒家思想研究 >>>

天皇始终没有听从藤房的谏言，于是藤房就离开了天皇。作者对藤房的离去作了如下的描述：

> 从皇宫门前乘车返回府邸，带了一名侍从，到北山的岩仓之地，请一位名叫不二房的僧人为戒师，a 终于摘下长年出仕用的儒冠，成为十诫持律之法体。即便是家贫年老之人亦难以舍弃充满亲情的旧住所。何况是高官厚禄，年龄不足四十岁之人。b 离开妻子孩子，抛下父母，成为云游四海的行脚僧，真是少见的发愿。①

画线部分 a 中的关键词"儒冠"，很明显是将藤房塑造为日本的儒家士大夫形象，然而这样的忠臣却因为天皇没有采纳他的谏言，如画线部分 b 所示，最终抛弃父母妻子和孩子，出家做了和尚。并且作品对他的出家也花费很大笔墨作了描写，有浓重的"佛教唱导特色"。关于历史上藤房出家的原因，据佐藤进一的考察，藤房的出家并非因为天皇不听其谏言，而是被卷入了"护良亲王事件"，不得已才出家的。也就是说《太平记》的作者不惜改写历史事件来塑造藤房的忠臣形象。在卷十三《北山殿阴谋之事》中，在藤房出家之后，《太平记》作者又引用中国典籍作了如下的说明：

> 一夜，政所入道来至大纳言殿的住所，劝西园寺起兵反对天皇时说，观国之兴亡不如观施政之善恶，观施政之善恶不如观贤臣是否受重用。原本微子去而殷代倾，范曾罪而楚国亡。如今朝廷只有贤臣藤房一人，然藤房考虑到将来的灾难而遁世，这是朝廷衰落的象征，对我们来说却是好运。如果早下决心则前代的北条残党会四方相应，一日之内即可夺取天下。②

这段话讲述的是"中先代之乱"（1333年）的契机，即在"元弘之乱"中，北条高时之弟北条泰家带着北条高时之子北条时行侥幸逃跑。之后，北条泰家

---

① 鷲尾順敬校注. 太平記 [M]. 東京：刀江書院，1943：331.
② 鷲尾順敬校注. 太平記 [M]. 東京：刀江書院，1943：333.

114

到京都化名为"刑部少辅时兴"和亲镰仓幕府派的西园寺公宗谋划推翻后醍醐天皇之事。上述引文中的"政所入道"指的是刑部少辅时兴,大纳言殿指的是西园寺公宗。这段话的意思是,当时兴看到藤房离开后醍醐天皇之后,认为起兵推翻天皇的时机到了。在此,作者将藤房的离去比作中国的"微子去而殷代倾,范增罪而楚国亡",认为藤房这样的忠臣离去预示着后醍醐天皇政权的崩溃。北条残余势力如果以此为契机起兵的话,不出一日即可推翻后醍醐天皇的政权。需要注意的是,作品将藤房比喻为日本的"微子",《论语》中有"微子去之,箕子为之奴,比干谏而死。孔子曰:'殷有三仁焉'",对微子给予了很高的评价。此外,从时间上来说,根据《大日本史料》,"中先代之乱"发生在1335年7月,而万里小路藤房的出家是在1334年10月,① 也就是说藤房出家半年多之后才爆发了"中先代之乱"。然而《太平记》却将这两件事紧密地放在一起。同时作品将忠臣藤房的"离去"视为原因,将"中先代之乱"作为结果,其目的不言而喻,就是为了强化塑造万里小路藤房的忠臣形象,也是强调所谓"忠臣被杀,国之将亡"的主题。至此,作品完成了藤房忠臣形象的塑造,而江户儒学家们也主要是根据这一部分将藤房认定为日本典型的忠臣之一。

通过以上分析,不难看出《太平记》的意图是把藤房塑造为日本的忠臣。作为日本式的儒生,藤房诤谏天皇,指出后醍醐施政的不当之处,劝谏天皇要修帝德,不要沉迷于游乐等。当天皇对藤房的数次诤谏置之不理之时,藤房觉得作为大臣,他尽到了《古文孝经》中规定的对大臣的要求,于是他"三谏不纳,奉身以退",效仿微子离开了天皇,出家做了和尚。虽然藤房的人物形象也受到了《古文孝经》的影响,强调了忠臣诤谏君王,但是藤房的出家却是佛教因素,体现了日本忠臣观还受到佛教影响的特点。

三、对忠臣药师寺公义出家的批判

藤房的忠臣形象受到了《古文孝经》中"三谏不纳,奉身以退"的影响,但其"奉身以退"的特点也明显受到了佛教说教的影响,体现了儒佛的融合。

---

① 東京帝國大學文科大學史料編纂掛編. 大日本史料 [M]. 東京:東京帝国大学出版社,1901:681.

相似的例子在卷二十九《松冈城仓皇之事》也有出现，却是强调为主君尽忠而死，反对出家逃避，如下所示：

  公义流着泪说，呜呼！竖子不足与谋！诚如范增所言。更无比运数已尽之人的情形更令人感慨的。即便和此人一同赴死又有什么名声呢？不如舍弃俗世，为人们来世祈福，公义忽然这样下定决心。他自己剪掉发誓，换上黑色僧衣，登上了高野山。人得到佛性缘于机缘，虽然公义舍弃尘世出家十分优雅，但无人不讥讽公义说：越后仲太家光因难以进谏木曾义仲而自杀，与他相比，药师寺真是无比逊色啊！①

  在"观应之乱"中，高氏兄弟（高师直、高师泰）兵败于足利直义后向足利直义投降，并以出家做和尚为条件许诺不再过问幕府的政治事务。然而高氏兄弟的家臣药师寺公义却向高氏兄弟谏言，主张高氏兄弟应该与足利直义战斗到底，不该投降，并认为即便高氏兄弟出家做和尚不问政事，终究也不会被足利直义放过。对于药师寺公义的谏言，高氏兄弟置若罔闻。药师寺公义对于高氏兄弟的不听谏言十分愤恨，离开主君出家做了和尚。《太平记》作者虽然高度赞扬了药师寺公义抛却尘世出家的行为，认为他是一个理想的遁世之人，但是又批判他没有像家光一样为主君而死。家光是木曾义仲的家臣，因为义仲不听其谏言而自杀。在此，《太平记》的作者强调了家臣以死诤谏主君，也明显区别于藤房身上所体现的忠臣观。

  北村昌幸认为，这种褒贬的相反评价是《太平记》的叙述方式，对足利直义（卷二十三《上皇祈祷之事》）、桃井直常（卷二十九《桃井直常入京之事》）等人的评价也是如此，反映了《太平记》成书的复杂性和价值观的多样性。②《太平记》对药师寺公义的两种相反的评价和日本近世对平重盛的两种相反评价类似，反映了日本古代对忠臣的两种看法：以死报君的忠臣观和奉身以退的忠臣观。

---

 ① 鷲尾順敬校注. 太平記 [M]. 東京：刀江書院，1943：835.
 ② 北村昌幸. 太平記世界の形象 [M]. 東京：塙書房，2010：175.

第二章 "忠臣"形象的叙述和忠臣观

　　需要注意的是，药师寺公义的身份是武士，所侍奉的是主君（大名高氏兄弟）；藤房的身份是公家贵族，所侍奉的是君王（后醍醐天皇）。日本中世历史舞台的主角是武士阶层，战争的胜负、能否夺取国家政权主要取决于武士阶层，因此军记物语中多称赞为君主或主君献身的武士。《太平记》强调武士楠木正成为后醍醐天皇战死的忠是因为楠木正成拥有兵权，在后醍醐天皇推翻镰仓幕府中起了重要作用。日本中世的公家贵族鲜有带兵打仗之人，虽然《太平记》中藤房离开后醍醐天皇预示着后醍醐将失去天下，实际上藤房对后醍醐天皇夺取天下以及政权的维持并没有起到什么作用。因此，《太平记》虽然将奉身以退的藤房也设定为忠臣，但并没有苛求藤房的以死谏君。在卷二十九《松冈城仓皇之事》中，作者批判了药师寺公义没有以死净谏主君，反映了日本中世对武士阶层尽忠主君的严格要求。因此，或许《太平记》对武士阶层和公卿贵族忠诚度的要求不尽相同。

本章小结

　　本章主要以忠臣纪信形象、楠木正成形象、万里小路藤房形象为例，探讨了《太平记》中的忠臣观。《太平记》中的纪信形象既继承了《蒙求和歌》《保元物语》《源平盛衰记》等日本文学中对纪信"忠"的强调，又突出了纪信"智谋"的一面。与《太平记》之前文学作品中的纪信形象不同，《太平记》突显了纪信是刘邦夺取天下的关键。这种对中国典籍的改写是为了强调尹大纳言师贤假扮后醍醐天皇的重要性，是后醍醐天皇推翻镰仓幕府的关键。然而纪信替身刘邦而死使刘邦成为天下之主，尹大纳言师贤假扮天皇的计谋如同儿戏一般，遭到失败，这种成功与失败的对比或许是对后醍醐天皇的讽刺，暗含了师贤并非纪信那样的忠臣，而后醍醐天皇也并非刘邦那样的"圣君"。

　　纪信替主而死的故事也影响到了楠木正成父子忠臣形象的塑造，《太平记》也把楠木正成父子塑造为为君战死的忠臣。楠木正成诤谏后醍醐天皇，似乎只是流于形式，在天皇未采纳的情况下轻易就放弃了。楠木正行不顾天皇的建议，毫无意义地战死了，以战死来表现其忠孝。因此，楠木父子的忠臣形象是强调以死报君的忠，是为表现忠而忠。此外，《太平记》中还描写了中国的忠臣形象，如伍子胥、史官等人，他们拼命诤谏君王，为诤谏而死。楠木正成父子以死报君的忠在作品中描写得哀婉凄凉、催人泪下，具有很强的抒情色彩，这或许是日本文学的一个特点。

《太平记》还塑造了万里小路藤房的忠臣形象，影响了日本近世儒学家的忠臣观。万里小路藤房身上所体现的忠臣观主要是受中国《古文孝经》中"三谏不纳，奉身以退"的影响，不同的是藤房的"奉身以退"是出家修行，融合了佛教的因素。"奉身以退"的忠臣观不仅仅体现在《太平记》中，也在《十训抄》《续故事谈》等中世文学中有所体现，可以说是日本中世文学的一个共同认识。作品对忠臣药师寺公义"谏言主君，奉身以退"的出家行为作了褒贬两种评价，或许可以说体现了日本对忠臣的两种评价标准。《太平记》通过塑造楠木正成和万里小路藤房的忠臣形象预示了远离忠臣的后醍醐天皇将会失去政权。

第三章 "革命"的矛盾式叙述和革命观

革命观是儒家思想的一个重要范畴，对中国古代政治思想文化产生了很大的影响，也是《太平记》接受的儒家思想的主要内容之一。对于《太平记》中的革命观，大森北义认为，《太平记》中有两种革命行为：一种是后醍醐天皇对镰仓幕府的革命，是为了解释镰仓幕府的灭亡、后醍醐天皇获取国家政权的原因；一种是对后醍醐天皇的革命，主要是为了说明后醍醐天皇失去国家政权（京都政权）的原因。① 然而，一方面《太平记》在强调后醍醐天皇对镰仓幕府的"革命"的同时，将后醍醐天皇的倒幕行为称为"谋反"，而另一方面，在强调室町幕府对后醍醐天皇的"革命"的同时，又"尊崇"皇室的权威。这种矛盾的叙述背后隐含了作品什么样的意图，反映了中世日本人对革命怎样的认识？本章试论述之。

第一节　中日两国的革命观

提及"革命"，如今人们谈论更多的是"产业革命""互联网革命""新能源革命"等，然而儒家思想中"革命"的含义与这些不同。因此，要解读《太平记》中的革命观需要从古代中日两国对革命的认识谈起。

---

① 大森北義.『太平記』における「革命」論の位置 [C] //長谷川端編著：太平記の時代，東京：新典社，2004：34.

一、中国古代的革命观

在中国现存的文献中,"革命"一词最早出现在《周易·革卦》之中,用于解释商汤取代夏、周武王灭商这两大改朝换代的历史事件:

> 革,水火相息,二女同居,其志不相得曰革。"巳日乃孚",革而信之。文明以说,大亨以正。革而当,其悔乃亡。天地革而四时成,<u>汤武革命,顺乎天而应乎人</u>。革之时大矣哉。①

这段文字是中国革命观的源头,《周易》将殷汤和周武王推翻夏朝、商朝的军事行为视为顺天应人的革命。王弼等注、孔颖达疏的《周易》对"汤武革命,顺乎天而应乎人"作了进一步的补充说明:

> 以明人革也。夏桀、殷纣,凶狂无度,天既震怒,人亦叛亡。殷汤、周武,聪明睿智,上顺天命,下应人心,放桀鸣条,诛纣牧野,革其王命,改其恶俗,故曰"汤武革命,顺乎天而应乎人"。②

上文将引起天怒人怨的夏桀、殷纣和顺天应人的殷汤、周武王进行对比,指出殷汤、周武王的革命是有德推翻无道的行为,这样的行为具有获取政权的正当性。这就是中国古代王朝交替的"汤武革命",也被称为"易姓革命"。

孔子没有对"汤武革命"发表直接的评论,但认为"君使臣以礼,臣事君以忠"③,强调了君臣双方的义务。在先秦的儒家之中,高举革命大旗的莫过于孟子了。孟子在回答齐宣王的"汤放桀,武王伐纣,有诸"的疑问时,对"汤武革命"进行了高度的赞扬:

---

① 周振甫. 周易译注 [M]. 北京:中华书局,1991:172.
② 王弼等注,孔颖达疏. 周易正义 [M]. 北京:北京大学出版社,2000:236.
③ 杨伯峻. 论语译注 [M]. 北京:中华书局,2006:24.

<<< 第三章 "革命"的矛盾式叙述和革命观

孟子对曰"于传有之。"曰："臣弑其君，可乎？"曰："贼仁者谓之贼，贼义者谓之残。残贼之人，谓之一夫。闻诛一夫纣矣，未闻弑君也。"①

孟子认为夏桀、殷纣破坏了"仁"，失去了作为王的资格，因此殷汤、周武王的军事行为并非"弑君"，而是诛杀了恶人而已，具有正当性。在《孟子》卷七《离娄上》中，孟子进一步指出"汤武革命"和民心的关系：

桀纣之失天下也，失其民也。失其民者，失其心也。得天下有道：得其民，斯得天下矣。得其民有道：得其心，斯得民矣。得其心有道：所欲与之聚之，所恶勿施尔也。民之归仁也，犹水之就下、兽之走圹也。故为渊驱鱼者，獭也。为丛驱爵者，鹯也。为汤武驱民者，桀与纣也。②

孟子的这种认识继承了《周易》中"顺乎天而应乎人"的汤武革命观，站在民众的立场奉劝统治者施仁政、爱其民，从而避免被革命的危险。

当然并不是所有的先秦诸子百家都认同"汤武革命"，如庄子就对所谓的"汤武革命"进行了猛烈的抨击：

尧、舜作，立群臣，汤放其主，武王杀纣。自是之后，以强凌弱，以众暴寡。汤、武以来，皆乱人之徒也。……世之所高，莫若黄帝，黄帝尚不能全德，而战涿鹿之野，流血百里。尧不慈，舜不孝，禹偏枯，汤放其主，武王代纣，文王拘羑里。此六子者，世之所高也，孰论之，皆以利惑其真而强反其情性，其行乃甚可羞也。③

庄子假借盗跖之口认为所谓的"汤武革命"只不过是利益的驱使，违背了

---

① 万丽华，蓝旭译注. 孟子 [M]. 北京：中华书局，2006：21.
② 万丽华，蓝旭译注. 孟子 [M]. 北京：中华书局，2006：106.
③ 陈鼓应注释. 庄子今注今译 [M]. 北京：商务印书馆，2007：889.

121

人的自然本性，开启了后世以强凌弱的先河。法家思想的代表人物韩非子强调绝对的君臣关系，认为所谓的"汤武革命"是以下犯上的行为，是天下大乱的缘由：

> 尧、舜、汤、武或反君臣之义，乱后世之教者也。尧为人君而君其臣，舜为人臣而臣其君，汤、武为人臣而弑其主、刑其尸，而天下誉之，此天下所以至今不治者也。①

然而中国古代自汉武帝采用董仲舒的"罢黜百家，独尊儒术"之后，历代统治者都把儒学作为官方的统治学说，历代的儒学家，如二程（程颐程颢）、朱熹等人均认同"汤武革命"的思想。"汤武革命"思想也成为中国古代改朝换代的理论依据之一，如曹丕在给孙权加官晋爵的文书中有"朕以不德，承运革命，君临万国，秉统天机，思齐先代，坐而待旦"②的记述，将魏代汉的行为视为革命。魏征在给唐太宗李世民的上书中有"顺天革命之后，将隆七百之祚，贻厥子孙，传之万叶，难得易失，可不念哉"③的记载，将唐朝取代隋朝的行为视为革命。

近代，由于面临西方列强以及日本帝国主义的入侵，"革命"一词在中国近代的政治舞台上被频繁使用。1902年，康有为在海外发表了《答南北美洲诸华商论中国止可行立宪不可行革命书》，阐述了他反对革命推翻清朝政权，主张立宪保皇的观点。1903年，为了驳斥康有为的保皇理论，宣传革命主张，章太炎写了《驳康有为论革命书》一文。1905年，孙中山等人在日本东京成立了中国同盟会，号称"革命党人"，以"驱除鞑虏，恢复中华，创立民国，平均地权"为政治纲领，掀起了武力推翻清朝统治的革命浪潮。辛亥革命之后，中国保留了清朝皇室，但或许受"易姓革命"影响的关系，清朝的末代皇帝溥仪最终还是被冯玉祥逐出了皇宫。需要注意的是，近代以来革命的含义变得比较宽泛，

---

① 陈秉才译注. 韩非子[M]. 北京：中华书局，2007：284.
② 易健贤译注. 魏文帝集全译[M]. 贵阳：贵州人民出版社，2009：227.
③ 骈宇骞译注. 贞观政要[M]. 北京：中华书局，2011：2.

影响到了各个领域，如梁启超的"小说革命""诗界革命"等是革新的含义。

总之，中国古代的革命是"易姓革命"，是自下而上的行为，是一个王朝通过暴力推翻另一个王朝，建立新的王朝。虽然中国的古代帝王即便靠革命起家，得政之后都不乐意再谈革命，但"革命"在我国古代是用来形容有德之君王代替无道之君王的行为，是一个褒义词，是被社会认同的。

二、日本古代对革命观的接受

大约在5世纪，日本的大和国经过一系列的征服，兼并统一了其他许多小国家，在奈良、京都一带建立了以"大王"为中心的大和政权。大和国虽以"大王"为核心，但实际上王权经常受到大氏族的威胁，如苏我马子暗杀了对专权不满的崇峻天皇（587—592年在位）。对此，在推古天皇十二年（604），圣德太子在学习中国隋朝律令制的基础之上制定了"冠位十二阶制度"和《宪法十七条》，限制大氏族权力的扩张，试图加强王权。《宪法十七条》的第三条"三曰，承诏必谨。君则天之，臣则地之。天覆地转，四时顺行，万气得通。地欲覆天，则致坏耳。是以君言臣承，上行下靡，故承诏必慎，不谨自败"和第十二条"国非二君，民无两主。率土兆民，以王为主。所任官司，皆是王臣。何敢与公，赋敛百姓"①，强调臣对君的服从、王权的至高无上。645年，中大兄皇子和中臣镰足等发动政变，将威胁王权的苏我虾夷、苏我入鹿等铲除，实行"大化革新"，效仿中国唐朝建立律令制国家。此后，日本制定了《大宝律令》《养老律令》，进一步加强以天皇为首的中央集权，又分别于712年、720年编撰完成《古事记》和《日本书纪》，对国内外树立天皇的权威。

在9世纪中期以后，藤原氏开始以"摄政关白"的官职控制朝政大权，插手天皇的废立，史称"摄关政治时期"。1073年，后三条天皇为了摆脱藤原氏的专权，将皇位让于白河天皇，设置院厅（上皇施政的办事机构），试图摆脱摄关政治体制的束缚，夺回国家权力。自此，日本进入"院政时代"，即国家的权力由上皇掌握的时代。1156年，在后白河天皇和崇德上皇之间发生了围绕王权

---

① 家永三郎［ほか］校注．聖徳太子集［M］．東京：岩波書店，1975：152．

争斗的"保元之乱",武士阶层开始登上权力的舞台。1159年,在平清盛和源义朝两大武士集团之间爆发了争夺权力的"平治之乱",结果平清盛战胜,效仿"摄关政治"控制国家权力。1180年至1185年之间,日本爆发反对平氏专权的战争,被流放在伊豆的源赖朝乘机消灭平氏,建立镰仓幕府,掌握国家权力。而不甘被幕府夺去权力的后鸟羽上皇于1121年发动推翻幕府的"承久之乱",结果兵败,被幕府流放至隐岐岛,国家的权力也完全被镰仓幕府掌握。1333年,后醍醐天皇再次起兵讨伐镰仓幕府,在武士势力足利尊氏和新田义贞的响应下一举消灭镰仓幕府,夺回国家政权。然而因为足利尊氏不满于后醍醐天皇亲政,再次发动战争,将后醍醐天皇赶至吉野,建立室町幕府,掌握国家政权。1603年,德川家康在江户建立幕府,结束了群雄割据的战国时代,掌管国家政权。近代日本推翻德川幕府的统治,建立了以明治天皇为中心的政府,强调"大日本帝国由万世一系之天皇统治之""天皇为国家元首,总揽统治权"①。第二次世界大战之后,美国出于本国利益和日本国情的需要,没有追究天皇的战争责任,只是将天皇排除在政治权力之外,仅仅作为精神的象征。

纵观日本历史,日本并未发生改朝换代的"易姓革命"。那么,中国的革命观是否被日本接受了呢?在《日本国见在书目录》(889—898年间编撰)中,关于《周易》的相关书籍记载有33种177卷,在日本的奈良时代和平安时代,《周易》也是比较流行的书籍之一。②此外,《日本国见在书目录》的儒家部中还记载有两部《孟子》(孟子十四齐卿孟轲撰赵歧注、孟子七陆善经注)。因此,日本古代很早就接触到了中国的"汤武革命"思想。那么,革命观在日本古代是如何被接受的呢?

1. 改元和革命观

在中国的先秦至汉初,皇帝并无年号,汉武帝即位之后首创了第一个年号建元,此后形成了年号制度,被历代帝王使用。皇帝即位时或在位期间一般都会更改年号,称为改元。到了明清之际,一个皇帝大多一个年号,并且后世以年号称呼皇帝,如万历皇帝、乾隆皇帝等。

---

① 伊藤博文著,牛仲君译. 日本帝国宪法义解 [M]. 北京:中国法制出版社,2011:21.
② 河野贵美子. 古代日本における『周易』の受容 [J]. 国文学研究,2010 (6).

第三章 "革命"的矛盾式叙述和革命观

从西汉末年，预示吉凶的谶纬思想开始流行，而"戊午革运、辛酉革命、甲子革令"的观念是纬学思想的重要内容，因此许多帝王在辛酉、甲子之年改元，从而避免被革命的危险。《后汉书》卷七《孝桓帝纪》中有"和平元年春正月甲子，大赦天下，改元和平"，以及卷九《孝献帝纪》有"兴平元年春正月辛酉，大赦天下，改元兴平"的记载，即汉桓帝和汉献帝分别在甲子、辛酉年改元。隋代著名的思想家王通在其《中说》中有"仁寿四年甲子，文中子谒见高祖，而道不行，大业之政甚于桀、纣"①的记载，王通在甲子年遇唐高祖李渊，认为隋炀帝施政甚于桀纣，劝说李渊起兵改朝换代。《旧唐书》卷四《本纪第四》记载了"二月乙未，以益、绵等州皆言龙见，改元。曲赦洛州。龙朔元年三月丙申朔，改元"②，唐高宗显庆六年是辛酉年，各地官员上表称龙出现在州界之内，朝廷为了避免被革命的危险而改元为龙朔。③

从中国唐朝中期开始，谶纬之说逐渐被淘汰出儒家思想体系，唐高宗之后的帝王也几乎没有因为辛酉、甲子之年而改元。然而这种思想却被古代日本接受，成为日本更改年号的重要依据之一。圣德太子在601年（辛酉年）开始改革，604年（甲子年）颁布的《宪法十七条》被认为是利用革命观为其改革寻求合法性。④ 平安时代的汉学家三善清行在昌泰四年（901年）上书醍醐天皇请求改元时的《革命勘文》中有如下记述：

> 易纬云：辛酉为革命，甲子为革令。郑玄曰：天道不远，三五而反。六甲为一元，四六、二六交相乘。七元有三变，三七相乘。廿一元为一蔀，合千三百廿年。……诗纬：十周参聚，气生神明，戊午革运，辛酉革命，甲子革政。……周文王，戊午年决虞芮讼；辛酉年青龙衔图出河；甲子年赤雀衔丹书，而圣武伐纣。戊午日军渡孟津，辛酉日作泰誓，甲子日入

---

① 张沛校注. 中说译注 [M]. 北京：中华书局，2013：283.
② 刘昫等撰. 旧唐书 [M]. 北京：中华书局，2000.
③ 孙英刚. "辛酉革命"说与龙朔改革：7~9世纪的纬学思想与东亚政治 [J]. 史学月刊，2013（7）.
④ 家永三郎 [ほか] 校注. 聖德太子集 [M]. 東京：岩波書店，1975：13.

商郊。①

上面引文中的《易纬》和《诗纬》是《易经》《诗经》的纬书，是由汉代的方士和儒生根据经书进行的解释，主要宣扬吉凶、占卜未来、解释天人感应等。因为昌泰四年是辛酉年，依据《易纬》和《诗纬》中的"辛酉革命，甲子革令"思想，三善清行请求醍醐天皇改元，于是朝廷改元为延喜。所谓的《革命勘文》是为了克服辛酉、甲子年的革命危险，日本朝廷让大臣（汉学家、儒学家）调查改元依据的公文，一直持续到日本近世之前。近世日本受朱子学影响，否定了这种谶纬思想。946年的《应和四年革命勘文》、1201年的《建仁改元诏书》、1441年的《永享十三年革命勘文》等均体现了"辛酉革命，甲子革令"的思想，朝廷也依据这些公文进行了改元。②

此外，《改元乌兔记》中记载了"后一条院　治安元辛酉。宽仁辛酉年二月二日丁未。改为治安。依革命也""后白河院　应德元甲子。永保四甲子年二月七日丙子。改为应德。依革命也""后醍醐天皇　元亨元辛酉。元应三辛酉年二月廿三。改为元亨。依革命也"③等，也体现了日本对"辛酉革命，甲子革令"革命观的重视。据上文所引孙英刚的考察，古代日本在辛酉、甲子年改元的比率占到了80%，而没有改元的情况是由于政局的混乱而导致朝廷无法举行改元仪式。

2. 皇室内部的革命观

672年，为了与刚继承天皇之位的大友皇子（天智天皇之子）争夺皇位，大海人皇子（天智天皇之弟）联合地方豪族意欲发动兵变。而提前得知大海人皇子军事行动的大友皇子派兵征讨，结果大友皇子兵败自缢身亡，大海人皇子即位，即天武天皇，史称"壬申之乱"。日本学者认为《日本书纪》中关于天武天皇事迹的记载是基于《汉书》中汉高祖的记述润色而来，因此《日本书纪》是将争夺皇位的"壬申之乱"比拟为汉高祖消灭暴秦的行为，为天武天皇

---

① 山岸德平等校注. 古代政治社會思想 [M]. 東京：岩波書店，1979：278.
② 塙保己一编. 続群書類従 第11辑上 [M]. 東京：続群書類従完成会，1927：367-388.
③ 塙保己一编. 続群書類従 第11辑上 [M]. 東京：続群書類従完成会，1927：100-105.

夺取皇位寻求合法性。① 日本近代作家森鸥外认为天武天皇的谥号"天武"的含义是"天立武王，消灭暴君"，也就是将大友皇子视为殷纣王，将天武天皇视为周武王。② 天武天皇对大友皇子皇位的争夺不过是皇室内部的权力斗争，而《日本书纪》等书却将天武天皇夺取大友皇子皇位的行为和汤武易姓革命相提并论，其意图无非是为天武天皇的夺取政权寻求正当性。这或许是日本"非易姓"革命的最早形态。

770年，天武天皇的后代称德天皇去世之后，天智天皇之孙62岁的光仁天皇被大臣拥立即位，皇位又重新被天智天皇一脉继承。781年，光仁天皇让位于皇太子山部亲王，即后来的桓武天皇。桓武天皇的生母是朝鲜半岛百济人的后代，身份低下，本来没有资格继承皇位，因原皇太子早良亲王在政治斗争中被废，故在各种政治妥协中被拥立即位。桓武天皇即位之后，面临贵族对其权力的掣肘、佛教势力过于强大，以及生母身份低下等一系列问题，因此如何阐释自身皇位的正统性，加强中央集权是桓武天皇亟待解决的问题。由桓武天皇积极推进编撰完成的《续日本纪》阐释了光仁天皇即位的正当性。山口博认为《续日本纪》对光仁天皇的描写和《诗经·大雅》《诗经·周颂》中对周文王的歌颂十分相似，也就是说《续日本纪》将光仁天皇比拟为周文王，暗示称德天皇是殷纣，光仁天皇的即位是对称德天皇的革命。③ 称德天皇是日本女天皇，在位期间重用和尚道镜，迫害皇室成员和贤臣，还欲将皇位传于道镜和尚。泷川政次郎指出，在桓武天皇在位之时，于延历四年十一月和十一年十一月两次在京城南郊举行祭祀活动，从这两次的祭文来看，光仁天皇即新王朝的高祖、天智天皇即太祖，体现了对天武天皇一脉的革命。④ 此外，山口博还指出，"桓武"这一谥号很可能来源于中国的典籍：

绥万邦，屡丰年。天命匪解，桓桓武王。保有厥士，于以四方，克定

---

① 遠山美都男. 壬申の乱：天皇誕生の神話と史実 [M]. 東京：中央公論社，1996：72.
② 森鸥外. 鸥外全集 第20卷：帝謚考 [M]. 東京：岩波書店，1973：547.
③ 山口博. 周武、桓武和《小雅鹿鳴》[J]. 日本研究，1986（1）.
④ 瀧川政次郎. 法制史 論叢2 京制並都城制の研究 [M]. 東京：角川書店，1967：478.

127

厥家。於昭于天，皇以间之。①

桓桓武王，继世灭殷。咸任尚父，且作商臣。功加四海，救世济民。天下宗周，万国是宾。②

山口博认为将桓武天皇比拟为周武王，这和在《续日本纪》中将其父亲光仁天皇比拟为周文王也是一致的。桓武天皇还作了"君唱臣和"的《鹿鸣》诗，也是效仿周王朝的《鹿鸣》诗。因此桓武天皇的意图很明显，光仁天皇——桓武天皇一脉的政权类似于中国的新王朝周朝，是对旧王朝天武天皇一脉的革命，具有正当性。

中世南北朝时期由南朝的大臣畠山亲房编撰而成的《神皇正统记》对第二十六代天皇武烈天皇进行了猛烈的抨击，将其比拟为中国的夏桀和殷纣，其中有如下叙述：

第二十六代武烈天皇是仁贤天皇的皇子，其母乃大娘皇女，是雄略天皇的女儿。武烈天皇己卯年即位，将大和的泊濑列城作为皇宫。武烈天皇性情暴烈，无恶不作，在位时间不长。仁德天皇那样高的帝德，然而其皇统自此断绝。……禹的后代夏桀暴虐丧国，殷汤虽有圣德，但因为纣无道而永久灭亡。③

引文中的"仁德天皇"是日本第十六代天皇，谥号"仁德"是对其施政的褒扬。武烈天皇是日本第二十五代天皇，据《古事记》和《日本书纪》的记载，他是仁德天皇一系唯一的后代。畠山亲房认为武烈天皇的无德残暴如中国的夏桀、殷纣一样，导致了其治世只有八年的时间，没有子嗣，血脉断绝。而《日本书纪》卷十六《武烈纪》中虽然记载了武烈天皇的残暴，却没有将武烈

---

① 王秀梅译注. 诗经 [M]. 北京：中华书局，2006：346.
② 曹植. 曹子建文集 [M]. 北京：国家图书馆出版社，2004：268.
③ 岩佐正，時枝誠記校注. 神皇正統記 増鏡 [M]. 東京：岩波書店，1965：87.

天皇比拟为夏桀、殷纣。可见，与《日本书纪》相比，《神皇正统记》以革命观解释了武烈天皇缺乏帝德所导致的后果。

3. 日本皇室万世一系的"优越性"

众所周知，中国的革命是"易姓革命"，是改朝换代，而日本天皇是万世一系，并未发生改朝换代的现象。这是因为古代日本的政体是政教一体，天皇原本拥有精神的权威和世俗的政治权力，天皇统治的合法性既有日本的"神国思想"又有儒家思想：天皇乃天照大神的子孙，天皇就是神，即人格化的神；同时又以儒家的"仁德"思想评价天皇。① 历史上天皇的世俗政治权力虽长期被贵族、武士阶层窃取，但天皇的拥立一直未超出皇室范围。成书于镰仓时代（1220年左右成立）的《愚管抄》卷七中对日本国王的废立有如下议论：

> 日本国的惯例是非国王种姓之人不能做国王，神代以来就是这样的规定。期望皇统中优秀之人即位，此乃世之常习。②

上述引文是慈圆为了阐释阳成天皇退位的合理性。慈圆认为藤原基经使自己的外甥阳成天皇退位，拥立光孝天皇并非为了个人而是为了天下。作为天皇要裁决天下之事，要治世爱民，而阳成天皇不满十岁，无法处理政事。因此，不能将藤原基经的行为判定为谋反，换言之，当天皇不具备治世理民的才能时，大臣有权力另立天皇。但是另立天皇的前提条件是必须在天皇家的内部进行。慈圆强调的"日本国的惯例"明显暗含和外国，即中国做对比，突显日本的独特性。《神皇正统记》也对藤原基经废除无德的阳明天皇的行为作了高度的评价，认为是一种革命观的表现。③ 但是在《神皇正统记》的《后嵯峨院》条目中还有如下看法：

---

① 沈才彬. 论日本天皇的本质特征 [J]. 日本问题, 1989 (5)；日本天皇与中国皇帝的比较研究——以"天子思想"为中心 [J]. 日本学刊, 1992 (2). 孙光礼. 浅析日本天皇制与中国皇帝制 [J]. 湖北大学学报（哲学社会科学版），1994 (2).
② 岡見正雄，赤松俊秀校注. 愚管抄 [M]. 東京：岩波書店，1967：309.
③ 我妻建治. 神皇正統記論考 [M]. 東京：吉川弘文館，1981：247.

我在各个地方都讲过，对于继承皇位、成为正统天子之人应具备这些资格。神以天下万民安居乐业为本愿。天下万民都是神之子。……异朝（中国）叛逆不断、毫无纲纪，不应作为学习的对象。我国昭示神明之誓言，君臣之道俨然有序。且善恶之报明了，因果之理不虚。①

北畠亲房在其《神皇正统记》中也表达了日本的革命是在皇室内部进行的，即推翻了无德的天皇，在天皇家族内部另立天皇。② 北畠亲房还认为中国的易姓革命导致叛逆不断，日本不应该学习，同时强调了日本是神国，日本皇室内部的政权交替优越于中国。《愚管抄》和《神皇正统记》在接受中国革命观时，强烈地意识到了中日的不同，认为日本皇室内部的革命优越于中国。

日本中世这种革命观的所谓"优越性"也被近世的上田秋成（1734—1809）继承。上田秋成的《白峰》取材于"保元之乱"，描写了西行法师拜谒崇德上皇陵墓时和崇德上皇亡灵的对话，其中西行法师对革命有如下的议论：

传闻《孟子》一书记载了"周朝创立之际，武王一怒而安天下之民。此事非臣弑君，只不过是诛杀了贼仁贼义的一夫纣而已"。然而汉土之书，典籍、经典、史策、诗文等无一不曾传入中国，唯有《孟子》一书至今未传入日本。据说凡载有此书之船必遭暴风而沉入海底。其原因为，我国自天照大神开天辟地以来，皇祚连绵不绝，若孟子诡辩之理传入我国，后世必据此篡夺皇位而称无罪，故八百万天神以之为恶，刮起神风使船沉没。因此不少他国的圣贤之教也不适合中国。③

上述引文是西行法师针对崇德上皇的"帝位是人中之极位，若天子做出违背人道之事，臣下应当顺应天命，遵从民意进行讨伐"而做出的反驳。西行法师引用了中国明代末期谢肇淛（1567—1624）《五杂俎》中的议论，"倭奴之重

---

① 岩佐正，時枝誠記校注. 神皇正統記 [M]. 東京：岩波書店，1965：23.
② 下川玲子. 北畠親房の儒学 [M]. 東京：ぺりかん社，2001：256.
③ 高田衛校注訳. 雨月物語 [M]. 東京：小学館，1995：283-284.

儒之书，信佛法。凡中国经书，皆以重价购之，独无孟子。云，有携其书往者，舟辄覆溺，此一奇事也"①，解释了孟子思想不被日本接受的原因。② 西行严厉批判了崇德上皇，认为日本是神国，万世一系，不接受孟子的易姓革命观。

然而上田秋成以及日本学者在谈论这段话的革命观时，均没有涉及崇德上皇和后白河天皇的"保元之乱"和"汤武革命"有本质的不同。③ 殷汤和夏桀、周武王和殷纣的战争是诸侯讨伐天子，是推翻旧王朝，建立新王朝；崇德上皇和后白河天皇之间的关系不能说是君臣关系，他们之间的战争不是革命问题，而是皇室内部对国家实际权力的争夺，无论哪一方胜利，均不会导致改朝换代。西行法师强调孟子"易姓革命"不适合日本是为了突出日本和中国的不同，强调日本皇室万世一系的所谓"优越性"。

第二节 镰仓幕府和皇室之间的相互"革命"

日本中世，武士阶层登上历史舞台，建立幕府，控制国家政权。那么，革命观在这个阶段是如何被接受的呢？1192年，源赖朝被朝廷任命为征夷大将军，标志着镰仓幕府的正式成立。1221年，后鸟羽上皇发动了"承久之乱"，试图从镰仓幕府手中夺回政权，结果以失败告终。1333年，后醍醐天皇发动"元弘之乱"，推翻了镰仓幕府。"承久之乱"和"元弘之乱"是日本历史上的大事件，对日本政治思想产生了很大影响。那么，当时的日本人以及《太平记》是如何以革命观解释这两大历史事件的呢？又有什么样的意图？

---

① 傅成注解. 历代笔记小说大观：五杂组 [M]. 上海：上海古籍出版社，2012：98.
② 江户时代的桂川中良（1744—1808）在其作品《桂林漫录》也记述了"孟子属忌讳之书、与日本神之御意不合、自古有传闻、云如有船自唐土载该书而来、必颠覆"，参见桂川中良. 影印日本随笔集成 第7輯 [M]. 東京：汲古書院，1978：14.
③ 野口武彦. 王道と革命の間 [M]. 東京：筑摩書房，1986：89. 松本健一.「孟子」の革命思想と日本：天皇家にはなぜ姓がないのか [M]. 東京：昌平黌出版会，2014：167.

一、幕府对天皇的"革命"

1183年,源义仲和源行家攻入京都,平氏挟持安德天皇西逃,后白河上皇拥立高仓天皇的第四个皇子尊成亲王为天皇,即后鸟羽天皇。1198年,后鸟羽天皇禅位给土御门天皇,成为上皇,掌握国家政权,历经土御门、顺德、仲恭三代天皇。1203年,源赖朝之子第二代将军源赖家被北条氏废除将军之职,源赖家之弟源实朝就任第三代将军。源实朝崇尚贵族文化,与后鸟羽上皇为首的皇室关系和睦。1219年,源实朝被源赖家儿子源公晓所杀,源公晓被处死,源氏绝嗣。北条氏为了独揽幕府的权力,拥立和源赖朝有血缘关系的京都贵族年仅两岁的九条赖经为第四代将军。之后,朝廷和幕府的关系不断恶化,终于在1221年,后鸟羽上皇发动了讨伐幕府的"承久之乱",试图夺回国家政权,结果以失败告终。镰仓幕府对发动兵变的皇室进行了严厉的处分,流放了后鸟羽上皇、顺德上皇、土御门上皇,废掉了仲恭天皇,同时拥立高仓天皇第二皇子的第三皇子为天皇,即后堀河天皇。

三位上皇被流放,一位天皇被废掉,这在日本历史上是前所未有的重大事件。那么当时的日本人是怎么看待这一历史事件的呢?军记物语《承久记》对"承久之乱"的过程进行了详细的描述,强调了后鸟羽上皇的胡作非为,对他爱好打猎、骑马、游泳、相扑、射箭,练习武艺、昼夜整顿兵器等进行了猛烈的抨击。① 在镰仓时代中期,由明惠的弟子喜海撰写的《梅尾明惠上人传记》中就对北条氏镰仓幕府流放后鸟羽上皇等一事有如下的记述:

> 如今到了此君王(后鸟羽上皇)的时代,诸国混乱,到处不安宁,无人不忧虑。只有关东支配的分国免遭君王带来的灾难,万民得以安稳生活。若此君王一统天下则会祸及四海,纷扰天下,无安稳之事,人民忧愁。因此不该私意追随此君王。应为天下人考虑,纵使自身不受神佛保佑,纵使舍弃自身性命,也不该痛心。并且并非不是没有先例。<u>周武王、汉高祖岂</u>

---

① 益田宗,久保田淳校注. 承久記 [M]. 東京:岩波書店,1992:305.《平家物语》《神皇正统记》等书籍也批判了后鸟羽上皇,但都没有以革命思想来解释"承久之乱"。

<u>非已及此义</u>？他国依然是自取天下而居王位；然而即便关东开运战胜（后鸟羽上皇），也不会取而代之，而是将拥立别的君王即位。天照大神、正八幡宫会有何责难呢？①

上述引文是北条泰时在向明惠上人转述他和他父亲北条义时之间的对话。在"承久之乱"时，北条泰时认为普天之下莫非王土，与上皇、天皇作战是不忠的表现。对于北条泰时的疑问，北条义时以上述引文进行解释说明。北条义时认为后鸟羽上皇无帝德，不为天下万民着想。北条氏要学习周武王讨伐殷纣、汉高祖讨伐秦朝，为了天下百姓而讨伐无道的君主，但并不是夺取王位，而是另立天皇。很明显北条义时掩盖了北条氏和皇室争夺掌握国家政权的矛盾，以中国的革命观来解释北条氏和朝廷战争的正当性，为流放天皇寻求思想依据。据《梅尾明惠上人传记》的记述，北条泰时认同了北条义时的逻辑，堂而皇之地与朝廷交战。引文中的"然而即便关东此次战胜，也不会取而代之，而是将拥立别的君王即位"是日本"非易姓"革命的特殊性。

《梅松论》是南北朝时期的军记物语历史书，描写承久之乱以后从镰仓幕府到足利尊氏掌握政权的过程，主张足利氏创立室町幕府的正当性。《梅松论》也以革命观解释了镰仓幕府北条氏对后鸟羽上皇战争的正当性，将"建武之乱"和"承久之乱"作类比，暗示足利氏对后醍醐天皇的战争是革命行为。②《梅尾明惠上人传记》和《梅松论》中幕府对天皇的革命并非"易姓革命"，其本质是排除试图夺回国家政权的天皇，拥立皇室中听命于幕府的天皇。

二、天皇对幕府的"革命"

《太平记》将后醍醐天皇推翻镰仓幕府的倒幕行为视为革命。然而中国革命是自下而上的行为，而后醍醐天皇的倒幕行为却是自上而下的行为，之所以出现这样的不同是由日本当时特殊的政权结构所决定的。自源赖朝建立镰仓幕府之后，日本的国家权力掌握在幕府手中，天皇没有实际权力，天皇和幕府的关

---

① 久保田淳，山口明穗校注. 明惠上人集 [M]. 東京：岩波書店，1997：186.
② 矢代和夫，加美宏校注. 梅松論 [M]. 東京：現代思潮新社，2010：41.

系只是名义上的君臣关系。后醍醐天皇倒幕无非是为了夺回失去的权力,并不是儒家思想层面的革命。那么,这种革命观在《太平记》中是如何被叙述的?又有何意图?

1. 后醍醐天皇的倒幕行为

《太平记》的第一部将后醍醐天皇的倒幕行为视为革命,作品卷一的开始将"圣君"后醍醐天皇和"无道"的幕府执政者北条高时作对比,突出强调后醍醐天皇倒幕行为的正当性。卷一的《后醍醐天皇企图灭亡武臣之事》对后醍醐天皇和北条高时有如下评价:

> 时政九代的子孙,前相模守平(北条)高时入道崇鉴之时,<u>面临天地革命之危机</u>,其行为十分轻率,不顾世人非议,其政道不正,不思民之疲弊,日夜以逸游为乐。高时玷污先祖之功绩,早晚玩赏奇物,北条氏的衰颓近在眼前。卫懿公乘鹤之乐早尽,秦李斯牵犬之恨今来。这两种先例也将发生在高时身上,见者人人皱眉,闻者个个咋舌。
>
> (后醍醐天皇)时年三十一岁,继承皇位。在位期间,内守三纲五常之仪,遵周公孔子之道;外不懈于万机百司之政,追延喜天历之迹。故四海望风而悦,万民归德而乐。凡再兴诸道之废,纵为一事之善也予奖赏,故寺社、禅律之繁盛,正得其时,显宗、密宗、儒道之硕才,皆达其志。诚为承天之圣主,奉地之明君,无有不称其德不颂其化者。①

正如第一章"战乱的原因和尤物观"中所述,镰仓幕府的灭亡并不仅仅在于北条高时一人,其原因比较复杂,然而《太平记》却简单地将镰仓幕府的灭亡归因于北条高时。作品还大肆宣扬后醍醐天皇的圣君形象,将其和无道的北条高时做对比,为后醍醐天皇夺回政权、幕府的灭亡做出所谓合理的思想解释。画线部分的"天地革命之危机"出现在古本神宫征古馆本,以及近世的流行本等之中,不见于古本神宫征古馆本、玄玖本等。"天地革命"一词出自东汉班固

---

① 鹫尾顺敬校注. 太平记 [M]. 東京: 刀江書院, 1943: 4.

的《东都赋》一文,"且夫建武之元,天地革命。四海之内,更造夫妇,肇有父子,君臣初建,人伦寔始,斯乃伏羲氏之所以基皇德也……龚行天罚,应天顺天人,斯乃汤武之所以昭王业也"①,通过描写新朝王莽的暴政来反衬光武帝刘秀的汉德,将光武帝刘秀比拟为汤武一样的君王。不论是否出现"革命"一词,《太平记》将无道的镰仓幕府执政者北条高时和圣君后醍醐天皇作对比②,旨在以儒家革命观来说明后醍醐天皇倒幕行为的正当性。

那么,《太平记》同时代的书籍是如何评价后醍醐天皇及其倒幕行为的呢?《花园天皇宸记》在文保元年(1317)三月三十日的条目中有如下记载:

> 关东方人大略为春宫方人欤、是又人所归、定天所与欤、春宫兼和汉才、年齿如父、诚道理可然、而朕随分稽古、学虽不至、励心勤德施仁。③

文保元年之时,作为东宫太子的后醍醐天皇还未继承皇位,花园天皇夸奖后醍醐天皇勤奋好学、精通中日的学问。然而在正中元年(1324)十一月一日的条目中,花园天皇对后醍醐天皇近臣所举行的不拘礼节的宴会④进行了批判:

> 凡近日或人云、资朝俊基等结众会合乱游、或不着衣冠殆裸形、饮茶之会有之、是学达士之风欤、康之逢头散带达士先贤尚不免其毁教之谴、何况未达高士之风偏从嗜饮之志、滥方外之名、岂协孔孟之意乎、此众有数辈、世称之无礼讲或称破礼讲、之众云々、缁素及数多、其人数载一纸。⑤

---

① 萧统编. 文选[M]. 上海:上海古籍出版社,1986:3.
② 卷一《后醍醐天皇企图灭亡武臣之事》还记述了后醍醐天皇的德政:废除关所、赈济灾荒、公正司法等,这些德政是《太平记》独特的历史叙述,也是为了将后醍醐天皇塑造为"圣君"。
③ 増補史料大成刊行会編. 花園天皇宸記[M]. 東京:臨川書店,1965:122.
④ 日语称为"無礼講",是不分等级,不讲虚礼,全体与会者开怀畅饮的宴会。
⑤ 増補史料大成刊行会編. 花園天皇宸記[M]. 東京:臨川書店,1965:101.

《太平记》中的儒家思想研究　>>>

　　后醍醐天皇的近臣资朝、俊基之所以举行不拘礼节的宴会是为了掩人耳目，密谋倒幕计划，而花园天皇却认为这样的行为不符合孔孟之道。此时后醍醐天皇倒幕的"正中之变"已经败露，花园天皇通过日记对后醍醐天皇的倒幕行为表达了不满。①

　　针对后醍醐天皇急于推翻镰仓幕府的行为，大臣吉田定房在1321年向后醍醐天皇上奏，试图阻止后醍醐天皇倒幕。在这篇奏折中，吉田定房列举了不适合倒幕的九条理由，其中第三、第四条的原文如下：

　　汤取桀事
　　龙降于夏庭，鬼泣于国境，囚汤于夏台，驱民于无罪。成汤受命于天，放桀于鸣条，而有辅德。今时关东之妖孽未见，万民之愁苦未闻，岂以微弱之王民，伺天纵之武运哉？其不可三也。

　　武王放纣事
　　脯九侯醢鄂侯，沥酒池挂肉林，嬖妲己成长夜之乐，以苛酷之刑法修炮烙之令。爰有文王受命之君，积忧于牖里，继以武王圣明之王，发踪于孟津。革命之今时关东无妖，其仪闻上，其不可四也。②

　　吉田定房列举中国汤武革命的例子，认为当时的镰仓幕府的施政得当，并非夏桀、殷纣之流，因此，后醍醐天皇目前还不能如汤武那样对镰仓幕府革命。吉田定房虽然对后醍醐天皇的倒幕有反对之声，但还是将后醍醐天皇的倒幕行为和汤武革命作类比，认为如果幕府施政如桀纣则可推翻之。因此，镰仓时代是认同天皇对幕府"革命"的。

　　这种革命观虽然与幕府对王权的威胁、中世日本皇统的分裂有关③，但后醍醐天皇倒幕无非是为了夺回失去的政权、实现天皇亲政。天皇为了实现理想的皇权而进行的努力被称作"革命"，这一点充分体现了天皇、幕府双重政权时期

---

① 伊井一弘. 花園上皇から見た後醍醐天皇の一側面 [J]. 大正史学. 1985 (3).
② 笠松宏至 [ほか] 校注. 中世政治社会思想 下 [M]. 東京：岩波書店，1981：152.
③ 村井章介. 中世の国家と在地社会 [M]. 東京：校倉書房，2005：78.

日本政体的特殊性，更是日本接受革命观的独特之处。此外，"革命"的这一内涵变化还与"谋反"的含义相辅相成。

2. "谋反"和"革命"的二律背反

革命是站在体制外的立场而言的，是颠覆体制内政权的行为，具有所谓的正当性；谋反是站在体制内的立场而言的，是对体制外试图颠覆政权行为的称谓，是古代的重罪之一。革命和谋反的本质均是指颠覆政权的行为，但所处的立场、褒贬的含义却不同。然而这两个词语却在《太平记》中同时出现，均用来形容后醍醐天皇的倒幕行为。《太平记》中无论是叙述者的立场，还是幕府的立场，抑或后醍醐天皇一方的立场均称后醍醐天皇的倒幕为"谋反"。①

把天皇的倒幕行为看作"革命"，虽已经颠覆了君臣关系，但仍旧是肯定这一行为的。而将其视为"谋反"，不仅颠倒了这一君臣关系，还将天皇意欲夺回政权这一基于理想皇权的行为视作对国家政权的颠覆。那么，这里的"谋反"应该如何理解呢？对于《太平记》中的天皇"谋反"，日本学界给出了许多解释，如"扰乱国家秩序，发动战乱""起兵""起义兵"等②，但均不是"谋反"的本质含义，笔者在此不再一一列举。以下在梳理"谋反"一词在中世演变的基础之上，探讨天皇"谋反"一词背后的含义。

（1）对皇权的"谋反"

在中国古代，"谋反"是"谋危社稷"，"谋叛"是"谋背国从伪"。虽然"谋反"和"谋叛"均是反对皇帝、颠覆政权的行为，均是十恶不赦的重罪，但"谋叛"的含义侧重于谋背本朝、投奔他国。③ 日本平安时代效仿中国建立了律令制，也将"谋反"和"谋叛"作为反对天皇大逆不道的重罪。虽然日本《养老律令》等律法中分别规定了"谋反""谋叛"的罪名，但日本古代对这两

---

① 在《太平记》中，"谋反"和"谋叛"的意思也相同，均被用来形容后醍醐天皇的倒幕行为，如卷一《赖员回忠之事》分别以"谋叛""谋反"形容后醍醐天皇的倒幕行为。
② 佐伯真一等. 平家物语大事典：「謀反」[M]. 東京：東京書籍，2010.
③ 唐朝律法规定"谋反"为"谋危社稷"，"谋叛"为"谋背国从伪"，均为颠覆皇权行为（见唐代长孙无忌等制定的《唐律疏议》卷一《名例》，宋代窦仪等制定的《宋刑统》卷一《名例律》有类似内容）。

项罪名并未区别使用。① 为了行文方便，笔者统称为"谋反"。《日本书纪》记述了有间皇子、大津皇子等人的"谋反"，《续日本纪》记载了天皇严厉处置长屋王、和气王等人的"谋反"。描写 10 世纪中期"平将门之乱"的军记物语《将门记》将起兵反对朝廷、自称新皇的平将门称为"谋叛"。1156 年，在崇德上皇和后白河天皇之间爆发了围绕王权争夺的"保元之乱"，结果是崇德上皇一方兵败，崇德上皇被流放。军记物语《保元物语》以"谋叛"来形容崇德上皇一方的军事行动：

新院（崇德上皇）此时的住所在乌羽田中殿，是乌羽院驾崩之处，故在中阴（人死后至往生轮回为止的一段时期，共有四十九天）期间，是要待在此处的，然而既然决定谋叛，因地理位置不便利，因此决定向京城进发。②

引文中的"新院"是崇德上皇。崇德上皇不满父皇乌羽上皇对皇位继承的安排，发动兵变，欲从后白河天皇手中夺取皇权，结果以失败告终。"保元之乱"本是皇室内部对皇权的争夺，《保元物语》却将崇德上皇对父皇乌羽上皇的背叛视为"谋叛"。总之，《日本书纪》《续日本纪》《将门记》《保元物语》等记述的"谋反"是针对皇权的。

（2）皇室对平氏政权的"谋反"

1159 年，在平清盛和源义朝两大武士集团之间爆发了争夺权力的"平治之乱"，结果平清盛战胜，效仿"摄关政治"控制国家政权。军记物语《平家物语》主要描写了以平清盛为首的平氏家族的荣华鼎盛和终被消灭的结局。在作品卷二《教训》中，平重盛将试图发动"鹿谷之变"，打倒平氏一族的后白河

---

① 新井勉. 古代日本の謀反・謀叛について：大逆罪・内乱罪研究の前提として [J]. 日本法學. 2012 (6). 日本平安时代的律法也制定了"谋反"、"谋叛"罪，（『養老律』「八虐：一曰、謀反、謂謀危國家……三曰、謀叛、謂謀背圀従偽」），但平安末期的字典将"谋反"和"谋叛"视为相同（『色葉字類抄』、『伊呂波字類抄』等「謀反謀叛同」）。
② 信太周，犬井善壽校注訳. 保元物語 [M]. 東京：小学館，2002：231.

第三章 "革命"的矛盾式叙述和革命观

法皇、藤原成亲等人的行为称为"谋反"：

> 但是平氏的运气还没有尽，所以<u>谋反</u>被发觉了。而且参与此事的成亲卿也被捕获，即使法皇另有他想，也没有什么可怕的了。①

后白河法皇、藤原成亲等人试图推翻平氏一族，夺回失去的权力。后白河法皇等人所谓"谋反"的对象并不是平氏拥立的高仓天皇，而是控制国家政权的平氏集团。因此，平重盛称他们为"谋反"是站在平氏政权的立场而言的。而且，《平家物语》对后白河法皇、藤原成亲等的"谋反"是持批判态度的，卷一《鹈川战役》中有如下描述：

> 这个俊宽虽是和尚，性情却粗暴、傲慢，正因为如此，才参与了<u>无理由的谋反</u>！②

俊宽是法胜寺的僧都（职位次于僧正、僧统），也参与了"鹿谷之变"。引文是叙述者的话，在俊宽参与这次"谋反"的前面加了定语"无理由"，是否定的评价。

《平家物语》在叙述源赖政劝说后白河天皇的第三皇子以仁王起兵反对平氏一族时，也使用了"谋反"一词：

> 殿下是天照大神四十八世子孙，从神武天皇起已有七十八代，本应被立为太子，但时至三十岁却仍是一位亲王，殿下难道不觉得遗憾吗？细察当今之形势，表面上服从平氏，内心深怀怨恨之人不计其数。殿下御<u>谋反</u>，消灭平家，也能使被平家无限期地幽禁在鸟羽殿里的法皇安心，殿下也能继承帝位。③

---

① 市古貞次校注訳. 平家物語 [M]. 東京：小学館，1994：136.
② 市古貞次校注訳. 平家物語 [M]. 東京：小学館，1994：73.
③ 市古貞次校注訳. 平家物語 [M]. 東京：小学館，1994：278.

《太平记》中的儒家思想研究　>>>

源赖政起兵反对平家的背景是，平宗盛抢夺了源赖政之子源仲纲的爱马"木下"，并在马身烙上"仲纲"二字来羞辱。源赖政劝说以仁王"谋反"是要打倒控制朝政的平氏集团，夺回权力。然而，《平家物语》卷四《鵺》中却对源赖政的"谋反"给予了否定，如下所示：

　　本来可以那样以终天年之人，却发动了<u>无理由的谋反</u>，连以仁王也葬送了，自身也不得善终，实在是可悲可叹！①

源赖政在和平氏的战争中兵败自杀之后，作品对他的风雅和勇武进行了回顾。画线部分"无理由的谋反"是对源赖政"谋反"的批评。在卷五《富士川》一节中，叙述者再次对源赖政、以仁王举兵进行了批评：

　　（高仓上皇）三月间曾临幸过一次，因为这个缘故，近两个月来世上稍稍安宁了一些，黎民稍得太平。但自<u>高仓宫谋反</u>之后，天下又动乱，世上很不平静。②

画线部分的"高仓宫"即为以仁王。叙述者批判了以仁王的"谋反"导致黎民不得安宁、天下又起动乱的局面。因此，"谋反"一词包含了《平家物语》叙述者对试图推翻平氏政权的后白河法皇、以仁王等人的责难。

《平家物语》卷五《福原院宣》中，文觉劝源赖朝起兵反对平氏时也使用了"谋反"一词，如下所示：

　　一天，文觉说："平家只有小松内大臣性情刚直，智谋过人，但平家已至末运，所以去年八月他就去世了。放眼当今源平两家，没有人像你这般有将军相貌之人，我劝你赶快<u>谋反</u>，统领日本！"③

---

①　市古貞次校注訳. 平家物語［M］. 東京：小学館，1994：340.
②　市古貞次校注訳. 平家物語［M］. 東京：小学館，1994：396.
③　市古貞次校注訳. 平家物語［M］. 東京：小学館，1994：390.

<<< 第三章 "革命"的矛盾式叙述和革命观

文觉认为，像源赖朝这种有将军风度的人起兵反对平氏，全日本都会响应。文觉所说的"谋反"一词也和颠覆天皇政权没有了关系，是劝说源赖朝从平氏那里夺取国家政权，且源赖朝是得到皇室的旨意才起兵的，也就是说源赖朝对平氏政权的"谋反"仍旧是以皇室的名义进行的。也即，他是奉皇室之命为其夺回政权。延庆本《平家物语》卷五《兵卫佐赖朝发起谋叛由来之事》明确载有源赖朝得到高仓宫和后白河上皇的旨意才"谋反"的，如下所示：

> （赖朝）今年怎么试图发动如此谋叛呢？人们惊诧不已。后来听闻，大约在四、五月之时，（赖朝）得到高仓宫之旨意，不久，高仓宫被杀，又得到一院（后白河上皇）之诏书。①

引文是作品叙述者的话。觉一本《平家物语》是源赖朝通过文觉得到后白河上皇的旨意起兵的；而延庆本《平家物语》是源赖朝先得到高仓宫的旨意，在高仓宫被杀之后又得到后白河上皇的旨意，其实源赖朝只得到了高仓宫的旨意。很明显《平家物语》虚构了后白河上皇的旨意，其目的是强调源赖朝是奉皇室之命"谋反"的。

就是说，从《平家物语》开始，"谋反"一词的使用已经开始发生变化，演变为皇室对平氏政权的"谋反"。然而石井进在《镰仓幕府》一书中对后醍醐天皇的"谋反"作了如下的解释：

> 在律令制国家，"谋叛"意味着对天皇统治的反叛，因此，"天皇御谋叛"的使用本身应该是矛盾的。尽管如此，这一用法还是被广泛接受、使用，这一用法包含了日本巨大的政治变动。也就是说天皇已经不是绝对的支配者，幕府才是这个国家实际权力的掌握者，反对幕府的人被冠以"谋叛"，毫无疑问这一用法始于"承久之乱"。天皇只是天皇，并不是国家理所应当的统治者，只有实行正确的政治才能保持帝位，在这一点上，承久

---

① 延慶本注釈の会编. 延慶本平家物語全注釈 第二末 [M]. 東京：汲古書院，2009：356.

之乱在政治思想史上有很大的意义。①

诚如石井进所言，"谋反"原本意味着对天皇统治的反叛，天皇"谋反"这一说法使用本身是矛盾的。"谋反"一词确实反映了日本政治巨大的变动，镰仓幕府才是当时日本实际权力的掌握者，反对幕府之人被称为"谋反"。石井进认为"天皇谋反"一词的使用始于"承久之乱"，是基于后鸟羽上皇试图夺回政权、倒幕失败而言的，并非文学作品中"谋反"一词的变化。其实，在"承久之乱"之前，武士集团平氏一族已经开始控制国家政权，《平家物语》多次将皇室试图从平氏手中夺回政权的行为称为"谋反"。因此，"谋反"一词使用的变化在文学作品《平家物语》中已开始出现，并非石井进所说的始于"承久之乱"。此外，石井进所说的"天皇实行正确政治才能保持帝位"这一观点也欠妥，忽略了日本中世是帝位与政权分离的二元政治结构，天皇保持帝位和施政正确与否已无必然关系。

（3）对天皇"谋反"夺回政权的批判

在《平家物语》卷十二《六代被斩》一节中，叙述者就以"谋反"来形容后鸟羽上皇的讨伐幕府的行为，并对他进行了批评，如下所示：

当时的天皇是后鸟羽天皇。后鸟羽天皇只以游玩为乐，政事全交给一向卿局任意而为。人民因此愁叹不已。<u>吴王好剑客，百姓多创瘢；楚王好细腰，宫中多饿死</u>。上有所好，下必效之。看到世道危亡的情形，明白事理之人无不悲叹。……后来这位天皇在承久年间发动御谋反，那么多国，偏偏把他流放到隐岐国，实在是不可思议的事。②

据新编日本古典文学全集的注释，上述引文中的"吴王好剑客，百姓多创

---

① 石井進. 鎌倉幕府 [M]. 東京：中央公論社，1965：432. 历史学家村井章介等也有类似看法（村井章介. 中世の国家と在地社会 [M]. 東京：校倉書房，2005）。
② 市古貞次校注訳. 平家物語 [M]. 東京：小学館，1994：496.《承久记》等作品中也使用了"谋反"一词形容后鸟羽天皇的倒幕行为。

142

癜；楚王好细腰，宫中多饿死"来源于《后汉书》的《马廖传》，将后鸟羽天皇比拟为吴王和楚王，指出沉溺于游玩可能会导致灭亡，很明显是对后鸟羽天皇的严厉批评。引文中后鸟羽天皇"谋反"的对象并不是幕府名义上的统治者将军，而是"执权"北条义时，此时幕府的权力不在将军手中，而是被北条氏控制。实际上，在后鸟羽天皇没有掌握国家政权的情况下，不理政事、沉溺于游乐并不会造成国家动乱。并且，沉溺于游乐的帝王本应是属于被"谋反"的对象。他发动的"承久之乱"应该是以实现理想的皇权为目的的，他所谓的"以游玩为乐"是掩人耳目，便于为倒幕做准备，而此处反倒成了他是不合格天皇的一个佐证。因此，可以说放弃政权、甘心只做日本名义上的统治者的天皇才可能保持帝位，对天皇使用"谋反"一词的本质是反对天皇掌握国家政权，使天皇只甘心做象征性的天皇。"谋反"一词实际上暗含了对天皇试图夺回政权的批判。

《太平记》同时代的书籍，如《增境》《梅松论》等并未以"谋反"来称后醍醐天皇的倒幕行为。"正中之变"败露之后，后醍醐天皇在给镰仓幕府的书信中也表达了对幕府称其为"谋反"的不满。《花园天皇宸记》对此书信进行了引用，如下所示：

关东者戎夷也、天下管领不可然、率土之民皆荷重恩、不可称圣主之谋反、但有阴谋之辈、任法可寻沙汰之由。①

后醍醐天皇认为天皇是国家的最高统治者，所谓"普天之下莫非王臣"，对天皇使用"谋反"一词是对皇室的不敬。天皇从幕府手中夺回政权、加强皇权是理所当然之事，而《太平记》却以"谋反"称之，暗含了并不赞成天皇掌握国家政权。此外，《太平记》中没有幕府"谋反"皇室的用例②，也说明了作品

---

① 增補史料大成刊行会編. 花園天皇宸記 [M]. 東京：臨川書店，1965：582.
② "承久之乱"中，日本朝廷以仲恭天皇的名义发布的倒幕旨意，将镰仓幕府的北条义时称为"谋反"："然間彼義時朝臣偏仮言詞於教命、恣致裁断於都鄙、剰己燿威、如忘皇憲、論之於政道、可謂謀反"（東京大學史料編纂所編纂. 大日本史料 第四篇之十五 [M]. 東京：東京大學出版會，1972）。

认同幕府掌握国家政权。

《太平记》中的后醍醐天皇不甘心做日本名义上的统治者，其"谋反"的本质和"革命"相同，均是从幕府手中夺回政权，实现天皇亲政。后醍醐天皇"谋反"的目的与跟随后醍醐天皇倒幕的足利氏的目的相背，足利氏倒幕是为了取代镰仓幕府北条氏，掌握国家政权。足利氏响应后醍醐天皇的倒幕并不是为了天皇的"革命"，而是为了寻求背叛镰仓幕府的正当性。在消灭镰仓幕府之后，足利尊氏利用"中先代之乱"（北条残余势力的起兵），很快便将试图亲政的后醍醐天皇赶出京城，拥立新天皇，建立室町幕府，控制国家政权。因此，天皇"谋反"的用法暗含了对天皇试图亲政的批判。①

三、足利氏倒幕的正当性和天皇不在场的"革命"前奏

足利氏响应后醍醐天皇对镰仓幕府的"革命"并不是为了实现天皇亲政，而是为了将对镰仓幕府的背叛转化为"革命"，为足利氏的背叛寻求正当性。那么，作品对足利氏背叛镰仓幕府又是如何描写的呢？

足利尊氏系源氏一族，原本是镰仓幕府北条氏的家臣，在和北条氏联姻的基础之上，在镰仓幕府不断扩大势力。足利尊氏娶了北条氏的分家赤桥盛时之妹。赤桥盛时是镰仓幕府第十六代掌权人。也就是说足利氏不仅是北条氏的家臣，还和北条氏有姻亲关系，这也是足利氏在镰仓幕府中发挥很大作用的原因之一。然而足利尊氏在被镰仓幕府派往京都参加平乱之际却发动兵变，响应后醍醐天皇的倒幕，将京都的幕府势力消灭，在倒幕的行动中起到了举足轻重的作用。足利尊氏起兵响应后醍醐天皇的倒幕也意味着对原来主君北条氏的不忠，

---

① 《太平记》之后"谋反"一词的用法也已和皇室无关，主要用于背叛幕府的大名。镰仓幕府成立之后，制定了第一部武家的法律《御成败式目》，也被称为《贞永式目》，共有五十一条条文，其中第九条《谋叛人之事》"右式目之趣兼日难定歟、且任先例且依时议、可被行之"是针对武士对幕府的"谋反"（近藤瓶城编『續史籍集覧』第 2 册、临川书店、1969 年）。《吾妻镜》也记载有对"谋叛"的处罚，『吾妻鏡』宝治元年六月五日条「謀叛の輩の事　宗たる親類・兄弟等は、子細に及ばず召し取るべし。その外京都の雑掌・国々代官・所従等の事は、御沙汰に及ばずと雖も、委しく尋ね明かし、注し申すに随い、追って御計有るべしてえり」。《太平记》将武士对室町幕府的背叛也称为"谋反"。

<<< 第三章 "革命"的矛盾式叙述和革命观

那么作品又是如何描写足利尊氏的倒幕行为的呢?

后醍醐天皇从被流放地隐岐逃脱,在伯耆国的船上山号召天下武士起兵讨伐幕府、进攻京都,幕府十分震惊,决定再次派遣大军守卫京都。在被派遣的大军中也有足利尊氏,足利尊氏是在幕府不断催促下才率兵进京参加平乱的。在《太平记》卷九《足利殿进京之事》中对足利尊氏率兵进京之前的想法做了如下描述:

> (镰仓幕府)又多次催促率兵去京都,足利殿因此事心中十分愤恨,寻思道:"我为父亲服丧还不到三个月,悲伤的眼泪还未干,并且身染疾病,未得痊愈之际,不断催促我去征伐,真是万分遗憾。虽说时移境迁、贵贱易位,彼(北条高时)乃北条四郎时政的后裔,降为人臣岁月久矣。我乃源家世代贵族,出王氏不远。如果(北条氏)知晓此理,本应该考虑到和源家的君臣关系,然而却如此这般催促,是我自己不走运之故。反正如再三催促将举家进京,加入先帝(后醍醐天皇)一方攻下六波罗。此时正是决定家族兴亡的时刻。"无人知道足利尊氏有如此想法。①

上述引文是足利尊氏对镰仓幕府催促其带兵进京与倒幕势力交战时的想法。足利尊氏对于镰仓幕府催促其进京打仗十分不满,主要列举了两个原因。第一条是尊氏认为其父亲去世还不到三个月,自身还处于服丧期间。然而据小学馆新编古典文学全集《太平记》的注释,足利尊氏的父亲在1331年已经去世,离足利尊氏此时的抱怨已经过去了两年。② 第二条是尊氏认为其出皇族不远,而北条氏已经久为人臣,因此足利氏的出身似乎比北条氏高贵。这一点更是牵强附会,足利氏和北条氏虽然都号称皇室后代,但降为人臣都已经五六百年,且现实情况是足利氏为北条氏的家臣已有一百多年之久。很明显足利尊氏所说的这两个理由是为其起兵反对镰仓幕府,或者为反叛主君寻求正当性。

《太平记》对足利尊氏反叛镰仓幕府正当性的解释并未止于此。镰仓幕府在

---

① 鷲尾順敬校注. 太平記 [M]. 東京:刀江書院,1943:205.
② 長谷川端校注. 太平記1 [M]. 東京:小学館,1996:324.

派遣足利尊氏率兵守卫京都之时，为防止足利尊氏叛乱，让其将家眷留在镰仓并写下誓言书，发誓效忠幕府。苦恼不已的足利尊氏向其弟直义征求意见，直义认为：

> 决心做这种重大之事并非为了自己。只是代天诛无道，为君除不义。并且，神不受虚伪的誓言，因此即便撒谎写了誓言书，神佛怎么会守护那样的忠烈之志呢？尤其把孩子和妻子留在镰仓不过是大事面前的小事，未必是应该让您烦心之事。①

足利直义认为起兵是为了反对无道、不义的幕府，不是为了自己，而是为了天皇。实际上，足利氏在选择效忠对象之时面临两个选择：一是自己的主君北条氏；另一个是天皇后醍醐。足利直义将背叛主君的不忠转化为对君王的"义"。

足利尊氏反叛镰仓幕府在当时看来应该是一件大事，如何来解释这一历史事件？不同的书籍给出了不同的记述。同样成书于南北朝时期的《增境》对足利尊氏反叛镰仓幕府却有如下记述：

> 四月十几日，又有许多武士从东国上京，其中前年进攻笠置山的治部大辅高氏（尊氏）也进驻京城。后伏见院认为他靠得住，向他下达了到伯耆船上勤王的诏书。他从关东出发之际，向幕府认真写了绝无二心的誓言书，然而关于他心底是如何想的，世间有很多传闻。②

《增境》的记述相对比较客观，仅仅是对历史事件的一般叙述，并无《太平记》中"代天诛无道，为君除不义"的字眼。与《增境》相比，《神皇正统记》的叙述带有对足利尊氏强烈批判的色彩：

---

① 鷲尾順敬校注. 太平記 [M]. 東京：刀江書院，1943：207.
② 井上宗雄訳注. 増鏡下 [M]. 東京：講談社学術文庫，1983：354.

<<< 第三章 "革命"的矛盾式叙述和革命观

高氏在被命令上京之时，或许是欲避免幕府的怀疑，写了效忠幕府的誓言书。尽管如此，高氏仍不顾向神发的誓言，变心背叛幕府加入我方。①

《神皇正统记》由南朝畠山亲房所著，目的是阐述南朝的正统性，因此畠山亲房批判足利尊氏也是理所应当之事。上述引文对足利尊氏的反叛行为使用了"变心"一词。通过和《增境》和《神皇正统记》作对比可以看出，用为了天皇的"义"来解释足利氏反叛幕府的行为是足利氏的自我主张。②

实际上《太平记》十分强调武士主从之间的"忠"，在卷十一《五大院右卫门和相模太郎之事》之中，对那些背叛镰仓幕府之人进行了猛烈的抨击，其中有如下描述：

义贞已经平定关东，威震远近，关东八国之大名、名门无不束手屈膝。甚至长期跟随义贞、尽忠之人皆如此，何况那些之前跟随平氏（北条氏属于平氏）、属于敌阵之人。为了延续毫无意义的生命，有人托亲求友成为降人，有人甘受肥马之尘、愿扫高门外之地，欲补偿罪过。……昔程婴杀自己孩子换幼主之命，豫让改自己容貌报旧主之恩。即便不及这二人，让敌人杀害长年侍奉的主君，五大院右卫门为了私欲而忘义，其心肠之坏世间少有，真是不道德。见到之人无不对他指责、憎恶。③

引文是新田义贞攻陷镰仓，北条一族灭亡之后，北条氏家臣的种种表现。《太平记》的作者引用了杜甫《奉赠韦左丞丈二十二韵》中"暮随肥马尘"的诗句等来描写那些投降新田义贞的北条氏家臣，充满了对他们不忠于主君的嘲笑。上述引文省略号后面的内容是作者举出的一个实例，讲述的是北条氏家臣五大院右卫门为了自己的荣华富贵不惜出卖北条高时的幼子北条邦时。五大院

---

① 岩佐正校注. 神皇正统記 [M]. 東京：岩波書店，1965：424.
② 《太平记》中没有将足利氏起兵反对幕府称为"谋反"，而将新田义贞起兵反对幕府称为"谋反"，如卷十一节的标题为《新田义贞谋叛事》。
③ 鷲尾順敬校注. 太平記 [M]. 東京：刀江書院，1943：267.

147

右卫门是北条高时的小舅子，在镰仓将要被攻陷之际，受北条高时之托照顾北条邦时逃命。《太平记》作者引用中国"程婴救孤""豫让报主恩"的典故对五大院右卫门卖主求荣的行为给予了强烈的批判，谴责了他对幕府的不忠行为。程婴、豫让的故事是为了宣扬主从关系，并非君臣关系，作品也没有触及五大院右卫门和天皇的关系。同样和北条氏有姻戚关系，又是北条氏家臣的足利氏却为了所谓的天皇的"义"而背叛了北条氏。可以说在卷十一《五大院右卫门和相模太郎之事》也暗含了对足利尊氏背叛北条氏的讽刺。

因此，可以说《太平记》中足利氏响应后醍醐天皇倒幕的"革命"并不是"为君除不义"，而是利用了后醍醐天皇对镰仓幕府"革命"，将其转化为足利氏对镰仓幕府的"革命"，[①] 为足利氏背叛主君北条氏寻求正当性。或许也可以将这种"革命"视为天皇不在场的"革命"的前奏。

第三节 室町幕府对天皇最终的"革命"

《太平记》中也有幕府对天皇的革命，类似于《梅尾明惠上人传记》等中记述的镰仓幕府对后鸟羽上皇的革命，而《太平记》中的这种革命是对天皇最终的革命，和日本中世皇室的分裂、天皇权威的下降也有很大的关系。

一、皇室的分裂和天皇权威的下降

"承久之乱"后，北条氏拥立后堀河天皇即位。1232年，后堀河天皇让位于自己的儿子四条天皇，然而四条天皇年仅12岁便去世了。之后，镰仓幕府拥立和北条氏有血缘关系的土御门天皇的儿子即位，也即是后嵯峨天皇。1242年即位的后嵯峨天皇于1246年让位于皇子后深草天皇，成为太上皇，掌管朝廷实权。1259年，后嵯峨上皇逼迫后深草天皇让位于其另外一个儿子龟山天皇，同

---

① 古本神宫征古馆本和玄玖本《太平记》卷一开头的章节名称是《先代草创事 付后醍醐天皇御事》《先代草创平氏权柄之事 付后醍醐天皇之御事》，"先代"指代的是北条氏，明显是为了和"现代"足利氏进行对比，或许也体现了足利氏取代北条氏的正当性。

时于 1268 年立龟山天皇的儿子为皇太子，即后宇多天皇。原本后嵯峨上皇打算让龟山天皇一脉继承皇位，然而在后嵯峨上皇去世之后，后深草上皇（持明院统）和龟山天皇（大觉寺统）围绕皇位的继承展开了激烈的争斗。在镰仓幕府的斡旋下，后宇多天皇让位于后深草上皇的儿子伏见天皇。伏见天皇传位于自己的儿子后伏见天皇，后伏见天皇即位不到三年，迫于镰仓幕府和大觉寺统的压力，让位于后宇多上皇的儿子后二条天皇，同时立伏见上皇的儿子花园天皇为太子。至此，持明院统和大觉寺统达成了轮流做天皇的协议，史称"文保和谈"。① 花园天皇即位后，立后宇多天皇的儿子，即后来的后醍醐天皇为太子。后醍醐天皇即位后，立自己的侄子，即后二条天皇的儿子邦良亲王为太子，然而邦良亲王于 1326 年因病去世，于是镰仓幕府拥立持明院统一方的后伏见天皇的儿子量仁亲王为太子，即后来的光严天皇。然而后醍醐天皇为了亲政、让自己后代继承皇位发动了推翻镰仓幕府的"正中之变"和"元弘之变"。"元弘之变"失败后，后醍醐天皇被镰仓幕府流放，光严天皇于 1331 年被幕府拥立即位。1333 年，镰仓幕府被足利尊氏、新田义贞等消灭，后醍醐天皇重新登上天皇之位，实施"建武新政"，意欲控制国家政权。1336 年，以足利尊氏为首的足利氏在平定"中先代之乱"后，和后醍醐天皇对立，于 1338 年在京都建立室町幕府，拥立光严天皇之弟光明天皇即位。后醍醐天皇逃至吉野，建立吉野政权，史称南朝，日本进入南北朝时期。1392 年，北朝（后小松天皇）统一南朝（后龟山天皇），结束了"一天两帝南北京"② 的局面。图 3-1 是持明院统和大觉寺统的皇位继承情况。

---

① 文保元年（1317），在幕府斡旋下，持明院统和大觉寺统就皇位继承问题达成"两统迭立"的和议，但两统的对立并未消除。
② 日本中世奈良兴福寺大乘院第 20 代方丈寻尊对南北朝时期的形容。

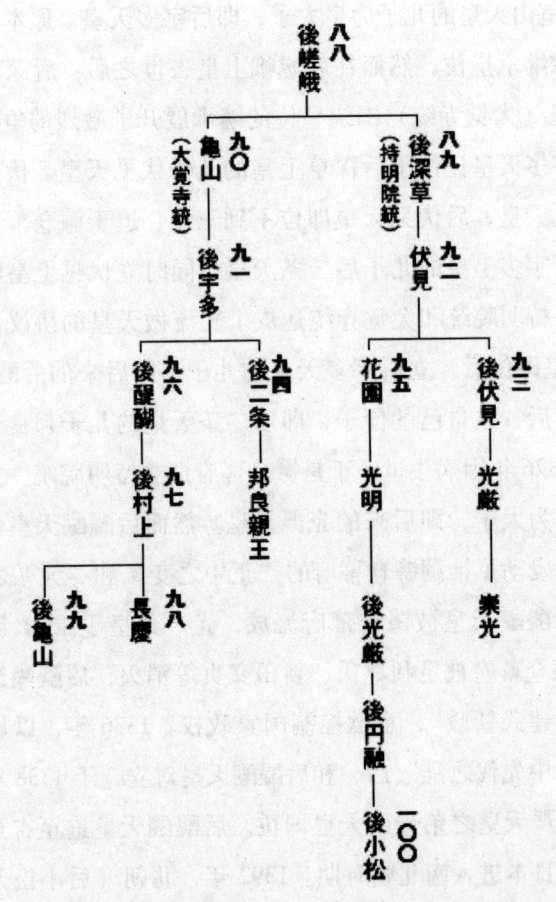

图3-1 持明院统和大觉寺统的皇位继承情况

面对皇室内部的分裂和武士阶层的掌权，花园上皇在元德二年（1330）写给后醍醐天皇的太子量仁亲王（光严天皇）的《诫太子书》中流露出了对皇室处境的担心：

> 秦政虽强为汉并，隋炀虽盛为唐所灭也。而谄谀之愚人以为吾朝皇胤一统、不同彼外国、以德迁鼎、依势逐鹿、故虽德微、无邻国窥觎之危、虽政乱、<u>无异姓篡夺之恐</u>。是其宗庙社稷之助、卓砾余国者也。然则缵受先代之余风、无大恶之失国、则守文之良主于是可足、何必恨德不逮唐虞、

化不如陆粟哉。士女之无知、闻此语皆以然。愚惟深以为谬。……故孟轲以帝辛为一夫、不待武发之诛。以薄德欲保神器、岂其理所当乎……吾国无异姓之窥觎、宝祚之修短多、然中古以来兵革连绵，皇威遂衰，岂不悲乎。太子宜察观前代之兴废。①

花园上皇告诫量仁亲王不要过于相信没有异姓篡夺的历史，警告他说乱世的征兆早已出现，如果君主无德，也许数年后便发生大乱，天皇家或许会土崩瓦解，恳切要求量仁亲王修身养德。

日本的中世是乱世，是"下克上"的时代，为了各自的利益，子弑父、家臣杀害主君、武士杀皇室贵族的情况屡见不鲜。因此，花园上皇担心日本会出现异姓革命之事也是理所当然的。《太平记》中多次记述了武士阶层对皇室的蔑视，如在卷二《长崎新左卫门尉异议之事》中，围绕如何处置后醍醐天皇，镰仓幕府内部有如下的议论：

异朝有文王、武王作为大臣讨伐无道君主之例。我朝有义时、泰时作为臣下流放了不善之主的例子。世上之人都认为这样的先例是理所当然之事。故古书有云：<u>君视臣如土芥，则臣视君如寇仇</u>。②

上述引文是长崎左卫门的主张。长崎左卫门是镰仓幕府的掌权者之一，他列举了中国武王伐纣、日本"承久之乱"的先例，主张要严厉惩罚以后醍醐天皇为首的倒幕势力。画线部分的出典是《孟子》卷八《离娄下》中的"君之视臣如土芥，则臣视君如寇仇"，是孟子革命观的体现。此外，在《太平记》卷二十七《秦朝赵高之事》中，高师泰说了如下的一番话：

又确实听到十分过分之事：都城有叫作王之人，占有若干领地，拥有

---

① 宫内厅书陵部编. 花园天皇宸翰集：诫太子书·学道之御记·御处分状［M］. 东京：吉川弘文馆，1977.
② 鹫尾顺敬校注. 太平记［M］. 东京：刀江书院，1943：33.

被称为皇宫和太上皇御所之地，（经过这些地方）都需要下马，此事令人厌烦。如没有王不行的话，以木制之，或以金铸之，将真的太上皇、国王流放到什么地方岂不更好？说的这些话真是过分啊！①

引文的背景是侍奉足利直义的一位名叫妙吉侍者的和尚因为被高师直、高师泰轻视，便向足利直义讲述高氏兄弟的坏话。上述引文是妙吉侍者转述高师泰的一番话，高师泰认为如果对天皇不满的话可以将其流放。虽说《太平记》对高氏兄弟是持批判态度，但这段话也体现了中世武士阶层对天皇的轻视以及天皇权威的下降。

二、对后醍醐天皇的"革命"

其后，《太平记》又通过对天皇的革命进一步批判了天皇的亲政，为足利氏室町幕府掌握国家政权寻求正当性。②《太平记》中对天皇的革命观体现在序文之中，该序以流畅优美的汉文书写而成，和佛教气息浓厚的《平家物语》开头《祇园精舍》不同，带有强烈的儒家思想色彩。序的原文如下：

> 蒙窃采古今之变化，察安危之来由，覆而无外天德也、明君体之保国家、载而无弃地道也、良臣则之守社稷。若夫其德欠则虽有位不持，所谓夏桀走南巢、殷纣败牧野，其道违则虽有咸不久。曾听赵高刑咸阳、禄山亡凤翔。是以前圣慎而得垂法于将来也，后昆顾而不取诫于既往乎。

该序认为遵循天德的明君和恪守地道的良臣才能保证天下太平，并且该序列举中国的暴君夏桀、殷纣的亡国和恶臣赵高、安禄山的被杀来警戒日本。序中对"夏桀走南巢、殷纣败牧野"的举例正是中国古代"汤武革命"的体现。在序之后，作品紧接着又进一步做了如下的解释：

---

① 鹫尾顺敬校注. 太平记 [M]. 東京：刀江書院，1943：761.
② 小秋元段.『太平記』における歴史叙述と中国故事 [C]. 日本学研究 第二十三辑，2013.

152

<<< 第三章 "革命"的矛盾式叙述和革命观

爰本朝人王之始,自神武天皇始到第九十六代天皇,即后醍醐天皇治世之时,有一武臣相模守平高时。此时上违君德,下失臣礼。从此四海大乱,一日未安。狼烟翳天,鲸波动地,至今四十余年,一人不得富春秋,万民无所措手足。①

此文是对序的举例说明,认为后醍醐天皇违背君德和北条高时失去臣礼是日本四十余年大乱的起因。这一部分对后醍醐天皇的批判主要是针对作品的第二部和第三部而言的,解释后醍醐天皇失去政权、足利氏获得政权的原因。②

虽然《太平记》序文的儒家思想浓厚,以中国为类比对象,但和中国的情况还是有很大的不同。幕府对天皇的革命并非商朝取代夏朝、周朝替代商朝的易姓革命,而是废除试图夺回国家政权、恢复亲政的天皇。"承久之乱"中,镰仓幕府虽然流放了三位上皇、废掉了一位天皇,却没有取而代之,而是拥立皇室中听命于幕府的后堀河天皇即位,从而掌握国家政权。足利尊氏虽然推翻了后醍醐天皇的京都政权、开创了室町幕府,但仍旧拥立皇室内部的持明院统的光明天皇为名义上的统治者。序中对天皇的革命不过是足利氏推翻了不甘心国家政权被剥夺的后醍醐天皇,拥立皇室中听命于足利氏的天皇,从而掌握国家政权。

序中的"覆而无外天德也""载而无弃地道也"两句化用《古文孝经·三才章》注解中的"夫覆而无外者天也,其德无不在焉;载而无弃者地也,其物莫不殖焉"语句。③ 只是《古文孝经》是为了说明孝道的本源是取法天地,而在《太平记》中是将大臣的"地道"和天皇的"天德"对应使用,似乎大臣的作用过大。这或许与天皇的作用削弱有关。当天皇不掌握国家政权、仅仅作为

---

① 鹫尾顺敬校注. 太平记 [M]. 東京:刀江書院,1943:3.
② 鈴木登美恵. 太平記構想論序説—巻一の考察— [J]. 国文,1950 (2). 今井正之助. 太平記形成過程と「序」[J]. 日本文学,1976 (7). 大森北義.『太平記』「序」の思想について (1) [J]. 古典遺産,2000 (8). 大森北義.『太平記』「序」の思想について (2) [J]. 名古屋女子大学紀要人文·社会編 (49),2003 (3).
③ 中世类书《明文抄》《天象部》中有"覆而无外者天也、其德无不在、载而无弃者地也、其物莫不殖、孝经"的语句,《太平记》受《明文抄》的影响较大(参见遠藤光正. 明文抄の研究並びに語彙索引 [M]. 東京:現代文化社,1974)。

153

《太平记》中的儒家思想研究 >>>

精神象征时，天皇是否有"德"并不重要，并不会导致国家政治混乱。如果天皇要试图夺回国家权力，那么幕府就会进行所谓的"革命"，废掉天皇，拥立听命于幕府的新天皇。这或许就是《太平记》序文中革命观的真正含义。

此外，序中所举出的赵高不仅和李斯伪造诏书拥立秦始皇幼子胡亥为帝，后来还杀掉了秦二世胡亥，导致秦国灭亡。安禄山虽深受唐玄宗信任，却起兵发动"安史之乱"，建立燕国，自称皇帝，企图对唐朝改朝换代。赵高、安禄山都是不尊崇皇室，挑战皇帝权威的大臣。而《太平记》中被比拟为赵高的是高师直、高师泰兄弟，出现在卷二十七《秦朝赵高之事》中；被比拟为安禄山的是畠山国清，出现在卷三十七《杨贵妃之事》中。高师直、高师泰兄弟和畠山国清是足利尊氏的家臣，《太平记》将他们比作赵高、安禄山主要是为了批判他们不忠于主君足利氏。由此看来，《太平记》序中的君臣论和作品第三部（卷二十六~卷四十）的君臣论并不对应。作品第三部的君臣论主要指代足利将军和家臣的关系，象征着足利氏拥有和天皇相比拟的"皇权"，室町幕府第三代将军足利义满甚至对明朝自称"日本国王"。[①] 对天皇革命的本质是以"革命"为借口，废除试图掌握国家政权的天皇，拥立只是作为精神象征的天皇。这一点从室町幕府成立的过程中对皇室的"尊崇"也可以得知。

三、室町幕府的成立和对皇室的"尊崇"

室町幕府成立的契机是当后醍醐天皇推翻镰仓幕府，统一天下之后，镰仓幕府的残余力量不甘心失败，以北条时行（镰仓幕府末代执政北条高时之子）为首在关东地区发动了"中先代之乱"，企图重新夺回国家权力。后醍醐天皇派遣足利尊氏前往镇压北条时行的兵乱，而尊氏却趁机向后醍醐天皇提出条件：授予其征夷大将军的封号和关东八国管领的职位（《神皇正统记》等的记载是总追捕使）。足利尊氏的要求很明显是要仿效源赖朝建立武家政权，削弱后醍醐天

---

① 1403年，足利义满写给明永乐帝的回信中自称"日本国王"，"日本国王臣源表、臣闻、太阳升天、无幽不烛、时雨沾地、无物不滋、矧大圣人、明并曜英、恩均天泽、万方向化、四海归仁、钦惟大明皇帝陛下"（参见近藤瓶城编.善隣國寶記 續善隣國寶記[M]. 東京：臨川書店，1984）。

第三章 "革命"的矛盾式叙述和革命观

皇的世俗王权,而试图加强皇权的后醍醐天皇当然不会同意。《太平记》的记述是后醍醐天皇允诺尊氏在镇压了"中先代之乱"之后再封他为征夷大将军,而《神皇正统记》的记述是为防止权力落入武家之手,后醍醐天皇已经授予自己的皇子为征夷大将军。总之,结果是在未得到后醍醐天皇授予征夷大将军封号的情况下,足利尊氏率兵至关东,并很快平息了这场兵乱。据《太平记》的叙述,平定了兵乱之后,在未得到后醍醐天皇允许的情况下,足利尊氏自封为征夷大将军。

虽然作品的卷十二和卷十三将后醍醐天皇描写为沉溺于游乐、不听忠臣谏言的恶王,但是在足利尊氏和后醍醐天皇对立时,作品将足利尊氏和后醍醐天皇的争斗转化为和新田义贞的争斗,同时还将足利尊氏描写为尊崇后醍醐天皇的忠臣。在卷十四《节刀使下关东之事》中,后醍醐天皇知晓足利氏杀害了大塔宫皇子之后,派新田义贞进攻镰仓。足利尊氏听说此消息之后,对自己的部下说了如下一番话:

> 我代代生于武士之家,虽仅保存了源氏之名,但承久以来遵相模守(北条氏)之顾命,污家辱名,积恨至今。此次能继绝达征夷将军之望,兴废位极从上三品。虽是依臣之微功,岂非君之厚恩哉?蒙恩却忘恩,非人之所为也。原本陛下震怒,在于两条罪责:失去兵部卿亲王和假托天皇下达了催促诸国发兵之御教书。这些皆非尊氏所为。如能让我逐一谨述,谣言自消,天皇之震怒如何会不平息呢?故无论如何请各位决定自身进退,我尊氏绝不和天皇刀兵相见。即便如此,如果还不能逃脱罪责,即便剃发着墨染之僧衣(日本僧衣为黑色),我也要将对天皇之忠心传于子孙。①

足利尊氏认为后醍醐天皇讨伐他的原因在于杀害兵部亲王(大塔宫)和假传圣旨,而这两件事都与自己无关,将责任推脱到足利直义身上。足利尊氏和后醍醐天皇的冲突主要是对国家政权的争夺,上述引文中足利尊氏掩盖了这点,

① 鹫尾顺敬校注. 太平記[M]. 東京:刀江書院,1943:360.

《太平记》中的儒家思想研究 >>>

将大塔宫的被害和假传圣旨作为后醍醐天皇对他误解的理由，同时将自己塑造为效忠于天皇的忠臣。足利尊氏这样做的目的是避免成为朝廷敌人（朝敌），避免和天皇直接冲突。这是因为此时足利尊氏还未拥立听命于自己的天皇。

足利尊氏在关东打败了新田义贞的大军，并乘胜追击，占领京城。占领京城之后的足利尊氏欲拥立持明院统一方的皇族成员为天皇，然而持明院统一方的法皇、皇子全部跟随后醍醐天皇到了山门（比叡山延历寺），足利尊氏因为无法拥立新天皇而烦闷不已。卷十四《将军进入京都 附亲光战死之事》做了如下的描述：

> 商定的结果是应该让持明院中的上皇、皇子中一人继承皇位，天下的政治由武家掌管，然而持明院的法皇、皇子、皇太子一人不剩地全临幸到了山门。这期间将军不能处理万机之政，天下之事应该如何处理？为此（足利尊氏）烦闷不已。①

上文将足利尊氏的施政和拥立天皇联系在一起，强调了天皇的重要性。尊氏虽然占领了京都，却又很快兵败京都。卷十五《药师丸之事》借足利尊氏之口，将足利尊氏的京都战败的原因归结于直接和天皇的作战，成为"朝敌"：

> 此次京都之战，我方之所以每战必败完全不在于战术。仔细考虑其缘由，只是在于尊氏为朝敌之故。因此，无论如何都要得到持明院统上皇的旨意，让对天下的争夺转化为君王和君王的争夺。听说你和日野中纳言有关系，请你现在到京都请求上皇的旨意。②

上文是足利尊氏对和尚法桥道友讲的话，拜托他设法得到持明院统上皇的旨意，从而争取到战争的道义，将他和后醍醐天皇对天下的争夺转化为皇室内部的争夺。在卷十六《尊氏卿得到院宣上京都福山战争之事》中，作品叙述了

---

① 鹫尾順敬校注. 太平记 [M]. 東京：刀江書院，1943：386.
② 鹫尾順敬校注. 太平记 [M]. 東京：刀江書院，1943：414.

156

<<< 第三章 "革命"的矛盾式叙述和革命观

退兵至九州的足利尊氏在得到持明院殿（光严天皇）旨意之后的心情：

> 三宝院的僧正贤俊自京都而来，带着持明院殿下达的旨意。将军看过此旨意后高兴地说："函盖相应，甚合我心意，今后的战争肯定会胜利。"①

尊氏认为得到持明院殿的旨意之后，对后醍醐天皇的战争定会取得胜利。卷十六《天皇再次临幸山门之事》将尊氏再次攻下京都的原因归于得到持明院殿的旨意：

> 因此，现在尊氏卿在今年春天率领关东八国的大军进攻京都，但因主要是朝敌，故数次战斗均失败，败走九州。此次反省了以前的过错，拥立一方的皇统，征讨依上皇诏书而行，所以威势加上一理得以大功告成（攻陷京都）。无人不对此恭维奉承。②

上文认为尊氏之所以能攻陷京都是因为武力的强大和得到了持明院殿的旨意。《太平记》将足利氏室町幕府的成立紧密地和天皇的拥立联系在了一起，体现了对皇室权威的格外重视。③

这种对皇室的"尊崇"和日本中世的神国思想也有很大关系。日本中世神国思想的盛行有多重原因，既有对内的原因也有对外的原因。对内的原因主要是武士阶层控制了国家政权，尤其是"承久之乱"的爆发，三位上皇被镰仓幕府流放，一位天皇被幕府废除，日本皇室面临前所未有的危机。在这样的情况下，日本以神国思想来强调皇室的神圣性，避免皇室被革命的危险。

---

① 鹫尾顺敬校注. 太平記 [M]. 東京：刀江書院，1943：438.
② 鹫尾顺敬校注. 太平記 [M]. 東京：刀江書院，1943：462.
③ 《太平记》同时代的历史书籍，如《梅松论》《保历间记》等仅仅只是叙述了足利尊氏得到持明院统的旨意，并没有将武家的施政、战争的胜负和天皇的拥立紧密联系在一起。

157

四、对幕府掌握国家政权的认可

《太平记》也认可幕府掌握国家政权，将幕府首领视为近似于"王"的存在，这一点在"日本国之主"的称呼中也得到了体现。"日本国之主"本来应该指代天皇，如《太平记》卷七《临幸船上之事》记述了后醍醐天皇从流放地隐岐国逃出的曲折过程，其中有将后醍醐天皇称为日本国之主的叙述：

还有什么可隐瞒的？篷船中是<u>日本国之主</u>，诚惶诚恐，此乃十善之君。①

所谓"普天之下莫非王土，率土之滨莫非王臣"，因此将天皇称为日本国之主是理所当然之事。《太平记》也将镰仓幕府的掌权者北条氏称为"日本之主"，卷五《辨才天显灵之事》中有如下的记述：

你前生是箱根法师，因有抄写六十六部法华经放于日本六十六国之圣地的善行，故能够再次转生到此国。因此，你的子孙长久成为<u>日本之主</u>，夸耀荣华，但如果他们的行为有所违背将不超过七代。如对我所言有所怀疑，请看诸国中纳奉法华经之处的圣地。②

引文讲述了北条氏成为"日本之主"的原因。北条时政为了祈祷子孙的繁荣到江之岛参拜，并抄写了六十六部《法华经》放置于日本六十六国。江之岛之神辨才天被北条时政的虔诚打动，让北条氏成为日本之主。卷十《镰仓战争之事相模入道自杀之事》叙述了新田义贞攻陷镰仓之后，许多武士投降新田义贞。其中一名叫安东圣远的武士感叹无人为北条氏尽忠，决心为幕府战死。在安东圣远的感叹中将北条高时称为"日本国之主"：

---

① 鹫尾顺敬校注. 太平记 [M]. 東京：刀江書院，1943：164.
② 鹫尾顺敬校注. 太平记 [M]. 東京：刀江書院，1943：107-108.

>>> 第三章 "革命"的矛盾式叙述和革命观

真是遗憾！日本国之主镰仓殿长年居住之所被敌人的马蹄所踏，但是却没有一千人或者两千人战死之事，这是可耻之事，将会被后世耻笑。诸位！我将以要战死之命在这邸宅的废墟上，心平气和地自尽，欲洗刷镰仓殿的耻辱。①

上述引文中的镰仓殿指代的是北条高时，安东圣远将他称为"日本国之主"。

在卷三十五的《北野通夜物语》中，作品还将北条时赖称为"天下之主"，还以类似于"普天之下莫非王土，率土之滨莫非王臣"的表达方式形容了镰仓幕府的执政者北条氏：

天下长久为武家之世，<u>无尺寸之地不为武家所有，无一家之人不是武家之民</u>。虽然如此，武威并未被滥用，因此地头没有轻视领家，守护不参与刑事裁判以外之事。……岂料作为<u>天下之主</u>、身为富贵之人却爱好在诸国修行哉？②

引文是对镰仓幕府北条泰时、北条时赖时期施政的高度评价。画线部分的表达称呼他们为"天下之主"，认同了他们是日本国家权力的掌握者。不仅如此，公家社会也普遍认同镰仓幕府掌握国家政权，后伏见上皇在嘉历三年（1328）给量仁亲王的文书中有如下记载：

承久以后，关东代天被计申重事之条、縡起冥虑、已为公私之佳例、至末代被改此仪者不可。③

上文中的关东指代的是镰仓幕府。后伏见天皇认为，"承久之乱"之后关东

---

① 鷲尾順敬校注. 太平記 [M]. 東京：刀江書院，1943：254.
② 鷲尾順敬校注. 太平記 [M]. 東京：刀江書院，1943：1002.
③ 宮内庁書陵部. 御事書并目安案 [M]. 国文学資料館影印：7.

159

掌握国家政权符合天意，认同了武家代替朝廷施政。在《太平记》卷十五《多多良滨战争之事》中，作品也将足利尊氏称为日本的"天下之主"：

> 这完全不是菊池的失策，也不在于直义朝臣的计谋，只是将军成为<u>天下之主</u>之事在于过去的善因、神灵的保佑，因此得到了出人意料的胜利，九国、中国一时皆归顺（足利尊氏）。①

多多良滨之战是足利尊氏和后醍醐天皇争夺国家政权的重要战役之一，结果是足利尊氏获得胜利。作品通过上述引文预示了这场战役将使足利尊氏获取国家政权，成为日本的天下之主。

日本中世以来，"日本国之主"实际上存在两位：一位是天皇（包括上皇），是精神层面的国王；一位是武士阶层的首领（将军或执权），是掌管国家政权的"国王"。在镰仓幕府成立之后，日本社会已经逐渐认同幕府掌握国家政权，将幕府的首领视为"王"。后醍醐天皇是日本古代最后一位付诸行动、试图夺回政权的天皇。由此也可以说，《太平记》的序文体现了室町幕府对天皇最终的"革命"思想，彻底地将天皇排除于政权之外，使天皇安心作为精神的象征。

然而日本学者，如山本七平②在谈及日本古代二元政治结构形成之时，常常把"承久之乱"，即把后鸟羽天皇的倒幕失败作为转折点，而忽略后醍醐天皇夺回国家政权的失败对日本古代二元政治结构的最终稳定所起的作用。③ 因此，或许可以说通过考察《太平记》中的革命观对理解日本古代二元政治结构的最终形成也有很大的帮助。

---

① 鷲尾順敬校注. 太平記 [M]. 東京：刀江書院，1943：423.
② 山本七平. 日本的革命的哲学：日本人を動かす原理 [M]. 東京：PHP 研究所，1982：79.
③ 西方学者ジェレミー・セーザ已经注意到了后醍醐天皇试图亲政的失败在日本二元政治结构最终形成中的作用，但它并不是从革命观的角度来考察的（参见ジェレミー・セーザ. 南北朝時代の受容性と世界文学としての『太平記』[C].『太平記をとらえる』第三卷，東京：笠間書院，2016）.

第四节　天皇不在场的"革命"

无论是天皇对幕府的革命还是幕府对天皇的革命都少不了天皇的参与。然而到了作品的第三部，作品主要描写了室町幕府内部大名之间的权力争斗，此时的革命观和天皇已经没有了任何关系。卷二十七《秦赵高之事》中妙吉侍者将高师直、高师泰兄弟比拟为赵高，暗示足利尊氏、义诠父子是秦始皇、秦二世，劝说足利直义起兵除去高氏兄弟，进而完全控制幕府权力。卷三十《高仓殿从京都退去之事　付殷纣王之事》也有类似的叙述：

①只是羽林相公（足利义诠）的淫乱和殷纣王的无道十分相似。阁下实行仁政，消灭羽林相公又有何不可？②将禅门（足利直义）比为文王之德，将自身比为太公望（姜子牙）。虽说（藤少纳言）是根据时机讲话，然而（足利直义）却也相信，真是愚蠢至极。那样说来，禅门的行为并非泰伯让位于有德的文王，亦非周公讨伐无道的兄长管叔之道义。禅门是无论权道还是霸业都欠缺的人物。①

引文的背景是在"观应之乱"中，为争夺幕府的权力，高师直、高师泰兄弟和足利直义反目成仇，刀兵相见，结果高氏兄弟被杀，足利直义被迫辞职隐退，足利尊氏的儿子足利义诠开始执掌幕府权力。一位名叫藤少纳言有范之人为了劝说足利直义再次起兵夺回权力，引用了殷纣王的故事。如引文画线部分①所示，藤少纳言有范将足利义诠比拟为无道的殷纣王，将足利直义比拟为有仁德的周文王，认为足利直义讨伐足利义诠是以仁伐无道，是革命行为。画线部分②是作品的评述，《太平记》的作者认为，足利直义不具有仁德，不具备推翻足利义诠的正当性，无论权道和霸业都是欠缺的人物。

---

① 鷲尾順敬校注. 太平記 [M]. 東京：刀江書院, 1943：851.

《太平记》卷四十最终结尾《细川右马头自西国上京之事》记述了第三代将军足利义满继任将军之位，家臣细川赖之作为管领辅助之，自此，日本进入所谓的太平时代。将军、家臣的君臣论和作品序文中的天皇、大臣的君臣论并不对应，天皇的不在场似乎反映了日本是否太平跟天皇已经没有了关系。虽说1392年室町幕府和北朝统一了南朝，但室町幕府内部并不安定，围绕幕府权力的斗争此起彼伏。《太平记》之后的军记物语，如《明德记》《应永记》《应仁记》等描写了大名之间的争斗，完全没有了天皇的记载，这些后期军记物语中的"朝敌"一词也演化为反对足利将军之人。① 日本中世后期的战国时代，围绕权力的争斗主要是在大名之间展开的，织田信长驱除室町幕府末代将军足利义昭，丰臣秀吉统一日本，德川家康取代丰臣氏，建立德川幕府，在这个过程之中再也没有天皇试图夺回失去的国家政权。这或许意味着《太平记》之后，天皇作为精神的象征，幕府的掌权者掌握国家权力已经成为日本人的共识。

庆长十七年（1612），德川家康和儒学家林罗山对"汤武征伐权乎"展开了讨论，《林罗山文集》对于他们之间的讨论有如下记述：

> 春（林罗山）对曰、君好药、请以药喻、以温治寒、以寒治热、而其疾已是常也、以热治热、以寒治寒、谓之反治、要之、活人而已矣、是非常也、此先儒权譬也、汤武之举、不私天下、唯在救民耳、幕府（德川家康）曰、非良医如反治何、只恐杀人耳、春（林罗山）对曰、然、上不桀纣、下不汤武、则弑逆之大罪、天地不能容焉、世人以此为口实、所谓淫夫学柳下惠者也、唯天下人心归而为君、不归而为一夫。②

林罗山针对德川家康对"汤武征伐"的质疑，指出了汤武的军事行为并非臣弑君，而是为天下苍生，是革命行为。这段文字表面上仅仅是在谈论"汤武

---

① 大津雄一. 軍記と王権のイデオロギー [M]. 東京：翰林書房，2005：213. 大坪亮介. 『明德記』における山名氏清と新田義貞：朝敵認定との関わり [J]. 国語国文，2016 (3).

② 京都史蹟会編纂. 林羅山文集 [M]. 東京：ぺりかん社，1979：341.

革命"，实则用意很深。1612年，德川家康虽已经开创了德川幕府，但丰臣秀吉的儿子丰臣秀赖仍旧占据大坂城，而德川家康曾经是丰臣氏的家臣。1614年，德川家康借口"方广寺钟铭事件"①，发起了对丰臣秀赖的"大坂之战"，最终彻底消灭丰臣氏。也就是说德川家康将自己比拟为"汤武"，将丰臣氏比拟为"桀纣"，为其彻底消灭曾经的主君丰臣氏寻求理论根据，而林罗山迎合了德川家康的想法。这种"革命"完全转移到了德川家康和丰臣氏之间，成为德川家康争夺国家政权的思想依据而已。

本章小结

日本古代接受了中国的革命观，在改元、皇室内部对皇位的争夺、幕府和皇室之间对国家政权的争夺中得到体现。中国古代基本上对易姓革命持肯定态度，而日本则屡屡强调日本皇室万世一系的所谓"优越性"。《太平记》将后醍醐天皇的倒幕行为视为革命，还以"谋反"形容后醍醐天皇的倒幕。然而中世"谋反"的含义从《平家物语》已开始发生变化，演变为皇室对平氏政权的"谋反"。《太平记》中后醍醐天皇"谋反"的用法暗含了对天皇试图亲政的批判。这种革命观表面上是后醍醐天皇对镰仓幕府的"革命"，实质上是足利氏对镰仓幕府北条氏的"革命"，目的是说明足利氏背叛镰仓幕府的正当性。这种革命观还对日本的近代化产生了很大的影响，日本江户时代末期的思想家吉田松阴、佐久间象山等人以孟子的"汤武革命"为理论依据，掀起了"尊王攘夷"的倒幕运动，最终推动日本建立了以天皇为中心的近代国家。②

《太平记》中幕府对天皇的革命观和《梅尾明惠上人传记》等书籍中对后鸟羽上皇的革命观类似，是为了解释足利氏获取国家政权的正当性。然而《太平记》一方面将武士阶层的首领视作近似于"王"的存在，一方面又强调天皇的精神权威性。《太平记》之后，日本的革命观已和皇室无关，转移至大名德川

---

① 丰臣秀赖修复了因地震坍塌的京都方广寺，并于殿中安置一巨大钟，钟内刻有文字。德川家康借口钟内有对德川家不利的文字，发动对丰臣秀赖的战争。
② 松本健一：『「孟子」の革命思想と日本：天皇家にはなぜ姓がないのか』「吉田松陰の「国体」論」[M]．東京：昌平黌出版会，2014：137．

家康和丰臣氏之间。后醍醐天皇之后，日本再也没有出现天皇试图倒幕的军事行为，天皇作为精神的权威，幕府掌管国家政权，这样的政治体制被古代日本认同，一直持续到江户时代末期。第二次世界大战以后，日本的天皇再次成为精神的象征，以首相为首的内阁掌握国家政权。

第四章 "太平"的叙述和华夷观

《太平记》描写的是镰仓幕府末期和南北朝时期的战乱，在其成书之际南北朝之间的战争仍旧持续不断，日本还未进入太平时代。然而《太平记》却以细川赖之就任室町幕府管领、辅佐幼主第三代将军处理政务的叙述方式，终结了这部书，并宣称日本已进入了"太平"时代。那么，《太平记》为何会冠以"太平"之名，又是如何看待"太平"的呢？对此，《太平记》研究界主要是将终结部分对细川赖之的评价和"太平"结合起来考察，大概可分为两种观点：一种观点将卷三十五《北野通夜物语》等章节和结尾一起考察，认为是对细川赖之的讽刺，代表人物是釜田喜三郎、小秋元段等学者；[①] 另一种观点是从《太平记》作者认同的政治体制（天皇—将军—管领）以及土地政策（武士阶层的地头守护制度）出发，认为是对细川赖之的褒扬，代表人物是和田琢磨、大坪亮介等学者。[②] 笔者拟从"太平"的含义和终结部分的历史叙述着手，考察"太平"的叙述和细川赖之人物形象的塑造的关系，以"中夏无为"的含义和华夷观的关系为中心进行探讨，以期解明《太平记》终结部分"太平"的含义和华夷观的特点。

[①] 釜田喜三郎. 太平記研究：民族文芸の論［M］. 東京：汲古書院，1992. 小秋元段. 太平記・梅松論の研究［M］. 東京：汲古書院，2005.

[②] 和田琢磨.『太平記』生成と表現世界［M］. 東京：新典社，2015. 大坪亮介.『太平記』における北条氏の治世：大尾記事との関わり［J］. 国語国文，2012（8）.

第一节 "太平"的含义和终结部分的历史叙述

"太平"一词又被称作"泰平",意为社会安定,平静无事,在中国《史记》《文选》等书籍中均有出现。中国古代也有冠以"太平"的书籍,如东汉的《太平经》是道教的典籍,《太平御览》是宋代编撰的百科全书式的类书,《太平广记》是宋代编写的从汉代至宋代的文言小说集。然而,中国古代似乎没有冠以"太平"之名而描写战乱的书籍。那么,《太平记》为何会冠以"太平"之名呢?

一、"太平"的含义

日本近代的历史学家、国文学研究者荻野由之认为《太平记》描写了五十年的战乱,却冠以"太平"之名,是《太平记》的"五大不可思议"之一。[1] 对于《太平记》为何会冠以"太平"一词?从古至今,研究界是众说纷纭,莫衷一是,大概可以分为以下三种看法:[2] (Ⅰ)祝贺说。成书于江户时代初期的《太平记》的注释书《太平记秘传理尽钞》认为《太平记》历经四次改名,分别为《安危由来记》《国家之乱记》《国家太平记》《天下太平记》,所谓"太平"是对当时南北朝之间暂时休战、回归和平的祝贺。[3] 这种观点被明治初期的历史学家菅政友[4]、鱼澄惣五郎[5]等继承。(Ⅱ)反讽说。《太平记抄》认为"太平"本是"静谧"之意,为何会记载四海乱逆之事而称之为"太平"呢?作品的意图是讽刺时代之乱,谓之"讽"。中国古代也有与此相似之事。唐玄宗之时有安禄山之乱,四海不稳,主上潜行蜀国,众人之感叹虽深,仍作诗称唐

---

[1] 安井久善. 太平記要覧 [M]. 東京:おうふう,1997.
[2] 定方美恵子.『太平記』の「太平」の認識について:「静謐」「無為」との比較から [J]. 静大国文,2001 (3).
[3] 今井正之助,加美宏,長坂成行. 太平記秘伝理尽鈔 1 [M]. 東京:平凡社,2002:7.
[4] 菅政友. 菅政友全集 [M]. 東京:国書刊行会,1907:367.
[5] 魚澄惣五郎. 日本文学講座 第 6 巻 [M]. 東京:新潮社,1932:89.

<<< 第四章 "太平"的叙述和华夷观

玄宗为"太平天子",故冠以"太平"之名意为讽刺。① 这种观点被近现代学者后藤丹治②、永积安明③等所继承。(Ⅲ)期待说。《太平记》虽说主要记述战乱,但并不是沉湎于对过去的回忆,而是饱含对未来太平的期待,反映了当时人们渴望和平。代表学者是日本近代的下村三四吉等人。

《太平记》作品本身对"太平"也发表了各种意见。镰仓幕府的掌权者之一长崎高资站在幕府的立场认为,"太平之世干戈似无用"④,当世道大乱之时,应该以武力来治理天下,不该用孔孟之道,因此,为了天下太平,要严厉惩罚以后醍醐天皇为首的倒幕势力。也即镰仓幕府认为,天皇试图夺回政权是天下大乱的原因,幕府掌握国家政权才能实现"太平"。在后醍醐天皇临终之际,侍奉于其身边的忠云和尚劝其放弃临终的执念以便死后归于净土世界,然而后醍醐天皇却说其愿望只有一个:剿灭朝敌(足利尊氏一族),实现天下太平。⑤ 后醍醐天皇还立下誓言,如果违背其遗命则南朝君王不能成为继位之君,大臣非为忠烈之臣。后醍醐天皇认为的"太平"是推翻幕府,实现天皇亲政。在南北朝对峙阶段,南朝后村上天皇给室町幕府第二代将军足利义诠的信中认为,即便有人进谗言,如果没有疏远之心(南北朝和议真诚)的话,就会成为"太平"的基础。⑥ 此时正值足利尊氏和足利直义对立之际,为防止足利直义与南朝联手,足利尊氏假装和南朝议和,承诺废除北朝朝廷向南朝投降,史称"正平一统"。而南朝也知道足利尊氏的议和不实,顺势假借这次议和趁机攻陷京都,俘获了北朝皇室。后村上天皇所说的"太平"具有很强的讽刺含义,南北朝的所谓"和议"各怀鬼胎,当时日本实际上不可能进入太平时代。

《太平记》的作者又是如何看待"太平"的呢?作者在一开始的序文中就认为君无天德、臣失地道是日本战乱的原因,从儒家思想的角度对镰仓幕府的执政者北条高时和后醍醐天皇进行了严厉的批判。在作品的第三部卷三十五

---

① 鹫尾顺敬校注. 太平記 [M]. 東京:刀江書院,1943:4.
② 後藤丹治. 岩波講座日本文学 第1 [M]. 東京:岩波書店,1931.
③ 永積安明. 太平記 [M]. 東京:岩波書店,1998.
④ 鹫尾顺敬校注. 太平記 [M]. 東京:刀江書院,1943:32.
⑤ 鹫尾顺敬校注. 太平記 [M]. 東京:刀江書院,1943:617.
⑥ 鹫尾顺敬校注. 太平記 [M]. 東京:刀江書院,1943:858.

《北野通夜物语》中，作者通过和尚赖意、北朝的遁世者、南朝的云客对南北朝的施政展开讨论，对南北朝的政道进行了批评。南朝的云客认为南朝没有实行"仁政"的君王，也没有以死进谏的忠臣，因此不能将太平的希望寄托于南朝。北朝的遁世者列举了镰仓幕府北条泰时、北条时赖的善政，指出他们理世抚民、施政公平，是理想的为政者。遁世者还列举了尽心尽责、大公无私的家臣青砥左卫门，认为他是理想的家臣。而北朝的室町幕府没有这样的君臣，也不会为日本带来太平。最后和尚赖意举佛教中因果报应之事为例，认为日本的战乱导致"公家多饿死，武士饱衣食"，这些皆由过去因果所造成。之后，三人大笑结束了谈话。该故事的最后，作者叙述如下：

> 考虑到此故事，这样的乱世或许也会再次归于和平，带着对将来的期待，赖意回去了。①

这样的叙述给读者带来的感觉是作品对太平抱有比较乐观的看法。实际上这种乐观的看法回避了直视矛盾较多的现实，是一种无论怎样天下都会太平的无奈。这种对"太平"的认识到底是什么含义？日本研究界对此意见不同。而要弄清《太平记》冠以"太平"的含义，还必须和终结部分对细川赖之的评价结合起来考察。

二、终结部分历史叙述的矛盾性

在《太平记》第三部的后半部分，室町幕府权势较大的大名，如仁木义长、畠山国清、细川清氏、斯波高经等人因对室町幕府的权力、利益分配的不满而投靠南朝，利用南朝攻打北朝和室町幕府。然而从卷三十九开始，原本投靠南朝的这些大名在室町幕府的引诱下纷纷重新投靠北朝，《大内介投降之事》《山名成为同伙之事》《仁木京兆投降之事》等章节对此作了记述。同时在卷三十九《高丽人来朝之事》中，作品记述了朝鲜半岛使者出使日本交涉倭寇的问题，以

---

① 鹫尾顺敬校注. 太平記 [M]. 東京：刀江書院，1943：1019.

第四章 "太平"的叙述和华夷观

此为契机,《太平记》在《大元进攻日本之事》中对大元和日本的战争进行了详细的回顾,体现了当时日本对国际社会的强烈关注,和中国史书的叙述出入比较大,带有强烈的文学虚构色彩。① 在《大元进攻日本之事》中,《太平记》的作者认为日本之所以能战胜大元是因为有"神"的相助,接着在卷三十九《神功皇后进攻新罗之事》中作者再次强调了因为有"神"的相助,神功皇后征服了朝鲜半岛。这些故事似乎也预示着日本将征服大元。

卷四十《中殿举行和歌大会之事和将军入宫参见之事》中叙述了后光严天皇不顾大臣的反对在皇宫举行"中殿御会"(在宫中清凉殿举行的和歌、管弦宴会),对于举行此次"中殿御会",后光严天皇有如下见解:

圣人有谓,诗三百,一言以蔽之思无邪。常言道:治世之音安以乐,乱世之音怨以怒。日本和歌亦如此。纠正政治,教人邪正,使人知王道之兴废皆在于和歌。为此,往昔代代天皇岂不是在春花之朝、秋月之夜,让大臣吟咏和歌来判断大臣的贤愚?和歌是神国的习俗,没有天皇会舍弃此道。这是圣代的教训,无人不爱好和歌……这样的先例皆是圣代之德化,为何说是不快之例?②

这部分引文是根据《论语·为政》《古今和歌集》假名序进行的叙述,强调诗歌的政治教化作用。按照作品叙述的逻辑,"中殿御会"应该会导致好的结果,正如引文结尾的叙述"万邦归日本之政道,四海尊和歌之古风"③。然而叙述至此,《太平记》的作者却笔锋一转,又做了如下的评论:

然而,中殿之御会是与我朝不相适应的宸宴(天皇举办的宴会),因此,人们常说,每次举行之时,天下都将会发生重大事情。近臣对此感到

---

① 增田欣. 中世文藝比較文學論考 [M]. 東京:汲古書院,2002:527.
② 鷲尾順敬校注. 太平記 [M]. 東京:刀江書院,1943:143.
③ 鷲尾順敬校注. 太平記 [M]. 東京:刀江書院,1943:1148.

不快，纷纷上奏，主上不听，终究举行了中殿御会。①

后光严天皇举行的"中殿御会"并未起到国家和平安定、人民安居乐业的效果，反而招致了天龙寺失火等天灾地变的发生。然而，事实上"中殿御会"的发起人并不是后光严天皇，而是当时的摄政关白二条良基。很明显《太平记》的作者改写了这一历史事件，表面上将批判的矛头指向后光严天皇，认为后光严天皇并不会为日本带来和平，或许暗示为日本带来和平的只能是"武臣"足利氏、细川赖之等。② 然而，在接下来的《最胜八讲会以及斗争之事》《征夷将军义诠去世之事》章节中，作品却叙述了足利兄弟的去世：

> 今年是什么样的年份呢？京都（足利义诠）和镰仓（足利基氏）相同，幕府将军兄弟一同逝世。世人在危险中惶恐不安：谁将成为将军，能够平定四海之乱呢？③

因为关东的镰仓执政者足利基氏和室町幕府将军足利义诠相继逝世，为此，人们十分担心天下是否会再次发生大的动乱。也就是说，天灾地变的结果是幕府的执政者足利兄弟的去世，很明显《中殿举行和歌大会之事和将军入宫参见之事》一节也暗含了对足利氏的批判。

然而在《征夷将军义诠去世之事》接下来的章节，也就是《太平记》最终的结尾《细川右马头自西国上京之事》一节中，作品却是以对细川赖之的赞扬结尾，日本似乎因为细川赖之就任管领一职而进入了和平时代。《细川右马头自西国上京之事》一节的原文如下：

> 且说细川右马头赖之管辖西国（关西地区以西的地方），消灭敌人。传闻他处理诸事的方法和贞永、贞应的旧规稍微相似，因此，他就任了管领

---

① 鹫尾顺敬校注. 太平记 [M]. 东京：刀江书院，1943：1148.
② 北村昌幸. 太平记世界の形象 [M]. 東京：塙書房，2010：300.
③ 鹫尾顺敬校注. 太平记 [M]. 东京：刀江书院，1943：1152.

<<< 第四章 "太平"的叙述和华夷观

之职，补任武藏国的长官，掌管执事之职。他的外相内德如传闻所言，不仅足利一门尊重他，其他氏族也不违背他的命令，于是日本成为中夏无为的时代，真是可喜可贺之事。①

上面的引文是室町幕府二代将军足利义诠病死之后《太平记》的叙述。细川赖之掌管四国的政治，消灭了四国南朝的势力，其处理政治的方法遵循镰仓幕府的"贞永式目"（北条氏的施政纲领，在卷三十五得到了作者很高的评价），于是就任"管领"一职。细川赖之为人表里如一、德行很高，无人不遵循其命令，于是日本进入了"中夏无为"的和平时代，真是可喜可贺之事。

《最胜八讲会以及斗争之事》《征夷将军义诠去世之事》等章节的叙述明显和《细川右马头自西国上京之事》有所不同，预示日本似乎还要发生大的动乱，但《太平记》却匆匆结尾，称日本已经进入了"太平"时代。要解开这种矛盾叙述的原因，还需要对作品中细川赖之人物形象的描述进行考察。

第二节 "太平"的叙述和细川赖之形象的塑造

细川赖之属于足利氏一族的细川氏，在"元弘之乱"中跟随足利尊氏起兵推翻了后醍醐天皇的京都政权。在"观应之乱"中，细川赖之被派往四国地区镇压投靠南朝的大名细川清氏。《太平记》对细川赖之的记述主要是从卷三十八开始的。1362年，细川赖之在四国地区赞岐的白峰城消灭了投靠南朝的细川清氏，解除了南朝对室町幕府最大的威胁。1367年，细川赖之成为管领，辅佐室町幕府年幼的第三代将军足利义满。1379年，细川赖之在"康历政变"中失势，被迫离开京都。1390年，室町幕府内部爆发"明德之乱"，细川赖之再次被足利义满起用，参加平定叛乱，同时被召回京都。1392年，细川赖之在京都病死。

---

① 鷲尾順敬校注. 太平記 [M]. 東京：刀江書院，1943：1152.

171

细川赖之就任管领的时间是1367年，此时日本仍旧处于南北朝对峙阶段，并不能说日本已经太平。那么，《太平记》为何要这样叙述呢？为了弄清这个问题，必须从细川赖之登场的卷三十八开始考察。

一、细川赖之和西蕃帝师

《太平记》卷三十八记述了室町幕府的大名细川清氏因为佐佐木道誉的陷害而投靠南朝，并且率兵攻打室町幕府，然而细川清氏却在1362年被足智多谋的细川赖之消灭。《太平记》的作者认为细川清氏只是匹夫之勇，没有智谋才被消灭。为了说明智谋在战争中的重要性，《太平记》在卷三十八《大元战争故事》中引用了中国故事，将细川赖之比拟为西蕃帝师。该故事的梗概是：一直意欲灭掉宋朝的大元老皇帝做了一个梦，在梦里大元老皇帝和宋朝幼帝的大军在扬子江对峙，老皇帝突然变为了一只羊，而幼帝变为了一头狮子。变为"羊"的老皇帝十分害怕，折断了两只角和一条尾巴之后从梦中惊醒，并认为此梦很不吉利。此时他身边大臣西蕃帝师却认为"羊"字折断两只角和一条尾巴就是"王"字，是吉兆。于是，大元老皇帝派大军灭宋，宋朝派大将伯颜丞相（伯颜本来是大元灭南宋的大将，在《太平记》中被误认为宋朝将军）、襄阳太守吕文焕、大金的贾似道（贾似道是南宋丞相，被误认为是大金大将）等人抵挡。伯颜丞相采取诱敌深入的策略，将大元大军诱入城中一举歼灭。此时，大元老皇帝一筹莫展、束手无策，其身边的大臣西蕃帝师却认为伯颜的计策只是"尺寸之谋"，毫不足惧，并向大元老皇帝献上一计。老皇帝采用了西蕃帝师的计谋，派遣西蕃帝师乔装打扮潜入宋朝。在宋朝，西蕃帝师遇到一位老翁，将其收买带回大元。之后，西蕃帝师使用反间计，将假称伯颜等人逆反的文书藏入老翁的大腿之中遣回宋朝。宋朝抓到老翁，发现伯颜等人谋反文书，将伯颜等人杀害，于是大元轻而易举地消灭了宋朝。

1. "上天之下、一人之上"的出处

西蕃帝师是何许人也？为何会突然出现在《太平记》之中，是否跟中国有关联呢？森田贵之对《太平记》中出现的西蕃帝师已经有所介绍，摘引如下：

>>> 第四章 "太平"的叙述和华夷观

因为谋略使元朝获得胜利的西蕃帝师是谁？通常"帝师"是指代皇帝老师的一般名词，但是在元代帝师非皇帝老师之意。元代帝师是世祖时期开始的元代特有的职位，基本由西藏萨迦叶派的喇嘛僧担任，拥有很大的权力。

"帝师"通过佛教统括机构宣政院来管理元代佛教。在江南设立行宣政院将江南的五山社会置于其支配之下。大概缘于此，<u>以第一代帝师八思巴为首，历代帝师都出现在了元代以后的很多僧侣的语录或者《佛祖历代通载》等佛教通史、《敕修百丈清规》等清规类的禅籍文献之中</u>。例如，在日本五山社会流行的、反复出版最受重视的《敕修百丈清规》之中，在开头部分，和顺帝的圣旨并列，帝师的法旨也被登载。此外，在元朝和"佛涅槃""达摩忌"并列，"帝师涅槃"也成为国家活动被记载其中。对于精通五山版《佛祖历代通载》《敕修百丈清规》等禅籍文献的五山僧来说，帝师是身边比较熟知的人物。①

正如森田贵之所言，这里的帝师并非皇帝的老师，而是元代设立的一种职位，目的是加强对西藏的统治。② 所谓的"帝师"是元朝皇帝从吐蕃请来的喇嘛，作为佛教界的最高领袖，由乌思藏佛教流派之一萨迦叶派的高僧担任，从元世祖忽必烈起，为历代元朝皇帝敕封。后来元朝设立宣政院，掌管全国佛教事务和西藏地区军政事务，宣政院设立僧俗两种官职，帝师即统领整个佛教事务。《太平记》卷三十八《大元战争故事》对帝师进行了如下的描写：

大元之王十分高兴，和帝师相约说，如以公之计谋灭掉大宋国，必尊公为<u>上天之下、一人之上</u>，代代拜公为帝师。③

---

① 森田貴之.『太平記』終末部と応安の嗷訴事件 [J]. 軍記と語り物，2009 (1).
② 陈庆英. 元代帝师制度及其历任帝师（上、下）[J]. 青海民族学院学报，1991 (1、2).
③ 鷲尾順敬校注. 太平記 [M]. 東京：刀江書院，1943：1103.

在上述引文中，当帝师向大元皇帝献上灭宋妙计之后，大元皇帝十分高兴地许诺，如果能成功灭宋，将赐帝师尊号"上天之下，一人之上"，代代帝王都将尊其为帝师。关于"上天之下，一人之上"的说法在卷二十五《天龙寺故事》中也有相关记述：

> 原本以禅僧为模范是宋朝的仪式，尊崇的是达摩祖师之行为，然而当今（日本）禅僧的规范和这些都不同。在宋朝，西蕃帝师是修摩诃迦罗天之法、护佑朝廷的真言师，因朝廷与他有上天之下，一人之上之约，故无论哪个寺院的长老、大耆旧（德高望重老者）在路上遇到之时，屈膝跪地；在朝堂列席之时，伸手取沓（致礼）。日本则不然。①

上述引文画线部分是宋朝有一个西蕃的帝师，修行摩诃迦罗天之佛法，他是祈祷护佑朝廷的僧侣，得到了被敕封为"上天之下，一人之上"的约定，因此受到人们尊敬。在卷二十五，《太平记》将元朝帝师误认为是宋朝帝师。"上天之下，一人之上"在中国的典籍中有类似的说法，如禅籍《佛祖历代通载》卷二、卷三十二中有如下的记载：

> 世祖圣德神功文武皇帝。道契佛心德超义圣。弘护大教锡以。皇天之下一人之上。西天佛子大元帝师玺篆。宠优其尊师重道。岂特为万世。②（卷二）
>
> 大元帝师发思八（即八思巴）是年示寂。翰林学士王磐等奉敕述行状曰。皇天之下一人之上开教宣文辅治大圣至德普觉真智佑国如意大宝法王西天佛子大元帝师班弥怛拔思发帝师。（卷三十二）

《佛祖历代通载》是成书于元代的佛教编年体史书，由浙江嘉兴大祥符禅寺的僧人梅屋念常编撰，该书自宇宙初始、盘古、三皇等开始叙述，至元顺帝元

---

① 鹫尾顺敬校注. 太平记 [M]. 东京：刀江书院, 1943：688.
② 念常编. 佛祖历代通载 [M]. 北京：国家图书馆出版社, 2005：110.

统元年（1333）为止。上述引文画线部分的"皇天之下，一人之上"和《太平记》中的"上天之下，一人之上"基本一致，是元朝第一代帝师八思巴（上述引文中的癹思八）从元世祖忽必烈那里得到的封号。八思巴（1235—1280）是元代的第一任帝师，在1260年被忽必烈尊为帝师，管理藏区事务，统领全国佛教，并创造了蒙古新字，在元朝的历史上占有重要地位。此外，在中国的《勅修百丈清规》一书中也有帝师八思巴相关的记载，如下所示：

> 上闻不胜震悼追怀。连建大窣堵波于京师。宝藏真身舍利。轮奂金碧古今无俦（见翰林学士王磐等奉敕所撰碑）后升号<u>皇天之下一人之上</u>。开教宣文辅治大圣至德普觉真智佑国如意大宝法王西天佛子大元帝师。①

《勅修百丈清规》本来是在唐朝由百丈怀海和尚制定的禅宗清规，在元代至元年间（1335—1340）奉敕重修，因此得名。《佛祖历代通载》《勅修百丈清规》在14世纪50年代传入日本，对日本五山禅僧产生了很大影响②，并且在日本南北朝时代有五山版的出版。

然而，"皇天之下，一人之上"是元朝特有的说法，这里的"一人"指代皇帝，将帝师置于皇帝之上是很难想象的事情。明代叶子奇《草木子》卷三下《杂制篇》中也记述了帝师情况：

> 元西域胡僧八思麻，知纬候，佐世祖定天下，制蒙古字书，以七音为本，特定一代之文，封为帝师。诏尊之曰"<u>一人之下、万人之上。西方佛子、大元帝师</u>"卒葬于京，其墓上天雨宝花。令天下郡国皆立帝师殿，其制一同文庙。呜呼、谬哉。③

上述引文将帝师的尊号改为"一人之下，万人之上"，即将帝师置于皇帝之

---

① 李继武注释. 敕修百丈清规 [M]. 郑州：中州古籍出版社，2011：92.
② 今枝愛真. 中世禅宗史の研究 [M]. 東京：東京大学出版会，1970：234.
③ 叶子奇. 草木子 [M]. 上海：上海古籍出版社，2012：230.

下，这才是中国古代常用的说法，如《文选》中有如下记述：

> 《魏志》、段灼理邓艾曰：艾勇气凌云、士众乘势。《六韬》太公曰：屈<u>一人之下、伸万夫之上</u>、唯圣人能焉。①

因此，可以说"皇天之下，一人之上"是只有元朝才使用的说法，不被其他王朝所使用。在古代中国，皇权至高无上，即便在名义上也不会将任何人凌驾于皇帝之上，通常所用的是如《文选》《草木子》等书中所示的"一人之下，万人之上"。因此，可以说《太平记》中"上天之下，一人之上"的用法是受到元世祖忽必烈赐予帝师八思巴"皇天之下，一人之上"封号的影响。

2. 帝师和宋元战争

《太平记》中的帝师参与了大元灭南宋的战争，虽然在中国的历史书籍中没有这样记录，但在《佛祖历代通载》中却有关于帝师参与宋元战争的记述，如在卷三十二中有如下的描述：

> 大元帝师癹思八是年示寂。翰林学士王磐等奉敕述行状曰。皇天之下一人之上……时则天兵飞渡长江。竟成一统。虽主圣臣贤所致。亦师阴相之力也。

这段话认为蒙古大军飞渡长江、统一南宋的原因虽然在于皇帝是圣君，臣下是贤臣，但是和帝师癹思八（八思巴）阴间相助也有很大的关系。卷三十五中对帝师参与宋元战争也有类似的记述：

> 帝命伯颜丞相。攻取江南不克。遂问胆巴师父云。护神云何不出气力。奏云。人不使不去。佛不请不说。帝遂求请。<u>不日而宋降</u>。

---

① 萧统编，李善注. 文选 [M]. 上海：上海古籍出版社，1986：145.

这里的胆巴（1230—1303）师父是继八思巴帝师之后的第二代帝师。元朝大将伯颜在攻南宋不克之际曾向胆巴（或丹巴）师父询问原因，胆巴师父认为没有请求佛祖相助，于是皇帝向佛祖祈祷，很快伯颜就攻克了南宋。或许《太平记》的作者根据以上这些信息虚构创作了西蕃帝师施计灭南宋的故事。

二、细川赖之和春屋妙葩

《太平记》的作者将细川赖之比作西蕃帝师，也暗示细川赖之如大元第一代帝师八思巴一样掌管"宣政院"，统领全国的佛教。然而在卷四十的结尾，作品叙述了细川赖之就任管领之位，如镰仓幕府的北条家一样，掌管了室町幕府的实际政治权力。那么，作品为何还要强调细川赖之掌管了佛教界呢？笔者认为这个问题和"南禅寺事件"有很大的关系。

"南禅寺事件"也被称为"南禅寺楼门事件"，南禅寺为了筹措重建的费用设立关口，收取费用，然而经过关口的三井寺的和尚因拒绝交费而被南禅寺和尚杀掉。以此事件为导火线，南禅寺和三井寺、延历寺等寺院之间的对立愈演愈烈。1369年，以细川赖之为首的室町幕府迫于三井寺、延历寺等寺院的压力严惩了南禅寺，却遭到了天龙寺住持春屋妙葩的强烈反对。春屋妙葩继承梦窗漱石的法系，在梦窗漱石去世之后成为"梦窗派"的领袖人物，并就任天龙寺的住持，在佛教界发挥着巨大的影响。[①] 在卷四十《高丽人来朝故事》中，贞治五年（1366），高丽国王派遣使者持大元皇帝的国书出使日本，要求日本解决骚扰朝鲜半岛、中国沿海的倭寇问题。高丽使者到达日本之后住在天龙寺，由天龙寺住持春屋妙葩负责接待，并由春屋妙葩将国书上奏朝廷。《太平记》的记述是"此使者于异国的至正二十三年八月十三日从高丽出发，日本国的贞治五年九月二十六日到达出云国海岸，一路鞍马劳顿，不久到达京都，然而幕府未让其进入京城，而是让其滞留天龙寺，此时天龙寺长老春屋妙葩上奏朝廷国书"[②]，足见春屋妙葩当时的权势。因为"南禅寺事件"，春屋妙葩对细川赖之的处置甚为不满，愤然辞去了天龙寺住持的职务，隐居于地方的寺院。细川赖

---

① 新田一郎. 太平記の時代 [M]. 東京：講談社，2001：24.
② 鷲尾順敬校注. 太平記 [M]. 東京：刀江書院，1943：1126.

177

之欲与春屋妙葩达成和解，遭到了春屋妙葩的拒绝，一怒之下的细川赖之剥夺了春屋妙葩一派和尚的僧籍。

如前文所示，《太平记》的最终成书是在应安（1368—1375）、永和（1375—1379）年间，此时正值细川赖之权势熏天之际。或许《太平记》中将细川赖之比喻为大元帝师是其掌管佛教权力的象征。除了《太平记》将细川赖之比为"上天之下，一人之上"的帝师之外，春屋妙葩（1312—1388）在康历元年（1379）十二月二十八日从朝廷得到了和大元帝师八思巴相同的封号：

>　　　　后圆融院辰翰　天下太平兴国南禅禅寺住持春屋和尚。乃为正觉国师之上足也。亲受国师付嘱。深明心法根源。道著一代。德被万邦。所谓僧中之龙。法中之王者也。朕辱迎内殿。受付衣之仪而执弟子之礼。闻法恩大皇天罔极。爰加智觉普明国师之号。用旌皇天之下一人之上之尊云。康历元年十二月二十八日。①

上述引文是春屋妙葩在1379年从后圆融院处得到的封赏，其中的"僧中之龙，法中之王"显示了其在佛教界的权势，"皇天之下，一人之上"的封号是把春屋妙葩比作元朝帝师八思巴。1379年，反细川赖之派的首领斯波义将逼迫足利义满流放细川赖之之后，就任管领职位，同年（细川赖之在流放之后）春屋妙葩从地方返回京都。据说春屋妙葩在被流放的期间（1369—1379），联合反赖之派，为打倒细川赖之做了很多工作。② 可以说上述引文反映了春屋妙葩对细川赖之的反击，象征着春屋妙葩对细川赖之权力斗争的胜利。

正如上文所述，《太平记》的结尾是以细川赖之就任管领之位而结束的，并且对其极力赞赏，因此，《太平记》研究界一直猜测《太平记》的最终成书是在细川赖之的监修下，由禅僧们参与完成的。③ 由卷三十八《大元战争故事》将细川赖之比作西蕃帝师，并被授予"上天之下，一人之上"的称号，或许可

---

① 高楠順次郎編. 大正新脩大蔵経 第80卷 [M]. 東京：大正一切経刊行会，1938：633.
② 鹿王院文書研究会編. 鹿王院文書の研究 [M]. 東京：思文閣出版，2000：279.
③ 長谷川端. 太平記の成立 [M]. 東京：汲古書院，1998：67.

以进一步证明《太平记》的最终成书和细川赖之有很大的关系。并且细川赖之将自己比为大元的帝师，或许暗示了其权力已经达到了顶峰，甚至已经管控了佛教界。而春屋妙葩在1379年打倒细川赖之之后，从朝廷也得到了帝师的称号，成为"鹿苑寺僧录"，相当于大元的宣政院，掌管日本佛教界。因此，《太平记》中西蕃帝师的故事在某种程度上也反映了春屋妙葩和细川赖之的权力斗争，体现了《太平记》成书之时细川赖之在僧俗两界达到了权力顶峰的状况。

三、细川赖之和司马懿

《太平记》的作者一方面表面上在赞扬细川赖之，另一方面又通过暗示表达了对细川赖之及室町幕府深深的不满。《太平记》对细川赖之以及室町幕府的不满是通过中国三国故事的引用来实现的。

1. 卷二十《孔明仲达故事》的引用

《太平记》卷二十《孔明仲达故事》一节引用了中国的三国故事。卷二十主要讲述了南朝大将新田义贞在越前的军事行动。在和北朝的足利高经作战之际，新田义贞梦见自己变为大蛇，吓走了北朝大军。新田义贞的部下都认为这是一个吉梦，然而有一个叫斋藤道獣的武士却认为是个凶梦，因为龙（蛇为小龙）在阳气之时（春夏）发威；在阴气之时（秋冬）蛰伏。新田义贞在和高经作战之际，正值秋初，属于龙的蛰伏期，因此处于不利时机。为了进一步说明新田义贞的梦是凶梦，斋藤道獣引用三国故事，将新田义贞比作诸葛亮，认为诸葛孔明（卧龙）是蛰伏之际病死而兵败的，新田义贞的结局也将如诸葛亮一样。卷二十《孔明仲达故事》中有如下描述：

> 其理由是，以前在宋国，蜀国的刘备、吴国的孙权、魏国的曹操三人三分天下而各据其一，彼此皆想灭其他两国而一统天下。然而曹操才智举世无双，运筹帷幄之中，御敌于国土之外。孙权张弛有时，广施恩惠，爱抚民众，因此窃国掠郡之人争先恐后聚集而来，残忍地侵犯别国都城。<u>刘备原为皇室，降为人臣不久，重义轻利，故忠臣孝子从四方而来，振兴文教、实施武德</u>。此三人各以智仁勇三德而三分天下，吴、蜀、魏三国因而

《太平记》中的儒家思想研究　>>>

得以鼎足而立。……

(神宫征古馆本、玄玖本)（诸葛亮）钓寂耕闲而歌曰：<u>步出齐东门、往到荡阴里、里中有三坟、垒垒皆相似、借问谁家冢、田疆古冶子、气能排南山、智方绝地理、一朝被谗言、二桃杀三士、谁能为此谋、国将齐晏子</u>……

<u>朕以不肖之身求天下太平，非为一己之身、一人之欲，只为挽救道义于涂炭，救百姓于沟壑。公乃良佐之才，辅佐朕实现愿望，抑制战乱，制止杀戮，何待百年？夫枕石漱泉、乐于幽溪只为一身，而治国利民、教化百姓，乃为万人谋福利。</u>①

在本故事开头，作者以"智"形容曹操，以"勇"形容孙权，以"仁义"来形容刘备。与曹操的才智举世无双、运筹帷幄、御敌千里之外相比，刘备因为"仁义"，没有利欲之心，因此忠臣孝子从四面八方来投奔他。当时有贤人诸葛亮避乱隐居于南阳，钓寂耕闲，吟咏《梁父吟》。刘备听说之后，三顾茅庐，请诸葛亮出山辅助。刘备打天下的理由也不是为了个人，而是为了天下苍生，为了救民于水火之中。虽然这部分并未有强烈的"尊刘贬曹"的正统观②，但刘备的"仁义"形象跃然纸上。《太平记》不仅仅把刘备塑造为"仁义"的形象，连诸葛亮也带有"仁义"色彩。众所周知，诸葛亮是中国三国故事中"智绝"（曹操奸绝，关羽义绝）的象征，用兵神机妙算，广为人知。而在《太平记》中智谋的象征是司马懿，诸葛亮被设定为"仁义"的象征，卷二十《孔明仲达故事》中对诸葛亮有如下描述：

蜀国将军武侯体恤士兵，以礼待之，注重情义，得少量食物即与士兵分享，获一杯酒便与众人共饮。后三军之乐而乐，先万人之忧而忧。加之

---

① 長谷川端，加美広，大森北義，長坂成行编. 太平記[M]. 東京：和泉書院刊，1994：592-593.
② 在《太平记》之后，日本中世以蜀国刘备为正统的观念十分明显，如桂林德昌（1428—?）的《出师表》的注释、《三体诗素隐抄》等。

终夜废寝，亲自巡城；白天终日和颜悦色地接待士兵来访，须臾未见有随意怠慢之心。因此士兵万众一心，生死与共，其他之事不得耳闻。①

这部分是诸葛亮与司马懿对阵时，对诸葛亮的描写。诸葛亮体恤士兵，与士兵同甘共苦，同食同宿，因此士兵万众一心，同仇敌忾。也就是说，《太平记》更看重的是诸葛亮的忠诚与仁义，而不重视其智谋，这一点和把蜀国政权塑造为"仁义"的象征是共通的。《太平记》十分重视仁义，在卷二十六的《云景未来记》以及卷三十五的《北野通夜物语》中作者认为天下大乱的原因在于没有"仁义"，因此可以说"仁义"的蜀国是《太平记》作者心目中的理想国家。该故事将新田义贞比拟为诸葛亮，也即是将南朝比拟为仁义的刘备；将北朝的大将足利高经比拟为司马懿，也即将足利政权比拟为只有智谋而无仁义的曹魏。

古本的神宫征古馆本、玄玖本中引用了诸葛亮所吟咏的诗歌《梁父吟》，不见于西源院本、神田本之中。增田欣氏认为《太平记》中《梁父吟》一诗可能是受北宋郭茂倩编《乐府诗集》或者唐朝欧阳询《艺文类聚》的影响。② 然而这首诗歌在宋朝姚宽的《西溪丛语》、宋朝编写的《太平御览》《古文真宝》，以及对《太平记》产生影响的《诗人玉屑》等书籍中也都有收录，而《太平御览》《古文真宝》《诗人玉屑》等书是日本中世知识阶层喜爱阅读的书籍③，也对《太平记》产生了影响。因此，《梁父吟》一诗的增补很可能是受宋元时代典籍的影响。

《梁父吟》一诗的故事在《晏子春秋·谏下篇》有记载。齐国勇士田开疆、古冶子、公孙接三人因为谗言被杀，设计杀害他们三人的是晏子。晏子的计策是以二桃赐三人，让他们三人根据功劳分食二桃，三人起初争执于二桃，最后舍生取义而接连自杀。这里的"气能排南山，智能绝地理"中的"地理"也写

---

① 鹫尾顺敬校注. 太平記 [M]. 東京：刀江書院，1943：593.
② 増田欣. 中世文藝比較文学論考 [M]. 東京：汲古書院，2002：428.
③ 芳賀幸四郎. 中世禅林の学問および文学に関する研究 [M]. 東京：思文閣出版，1981：165.

181

作"地纪",指天地之间的大道理,如"仁""义""礼"等。这两句诗的含义是三人文武兼备,既有排倒南山的勇力,又能深明大义,而这样深明大义的三人因为"一朝被逸言"被"国将(相)齐晏子"的计谋所杀。很明显这首诗歌是批判了计谋多端的齐晏子,同情舍生取义的田开疆、古冶子、公孙接三人。或许这首诗歌的增补也反映了《太平记》作者对"仁义"的蜀汉政权以及诸葛亮的同情,对善于阴谋诡计而无仁义的曹魏政权以及司马懿的批判。《太平记》将足利氏比作三国的曹魏,将大将足利高经比作司马懿,讽刺了室町幕府只有智谋,没有"仁义"。

2. 其他三国典故的引用

除了卷二十《孔明仲达故事》是一段较长的故事插话之外,作品中还有14例三国故事典故的引用。在这14例三国故事典故的引用之中,卷二十四《河江战争之事》、卷三十八《细川清氏战死故事》中三国故事典故的引用和卷二十《孔明仲达故事》的叙述一致,均是讲述了司马懿趁诸葛亮病死之际灭掉蜀国的计谋,均将室町幕府比作曹魏政权。卷二十四《河江战争之事》中有如下的描述:

在国府(国的首府)的协屋刑部卿义助(新田义助)不久染病,身心苦闷,卧病在床仅过七天便与世长辞。跟随他的官兵如始皇帝崩于沙丘而楚汉趁机进攻,悲痛万分;又如孔明死于筹笔驿而吴魏得到方便,忧愁不已,如瓢葫漂于浪中。此事如被敌人知道将会增加敌人气势,因此偷偷安葬,隐悲吞声,然而终究败露,四国大将细川刑部大辅赖春听说此事,认为机不可失,这正如司马懿趁蜀疲敝而灭蜀之谋。于是率伊予、赞岐、阿波、淡路七千余骑,首先进军至伊予界的河江城,进攻土肥三郎左卫门。①

在后醍醐天皇去世之后,南朝的后村上天皇继承后醍醐天皇的遗志,不断发动对北朝的进攻,将南朝的势力扩展到四国、中国地方以及九州。而在此时,

---

① 鹫尾順敬校注. 太平記 [M]. 東京:刀江書院,1943:672.

第四章 "太平"的叙述和华夷观

南朝的大将新田义助（新田义贞的弟弟）却突然病故，上述引文即是对新田义助病故的描写。作品将新田义助比作诸葛亮，将室町幕府的大将细川赖春（细川赖之的父亲）比作司马懿。因为足利义助的去世，细川赖春便趁机进攻南朝，其计谋如司马懿趁诸葛亮死亡之际攻下蜀国一样。在卷三十八《细川清氏战死故事》中也有类似的比拟，如下所示：

> 右马头（细川赖之）的士兵逃亡众多，日渐减少；而相模守（细川清氏）的兵力遍布诸国，数量众多。<u>这和魏将军司马仲达讨伐蜀国之时，不战而胜的谋略相似</u>。七月二十三日早上，右马头从帐篷走出，将新开远江守叫到跟前说……①

细川清氏原本是北朝的大将，因为佐佐木道誉的陷害，被迫投降南朝，作品也对细川清氏投降南朝的行为抱有极大的同情。投降南朝的细川清氏率兵不断攻打北朝，在其平定四国之后，为了再次率兵攻打京都，他从大阪乘船到了讚岐国（香川县）进行准备。北朝的大将细川赖之（上文中细川赖春的儿子）听说之后，施展阴谋诡计将细川清氏杀害。上述引文将细川赖之比喻为曹魏政权的司马仲达（司马懿字仲达），暗示了细川清氏如蜀国的诸葛亮一样。在细川清氏战死之际，同样在卷三十八《细川清氏战死故事》中再次对细川清氏做了如下叙述：

> 其（细川清之）身深陷沼泽之田中，头被敌人长刀削去。古时元历年间，木曾左马头义仲在粟津的松原被杀，以及历应的初秋，<u>新田左中将义贞在足羽的田埂被杀</u>。清氏与这二人情况相同。②

上文将细川清氏的死类比为新田义贞的战死，而在作品卷二十《孔明仲达故事》中将新田义贞比拟为诸葛亮，卷三十八《细川清氏战死故事》中还将细

---

① 鷲尾順敬校注. 太平記 [M]. 東京：刀江書院，1943：1092.
② 鷲尾順敬校注. 太平記 [M]. 東京：刀江書院，1943：1095.

183

川赖之比拟为司马懿。因此，可以说《太平记》中三国故事、典故的引用有很强的意图，将细川赖春、细川赖之比拟为"智谋"的曹魏司马懿，暗示了对他们只有智谋、没有仁义的批判。

3. 细川赖之的尺寸之谋

那么，被比拟为司马懿的细川赖之的谋略在作品中又是如何被描写的呢？在卷三十八《大元军事故事》的开头和结尾，作者对细川赖之的谋略有如下的赞扬：

> 昔，孔子褒颜渊曰，用之则行，舍之则藏，唯我与尔是夫。一旁听到的子路大怒曰，子行三军则谁与。孔子再谏子路曰，暴虎凭河而死吾不与也，必也临事而惧、好谋而成者也。<u>然而从古至今灭敌夺国之事不只在勇武，而在于事前谋划，以智慧为先</u>，……
> 今虽听闻细川相模守力大无穷、举世无双的勇士，但却落入细川右马头的<u>尺寸智谋</u>，一日而丧命。①

上述引文引用了《论语·述而》中的句子，是孔子和弟子颜回、子路的对话。在孔子看来，"勇"绝不是不计后果的蛮干，智勇兼备、谨慎行事才能有所成就。引文通过引用《论语·述而》的语句来强调谋略的重要性。在该故事的结尾，作者称赞细川赖之只以"尺寸之谋"就轻松消灭了有勇无谋的细川清氏。同样在卷三十八《大元军事故事》中在讲到"尺寸之谋"之时有如下的评论：

> 听说了宋国节度使等人的战略并非<u>守死善道</u>，轻命于义路，只是以<u>尺寸之谋</u>获得大功。难道只有宋国大臣有智谋，元朝之人愚笨？我今施一计策不战而胜。陛下若有一统天下之心，臣必以智谋使陛下一天之内得到大宋国四百州……②

---

① 鷲尾順敬校注. 太平記 [M]. 東京：刀江書院，1943：1106.
② 鷲尾順敬校注. 太平記 [M]. 東京：刀江書院，1943：1100.

第四章 "太平"的叙述和华夷观

这部分是西蕃帝师对大元老皇帝说的一番话。大元在和南宋的战争中失败，损兵折将。西蕃帝师认为南宋大将获胜只不过是"尺寸之谋"，并不能"守死善道"。"守死善道"来源于《论语·泰伯》中的"笃信好学，守死善道，危邦不入，乱邦不居"，意思是誓死守卫并完善治国与为人的大道，不进入政局不稳的国家，不居住在动乱的国家。《论语注疏》对这一部分的解释为"守节至死，不离善道也。乱谓臣弑君，子弑父。危者，将乱之兆也。不入，谓始欲往，见其乱兆，不复入也。不居，谓今欲去，见其已乱，则遂去之也"①，由此可知，臣忠于君、子孝于父是"善道"。《太平记》中"守死善道"是什么含义呢？卷十六《正成战死故事》对"守死善道"有如下议论：

<u>不知仁之人舍弃朝廷之恩，突然投降敌人</u>……兼具智仁勇三德，<u>守死善道</u>，功施朝廷之事，从古至今未有如正成之人，尤其是处在国之兴废、时之机运之时机。正成能逃而不逃，兄弟一起自杀，这是武德倾王威的先兆，无人不对此担忧。②

这段话是对楠木正成战死的评价。作者认为楠木正成有"智仁勇"的美德，宁可战死也绝不逃跑。这里的"守死善道"是知道"仁"而不忘记朝廷的恩惠，是强调对天皇的忠诚。《太平记》将楠木正成塑造为忠臣，就是强调其宁愿战死也决不投降的性格。在作品的卷三十九《大内介投降之事》中也引用了"守死善道"，目的是批判为了利益在南北朝之间朝三暮四的大名，其中有如下叙述：

<u>无论如何应该有知仁义之人</u>，然而近年我朝之人行为无不令人厌烦。首先作为武士应该考虑<u>守死于善道</u>，不失名于义路，然而如果有少许利益可图便很快成为伙伴，稍有怨恨则很容易成为仇敌。③

---

① 何晏注，宋邢昺疏. 论语注疏 [M]. 上海：上海古籍出版社，1990：111.
② 鹫尾顺敬校注. 太平记 [M]. 東京：刀江書院，1943：452.
③ 鹫尾顺敬校注. 太平记 [M]. 東京：刀江書院，1943：1109.

北朝大名为了一己之私在南北朝之间朝秦暮楚、反复无常，毫无气节可言。作者批判他们不能做到"守死善道"，很明显这里的"善道"是指"仁义"，是指为主君尽忠，非为一己之私。卷三十八《大元军事故事》中的"守死善道"批判的是南宋大将伯颜只有谋略，没有忠于皇帝之心。因此，可以说只有"尺寸之谋"的细川赖之不能"守死善道"、没有"仁义"。这一点和通过三国故事将细川赖之比拟为只有智谋、无"仁义"的司马懿是一脉相通的。但是细川赖之如何没有"仁义"、如何不能"守死善道"，在作品中并没有具体的描写。

　　总之，《太平记》中的三国故事很明显只是强调了曹魏政权以及司马懿的谋略，暗示其没有"仁"，没有"善道"。将细川赖之比作司马懿即是强调了细川赖之只用了"尺寸之谋"就消灭了细川清氏，反映了其不能"守死善道"，暗示了《太平记》作者对他的批判。"尺寸之谋"本身也可以理解为只有"尺寸"的智谋，没有大的谋略。根据毛利家本、前田本、流行本等版本，细川赖之来到赞歧和细川清氏开战之前，将自己身为尼姑的母亲送到清氏处，以示同族议和。① 这只是赖之的缓兵之策，是为了争取战争的准备时间。而据古本西源院本、神宫征古馆本等，细川赖之派遣的并不是其母亲，而是"使者"。为欺骗清氏，甚至将自己的母亲作为幌子，赖之的这种"尺寸智谋"的小聪明在其他版本中得到了深刻的刻画。② 总之，作品将细川赖之比为"智谋"的司马懿，即是将室町幕府比为曹魏政权，进一步暗示室町幕府没有"仁义"，体现了作者对他们的批判和不满。

四、"仁"的含义

　　"仁"是儒家思想体系的核心和精髓。虽然"仁"的具体含义至今仍是学界争论的焦点之一，但可以肯定的是，儒家思想中"仁"的内容比较宽泛，包含礼、忠、孝、智、信、节等内容。③ "仁"的思想反映在君臣关系上主要体现

---

① 後藤丹治，釜田喜三郎校注. 太平記 3 [M]. 東京：岩波書店，1966：142.
② 小秋元段. 军记物语中的批判精神——以《太平记》为中心 [C] //杨伟主编：文化·越境·表象：中日文化交流研究，西南师范大学出版社，2016.
③ 谢阳举. "仁"的起源探本 [J]. 管子学刊，2001（1）.

为两点：对臣下的要求和对为政者的要求。关于对臣下的要求，《论语》中有"子路曰：'桓公杀公子纠，召忽死之，管仲不死'。曰：'未仁乎?'①"的记述，意思是齐桓公杀了公子纠，公子纠的家臣召忽自杀殉死，但同为公子纠的家臣管仲却没有自杀，反而侍奉齐桓公，管仲不能算是忠臣。对于子路的疑问，孔子却回答说，"桓公九合诸侯，不以兵车，管仲之力也。如其仁，如其仁"，认为管仲帮助齐桓公召集诸侯会盟是依靠仁德而非武力，值得称赞。子路所说的"仁"是"忠"的含义。孟子进一步解释了"仁"的含义，站在民众的立场，主张统治者实行"仁政"，"王如施仁政于民，省刑罚，薄税敛，深耕易耨，壮者以暇日，修其孝悌忠信，入以事其父兄，出以事其长上。可使制梃以挞秦楚之坚甲利兵矣"②，主张君王摒弃武力，以德政来治理天下，是对为政者的要求。

实际上"仁"的思想很早就传到了日本，如《古事记》中有仁德天皇、垂仁天皇等，以"仁"来强调了天皇的德。《日本书纪》卷第四《绥靖天皇》中有"然其王立操怀、本乖仁义、遂以谅暗之际、威福自由、包藏祸心、图害二弟"③，批判无"仁义"的绥靖天皇。《平家物语》卷六《新院驾崩》在高仓天皇驾崩之际，对其有高度评价，"上皇于是驾崩，在位十二年，德政万端，振兴已经废弛的诗书仁义之道，恢复濒于灭绝的理世安民之迹"④，以仁义赞扬高仓天皇的为政。《太平记》卷二十《孔明仲达故事》将南朝比拟为仁义的蜀汉政权，将北朝、室町幕府比拟为只有智谋的曹魏政权，暗示了北朝、室町幕府的为政者没有仁义，不具备统治的资格。

至于将"仁"解释为"忠"，截至目前，笔者还未发现《太平记》之前的用例。《太平记》在卷十六《正成战死故事》、卷三十九《大内介投降之事》章节中将"仁"解释为"忠"。这或许暗示了如司马懿一样无"仁"的细川赖之并非作者心目中理想的大臣，由他辅佐室町幕府并不会带来所谓的和平。

---

① 杨伯峻译注. 论语 [M]. 北京：中华书局，2006：163.
② 万丽华，蓝旭译注. 孟子 [M]. 北京：中华书局，2006：23.
③ 小島憲之校注訳. 日本書紀 [M]. 東京：小学館，1994：242.
④ 市古貞次校注訳. 平家物語 [M]. 東京：小学館，1994：423.

因此，没有"仁"的为政者室町幕府和没有"仁"的大臣细川赖之并非《太平记》作者心目中理想的君臣，作品在终结部分表面上赞扬他们，实则对他们充满了不满和讽刺。关于这一点，笔者将通过对终结部分"中夏无为"的解读进一步证明。

第三节 "中夏无为"的含义和华夷观

军记物语是描写战争的物语，但是中世的军记物语基本上是描写日本内部战争的物语，鲜有涉及对外战争，这主要是古代日本鲜有对外战争的缘故。在《太平记》之前，日本书籍中记载的对外战争主要是"神功皇后进攻新罗"和"白村江之战"，关于"神功皇后进攻新罗"的故事，笔者将在后文中进行详细探讨。"白村江之战"也被称为"白江口之战"，是古代中日之间的第一次战争，发生在中国唐代初期，是唐朝和新罗联军与日本、百济联军在朝鲜半岛的白村江进行的海战，结果是日本战败撤出朝鲜半岛，百济灭亡。"白村江之战"对日本产生了深远的影响，日本以此为契机重整国家体制，效法中国唐朝，建设律令制国家。"白村江之战"在日本的《古事记》和《日本书纪》中都有记载和描述，但在之后的书籍以及文学作品中却鲜有提及，或许是因日本战败的缘故。平安后期成书的历史物语《大镜》中有"刀夷来袭"之简单记载。"刀夷"是朝鲜语夷狄的含义，指代中国东北的女真人，在1019年经由日本的壹岐、对马进攻至日本北九州。然而，这一历史事件并没有被日本文学涉及，可见该事件的影响并不是很大。

13世纪蒙古崛起于中国北方草原，1260年，忽必烈继承汗位，统一蒙古各部纷争，并于1271年改国号大元，意欲消灭南宋，统一中国。大元在征服朝鲜半岛之后，元世祖忽必烈于1274年，任命忻都为征讨日本的元帅，统率三万多大军，从朝鲜半岛进攻日本，因为不熟悉日本的气候，后勤保障难以为继等，以失败而告终。1281年，在征服南宋、统一中国之后，大元再次派大军征讨日本，然而也是以失败告终。《太平记》的作者在卷三十九《大元进攻日本故事》

第四章 "太平"的叙述和华夷观

中对蒙古和日本的交战作了详细叙述，同时在卷三十九《神功皇后进攻新罗之事》中对神功皇后征服了朝鲜半岛也进行了记述。

正如本章第一节所言，《太平记》卷四十《细川右马头自西国上京之事》是以细川赖之就任管领之职这一历史事件而终结这部书的。作品认为，足利义诠去世之后，其子足利义满就任将军一职，细川赖之就任管领一职辅助之，因此日本进入了"中夏无为"的和平时代。对于作品终结部分"中夏无为"一词的解释，后藤丹治、釜田喜三郎校注《太平记》的解释是指代日本全国，长谷川端校注《太平记》认为"中夏"指代日本全国或者京都。其实，细川赖之就任管领的时间是1367年，此时日本仍处于南北朝（1336—1392）对峙阶段，很难说日本已经进入和平时期。如果"中夏"指代京都，仅仅说京城已经进入和平也是不合理的事情，因为北朝的势力范围并不限于京都。田中正人指出结尾的"中夏无为"与卷三十九《大元进攻日本故事》《神功皇后进攻新罗之事》相联系，体现了日本的对外意识，强调以日本为中心的"华夷秩序"，凸显日本"神国思想"的所谓优越性。[①]樋口大祐认为《太平记》卷三十九中的神国思想不但没有起到作用，还加入了金钱、智谋等要素，体现了作者对日本传统神国思想的不信任。[②]二位研究者的论文很有启发意义，但只是就事论事，没有将"神国思想""华夷秩序"和对细川赖之的评价结合起来，没有涉及《太平记》作者的意图，也没有指出"华夷观""神国思想"的特点。因此，本节在先行研究的基础之上，梳理日本的神国思想、华夷观，进一步解读《太平记》终结部分"中夏无为"的含义。

一、日本中世之前对华夷观的接受

《太平记》最终的结尾《细川右马头自西国上京之事》中的"中夏"一词在中国古代书籍中经常被使用，如《文选》所收录班固的《东都赋》中有"目

[①] 田中正人．『太平記』の蒙古襲来記事周辺からみるその対外意識の一端[J]．同志社国文学，2007（66）．
[②] 樋口大祐．「神国」の破砕―『太平記』における「神国/異国」―[J]．日本文学，2001（7）．

中夏而布德，瞰四裔而抗棱"①，这里的"中夏"和"四裔"是相对的，"裔"是夷狄之总称，即是以华夏中国的德扬威于四方的夷狄。白居易在其《册新回鹘可汗文》中有"克保大义，永藩中夏"②，意思是希望回鹘永远藩属中国。由此可见"中夏"即是"中华"，是相对于"夷狄"而言，是所谓的"华夷观"，或"中华思想"的体现。"无为"是太平的含义，在儒家典籍、道家典籍中均有出现。该词在道家思想的背景下是依天命、顺其自然而达到太平的含义，儒家思想背景下是通过德化感人达到太平的含义。③ 结合上下文背景，此处"无为"解释为儒家思想背景下的含义比较稳妥，就笔者的调查，中国典籍中好像没有将"中夏无为"放在一起使用的用例。

"华夷观"是儒家思想重要的观念之一，是古代中国中原王朝在处理和周边少数民族关系时所形成的一种思想，"中华"处在世界文化的中心，周边的"四夷"——东夷、西戎、南蛮、北狄被认为是野蛮未开化之地。④ "夷狄"和"中华"的关系应该是臣事君的关系，且"夷狄"应对高度发达的"中华"文化怀有"慕圣德而来"之心前来"朝贡"。这样"中华"和"夷狄"所建立的国际秩序就是所谓的"华夷秩序"或"华夷体系"。区分"华""夷"的标准是文明的程度，即儒家思想的"礼"，因此，华夷之间没有不可逾越的界限。先秦时期的早期华夷观，在族群观层面就地理方位而言，并不含有文化歧视与种族歧视的成分，华夷界限具有很大的开放性特征。⑤ 正如韩愈所指出的："孔子之作春秋也，诸侯用夷礼则夷之，进于中国则中国之。"⑥ 秦汉时期以降，中国形成君主专制的中央集权制国家，国家主要的疆域界限相对稳定，华夷界限比较分明，

---

① 萧统编，李善注. 文选 [M]. 上海：上海古籍出版社，1986：1045.
② 董诰等编. 全唐文 [M]. 北京：中华书局，1983：6768.
③ 《汉书》卷五十六《董仲舒传》："制曰：盖闻虞舜之时，游于岩郎之上，垂拱无为，而天下太平。周文王至于日昃不暇食，而宇内亦治。夫帝王之道，岂不同条共贯与。何逸劳之殊也"，《老子》"是以圣人处无为之事，行不言之教。万物作而不辞，生而不有，为而不恃，成功不居。夫唯不居，是以不去"等。
④ 濱田耕策. 日本と新羅・渤海 [M] //荒野泰典，石井正敏，村井章介编：律令国家と東アジア，東京：吉川弘文館，2011.
⑤ 陈志刚. 先秦时期的华夷观念及其演变 [J]. 学术研究，2015 (6).
⑥ 吴楚材，吴调侯编撰. 古文观止 [M]. 北京：北京燕山出版社，2009：193.

形成了相对稳固的华夷观。① 历史上，北魏、辽、金、元、清等少数民族政权以蛮夷身份入主中原，已都在潜移默化中接受并完成了汉化，辽道宗曾有言："吾修文物，彬彬不异中华，何嫌之有。"②

华夷观也是中国历代王朝的外交观念。中国传统观念认为，华夏居于中原，此外的中国边疆及中国以外的地域为夷狄所居。中国古代的对外政策以"尚德抑武"为最高目标，手段以"怀柔远人"为主、武力征服为辅，即主要以恩德使远处的夷狄来归附。其中，武力征服之目的也并非穷兵黩武远征异域开疆拓土，而是作为"怀柔远人"的实力支持。③ 经济上，虽然周边国家向"中华"称臣纳贡，但"中华"常常是实行"厚往薄来"的方针，往往给朝贡国家高于贡品的回赐，因此，周边国家都竞相来中国朝贡，以图巨额回报。唐太宗时代，出使高丽归来的太常丞邓素向唐太宗建议在怀远镇增加守兵来震慑高丽，唐太宗不以为然，引用《论语》中的"远人不服，则修文德以来之"④ 强调以德使高丽归顺。明太祖朱元璋也采用大臣的意见，采取以道德感化外邦的政策，"天子有道，守在四夷，以德怀之，以威服之，使四夷之臣，各守其地，此为最上者"。⑤

古代日本在与中国交往的过程中，学习隋唐律令制的同时，也接受了中国的"华夷观"，建立了日本特色的"华夷体系"，天皇处在"中华世界"的顶点，不仅君临日本国内，还将新罗、渤海等视为自己的藩国。⑥ 日本的"华夷观"分为两方面：一方面将京都称为"华"，将京都以外的地方称为"夷"，之后将京都地区和边远地区扩展为华夷关系。另一方面将日本称为"华"，将周边的其他民族国家，如渤海国、新罗视为自己的"藩国"。日本平安时代编撰的历

---

① 陈志刚. 秦汉至明清时期北部中国华夷观念演变的几个特点——兼论华夷观在华夷族群封贡体系中的地位 [J]. 学习与探索，2016（4）.
② 叶隆礼. 契丹国志. 上海：上海古籍出版社，1985：156.
③ 谢桂娟. 华夷观与传统东亚国际秩序研究 [D]. 延边：延边大学，2015.
④ 司马光. 资治通鉴 [M]. 北京：中华书局，2007：289.
⑤ 陈子龙，徐孚远等辑. 明经世文编 [M]. 北京：中华书局，1962：72.
⑥ 石井敏正. 東アジア世界と古代の日本 [M]. 東京：山川出版社，2003：200.

史书《日本三代实录》称："夫以夷狄攻夷狄，中国之利也"①，此处的"中国"是日本自称，夷狄则是指当时日本大和朝廷北边的出羽国。《续日本纪》中有"其度感岛通中国，于是始矣""是以圣王立制，亦务实边者，盖以安中国也""一品冰高内亲王……天纵宽仁，沈静婉姿，华夏载伫"②，《日本后纪》中记载有"其虾夷者，依请须移配中国，唯俘囚者，思量便宜，安置当土"③，均是日本针对其边缘"蛮夷"民族而自称"中国""华夏"的例证。早在日本武尊东征的神话里，就有西讨熊袭、东平虾夷的故事，大和民族对其所谓的"东夷"有"往古以来，未染王化"的评价。这里的"东夷"主要是指本州岛东北部的虾夷部落，所谓"王化"指大和朝廷对周边的文明教化，不过与中原王朝儒家教化的"王化"不同，大和朝廷所谓的"王化"的过程主要是通过武力征服而实现的。日本式的华夷秩序观念的形成，可能早在中国的南北朝时期即已初露端倪。④ 南朝宋顺帝升明二年（478），倭王武（雄略天皇）遣使南朝上表自称："封国偏远，作藩于外，自昔祖祢，躬擐甲胄，跋涉山川，不遑宁处。东征毛人五十五国，西服众夷六十六国，渡平海北九十五国，王道融泰，廓土遐畿，累叶朝宗，不愆于岁"⑤，倭国自称以"王道"开拓远土，周边历来向其朝贡，可见在倭国的视野中，已将日本列岛东北方向的部落视为不开化的夷狄，是大和朝廷试图征服的对象。天平十二年（740），藤原广嗣上表圣武天皇，明确称日本列岛北方西方的诸部落为夷狄："北狄虾夷，西戎隼俗，狼性易乱，野心难驯，往古已来，中国有圣则后服，朝堂有变则先叛"⑥，在日本列岛北方的虾夷被称为"北狄"，西方的隼人被称为"西戎"，而日本大和朝廷则自称"中国"。

在对中国关系方面，日本很早就怀有一种强烈的、与中国对等的意识。隋

---

① 國史大系編修會編.日本三代実録［M］.東京：吉川弘文館，1966：512.
② 藤原継縄ほか編，青木和夫校注.続日本紀［M］.東京：岩波書店，1998：123.
③ 黒板勝美.日本後紀 續日本後紀 日本文德天皇實錄［M］.東京：吉川弘文館，1966：312.
④ 石母田正.日本古代国家論［M］.東京：岩波書店，1973：98.
⑤ 中华书局编辑部.宋书［M］.北京：中华书局，1974：2377.
⑥ 德川光圀.日本史记 第四册［M］.合肥：安徽人民出版社，2013：1353.

第四章 "太平"的叙述和华夷观

朝时代，日本人的自我意识不断增强，又因为对隋唐视其为东夷小国产生了一种抗拒心理，到7世纪初，日本开始表现出欲寻求与中国对等地位的愿望。《隋书》记载隋炀帝大业三年（607），倭国圣德太子遣小野妹子使隋，递交一份对等的国书称"日出处天子致书日没处天子无恙"，导致隋炀帝不悦，谓鸿胪卿曰"蛮夷书有无礼者，勿复以闻"①，即为隋炀帝听不惯倭国要求平起平坐的语气。由清原夏野、小野篁等于833年编成的《养老令》的官撰注释书《令义解·公令式》《诏书式条古记》中载有"邻国者大唐、蕃国者新罗也"②，这是从国家层面的外交关系而言，日本称大唐为"邻国"，"邻国"是日本观念中与"蕃国"相对的一种国家，是较为外交对等的国家。③ 唐太宗时代，朝廷遣高表仁出使日本。高表仁到日本后与前来迎接他进京的日本王子为礼节问题发生了争执。高表仁要求天皇下御座，面北接受唐使国书，但日本认为这个要求太过分，只能以平等之礼相待，因而双方相持不下。高表仁最后竟拒绝递交唐朝皇帝的国书，要求立即回国。日本方面于是派人护送高表仁至对马岛，两国外交关系就此暂时中断，此后二十多年不通往来。664年，唐军驻朝鲜半岛百济的统帅刘仁愿，派将军郭务悰访日，表达和好意向。次年，唐朝又派朝散大夫沂州司马上柱国刘德高访日。667年，唐朝再派雄津都督府熊山县令上柱国司马法聪访日。671年，唐朝再派郭务悰访日。对于这些唐使访日，日本方面总是找各种借口，不让唐使进京。④

在日本史书、律令等文献中，甚至连唐朝也成了日本的朝贡国，如日本《续日本纪》宝龟九年（778）十月乙未载有"到肥前国松浦郡橘浦。但今唐客随臣入朝。迎接祗供。令同蕃例"，《令义解·职员令》《玄蕃寮》中有"除朝聘外，在京唐国人等皆入夷狄之例"，甚至将在日本的唐朝人称为"蕃""夷狄"，由此可见日本以华夷观对抗中国的心态。在《文德天皇实录》卷四仁寿二年（852）二月乙巳中，太宰府也是日本怀柔归化"远人"的重要地方，"夫大

---

① 魏徵等. 隋书[M]. 北京：中华书局，2000：1225.
② 黒板勝美編. 律令義解[M]. 東京：國史大系刊行會，1939：112.
③ 小口雅史. 古代東アジア世界のなかの日本の自国認識：大唐帝国は日本律令国家の「隣国」か「蕃国」か[J]. 国際日本学，2013（10）.
④ 刘建强. 日本古代对华外交中的遣隋（唐）使[J]. 唐都学刊，2008（7）.

193

宰府者。西极之大壤。中国之领袖也。东以长门为关。西以新罗为拒。加以。九国二岛。郡县阔远。自古于今。以为重镇。夫谋事必就祖。发政占古语。因检旧记。大唐高丽新罗百济任那等。悉托此境。乃得入朝。或缘贡献之事。或怀归化之心。可谓诸藩之辐辏。中外之关门者也"。这里的"中国"也是日本的自称，所谓"中外"也正是日本的关卡门户大宰府的内外区分所在，而原来的唐朝，与朝鲜半岛上的政权一样，都成了如辐辏一般屏卫日本的"诸藩"，这正是日本在观念上对唐朝"华夷秩序"的模仿与复制。① 因此，可以说日本在平安时代形成了一套双重的对外认识：一方面，日本虽被纳入以大唐为中心的册封体制中，对唐称臣纳贡，但日本却在本国的书籍中视唐为邻国，追求对等的外交；另一方面，日本的统治阶层又模仿大唐，构建了一套日本式的"华夷秩序"，日本以"中国"自居，单方面地将朝鲜半岛、渤海，甚至唐朝视为番邦。需要注意的是，此时日本只是机械地复制中国的"华夷观"来构建日本式的华夷秩序，还没有以所谓的"神国思想"来强调日本建立的"华夷秩序"的优越性。

二、北朝的正统性和华夷观

《太平记》之前的军记物语中也运用了华夷观，如在《将门记》中有"将门苟扬兵名于坂东、降合战于花夷"②，平将门武艺高强，其名声威震整个日本，"花"即"华"指代京都，"夷"指代京都以外的地方。《陆奥话记》成书于11世纪后期，记述了陆奥国司源赖义历时九年打败反对朝廷的安倍赖时、贞任的过程。在《陆奥话记》的最后，作品作了如下的评述：

> 戎狄强大、中国、不能制。故汉高祖、困平城之围。吕后、忍不逊之词。我朝、上古屡发大军、虽国中多责、戎无大败。坂面伝母礼麻吕、请降、普服六郡之诸戎、独施万代之嘉名。即是北天之化现、希代之名将也。

---

① 韩东育."华夷秩序"的东亚构架与自解体内情［J］. 东北师大学报（哲学社会科学版），2008（1）.
② 柳瀬喜代志等校注訳. 将門記［M］. 東京：小学館，2002：67.

194

其后、二百余岁、或猛将、立一战之功、或谋臣、吐六奇之计。而唯服一部一落、未曾有耀兵威遍诛诸戎。而赖义朝臣、自当矢石、摧戎人锋。岂非名世之殊功乎。彼斩郅支单于枭南越王首、何以加之哉。①

引文将源赖义和安倍赖时父子的战争比拟为汉高祖刘邦讨伐匈奴的战争,将安倍赖时父子视为"戎夷"。源赖义和安倍赖时父子的战争是日本国内的战争,而汉高祖对匈奴的战争是汉朝时期的对外战争。《陆奥话记》将日本国内的战争视为对外战争,以华夷观来解释这种战争的正当性。《今昔物语集》卷第25第13《源赖义朝臣讨伐安陪贞任等故事》对此也有类似的记述。《平治物语》《信赖信西不快之事》中有"以武平定四夷之乱"②,《平家物语》卷第六《入道死去》"大凡东国北国皆背叛,南海西海皆如此。夷狄暴动令人吃惊,叛乱的征兆时有奏闻,四夷顷刻忽起"③,以及《平家物语》卷第十《请文》中的"今上受禅于高仓天皇,在位已四年,施政效尧舜之古风,不料东夷北狄结党入侵帝都"④,将日本东部称为"夷",日本北部称为"狄",是受中国华夷观中"东夷、西戎、南蛮、北狄"的影响。

关于上文中提及的"中夏"一词,《太平记》中出现了三次,如在卷一《俊基资朝被逮捕去关东之事》中有如下的记述:

  主上进前曰,资朝、俊基被抓以后,<u>东风犹未静,中夏常蹈危</u>,还会有什么处置,朕十分担心,如何能平息东夷之心？有何策略？⑤

1324年,后醍醐天皇秘密发动推翻镰仓幕府的活动,被幕府发觉,史称"正中之乱"。上述引文背景是"正中之乱"发生后,后醍醐天皇的近臣日野俊基、日野资朝被幕府抓到镰仓接受询问,后醍醐天皇询问身边大臣关于这件事

---

① 柳瀬喜代志,矢代和夫,松林靖明校注訳. 陸奥話記 [M]. 東京：小学館,2002：181.
② 鷲尾順敬校注. 太平記 [M]. 東京：刀江書院,1943：409.
③ 鷲尾順敬校注. 太平記 [M]. 東京：刀江書院,1943：447.
④ 鷲尾順敬校注. 太平記 [M]. 東京：刀江書院,1943：275.
⑤ 鷲尾順敬校注. 太平記 [M]. 東京：刀江書院,1943：18.

的进展。"东风"也被称为"东夷",指代的是位于京都东部的镰仓幕府,"中夏"是指代京城。同样的例子在卷二十三《土歧前往天皇之处施粗暴之事》也有使用,如下所示:

　　此时之习俗是<u>中夏变为了蛮夷之地</u>,因此,大概人们甚至不知世上有上皇、天皇之事……①

这一部分是对室町幕府的描述。1336年,足利尊氏在京都建立室町幕府,武士们在京都胡作非为,无视天皇和贵族,于是《太平记》的作者感叹"中夏"京都变为了"蛮夷"之地。卷三十《主上上皇被俘至吉野之事》中北朝的皇室被南朝抓去之后,作者以"北辰光消、中夏道暗"来形容北朝皇室的惨状,"北辰"指代北朝天皇(包括太上皇),以"中夏"来指代京城。也就是说除了卷四十的"中夏"之外,《太平记》中的"中夏"都是指代京城,将京城以外的地方视为"夷狄"。

需要注意的是,《太平记》不仅仅是将京都之外的地方称为夷狄,还将武士阶层称为夷狄,这是中世对武士的普遍称谓。②《太平记》卷一《俊基资朝被逮捕到关东之事》中将镰仓幕府称为"东夷",在卷二十七《云景未来记》中也有"以蛮夷卑贱之身成为天下之主"③,以及"不悟末世之时运坠入戎狄之手"④ 的记述,将武士称为"蛮夷"。还有《保元物语》《新院沉经之事》中的"蛮夷守宫门,荆棘塞满道"⑤,《平家物语》卷第三《城南之离宫》中的"守宫门之蛮夷日夜守卫"⑥ 等的例子。

正如前文所述,《太平记》的最后以细川赖之就任管领、对其大加称赞而结

---

① 鷲尾順敬校注. 太平記[M]. 東京:刀江書院,1943:651.
② 佐伯真一. 夷狄観念の受容—『平家物語』を中心に—[C]//和漢比較文学会編:軍記と漢文学,汲古書院,1993.
③ 鷲尾順敬校注. 太平記[M]. 東京:刀江書院,1943:779.
④ 鷲尾順敬校注. 太平記[M]. 東京:刀江書院,1943:780.
⑤ 鷲尾順敬校注. 太平記[M]. 東京:刀江書院,1943:394.
⑥ 鷲尾順敬校注. 太平記[M]. 東京:刀江書院,1943:261.

束,即日本进入了"中夏无为之代"的和平时期。在卷三十八细川赖之运用"尺寸之谋"剿灭了对北朝威胁最大的南朝大将细川清氏,在卷三十九《大内介投降之事》《山名投降之事》《仁木投降之事》中叙述了之前投降南朝的北朝大名纷纷重新投靠北朝,实际上意味着南朝已经无力再组织军队向北朝进攻,也就是说不论怎么说日本国内已经进入了短暂的和平时期。《太平记》的作者在卷二十七《廉颇蔺相如之事》之中,在叙述高氏兄弟和上杉、畠山争权夺利之时,将幕府(北朝)统治以外都称为"夷狄",也包括南朝在内,即"如今东夷南蛮如虎窥视,西戎北狄如龙觊觎,高、上杉两家既无深仇大恨又无犯错,却争权夺利"①。卷三十一《武藏小手原战争之事》叙述了被称为"正平一统"的南北朝合议的失败,"(吉野和将军)合议顷刻破裂,畿内、京城内少有跟随王化之人,但四夷八蛮中追随武威之人仍旧很多"② 中的"四夷八蛮"和"武威"的表述也是将幕府视为"华",幕府统治之外的势力称为"蛮夷"。因此,可以说作品最后结尾的"中夏无为"含有对南朝的蔑视,即室町幕府是"中华",南朝是"夷狄"。综上所述,《太平记》的第三部,尤其是终结部分,作品中华夷观的意图很明显,将武士所建立的室町幕府称为"中夏",而室町幕府之外的势力范围,即南朝称为"蛮夷",以"华夷观"来阐述北朝、室町幕府统治的正统性。

三、对外意识和华夷观

日本在平安时代并不认同以唐朝为中心的"华夷秩序",在其本国史书的话语叙述中,日本认为本国才是毋庸置疑的中心,试图构建日本式的华夷秩序,并且在与唐朝外交的过程中尽力追求对等的地位。那么,华夷观在日本中世文学《太平记》中又是如何表现的呢?有哪些特点?体现了作品什么样的意图?

1. 对朝鲜半岛的华夷观

日本古代一直将朝鲜半岛视为自己的"藩国",日本文学作品中很早就记述了对朝鲜半岛的战争,即神功皇后对新罗的战争。在《古事记》中卷《仲哀天

---

① 鷲尾順敬校注. 太平記 [M]. 東京:刀江書院,1943:755.
② 鷲尾順敬校注. 太平記 [M]. 東京:刀江書院,1943:871.

皇》中简略地记述了神功皇后和新罗的战争，神功皇后战胜的结果是"故，新罗国为御马饲，百济为渡所之屯仓"①。需要注意的是，《古事记》中还没有明显的"华夷观"，而大概和《古事记》同一时期编撰的《日本书纪》具有强烈的对外意识，主要是向东亚——朝鲜半岛和中国宣扬日本的历史和优越性，冠以"日本"之名也是其意图的体现。《日本书纪》将神功皇后提升到和天皇同等重要的地位，将其事迹作为单独一节进行编撰，在卷九《神功皇后》中对朝鲜半岛的战争有如下记述：

　　　　于是高丽、百济二国王闻新罗收图籍降于日本国、密令伺其军势、则知不可胜、自来于营外、叩头而款曰、从今以后，<u>永称西蕃，不绝朝贡</u>。②

　　上述引文是神功皇后对朝鲜战争结果的叙述，画线部分的"西蕃"指代高丽和百济，"蕃"的意思是"未开化"，即夷狄。"朝贡"是表示臣服于日本，不断绝地向日本进贡，是日本对朝鲜半岛建立的"朝贡体系"，是"华夷观"的具体体现。很明显《日本书纪》中神功皇后对朝鲜半岛战争的记述具有很强的对外意图，即日本和中国一样，有自己的藩属国，建立了类似中国的"华夷体系"，在其背后暗含了和古代中国对比的意图。这种意图在军记物语中也有所体现，如在《源平盛衰记》卷四十三《住吉鸣镝并神功进攻新罗》中有如下的叙述：

　　　　昔，第十五代天皇仲哀天皇之皇后神功皇后在位之时，听闻<u>新罗西戎背叛中国</u>，皇后下令进攻异贼，向天照大神……平定<u>新罗高丽西戎</u>而归日本，在筑前国生下了皇子。③

　　在上述引文中，作品毫无隐晦地将新罗、高丽称为西戎，因为天照大神、

---

① 山口佳紀，神野志隆光校注訳. 古事記 [M]. 東京：小学館，1997：246.
② 小島憲之校注訳. 日本書紀 [M]. 東京：小学館，1994：430.
③ 塚本哲三編. 源平盛衰記 [M]. 東京：有朋堂書店，1929：1009.

198

住吉大神等神的帮助，神功皇后征服了朝鲜半岛。觉一本《平家物语》中也引用了神功皇后的故事，将"夷"的范围进一步扩大，在卷五《迁都》中有如下叙述：

> 神功皇后在位之时，作为女帝，进攻鬼界、高丽、契丹，使之屈服。①

也就是说，到了《平家物语》，神功皇后征服的对象不仅仅包含朝鲜半岛，还包含"鬼界"（日本九州南部的诸岛）和"契丹"。"契丹"是中国北方的少数民族，后来建立了辽国。也可以说在《平家物语》中，日本将"华夷体系"扩展至日本南部和亚洲大陆，将这些地方作为日本征服的对象。《源平盛衰记》卷十七《谋反没有凤愿以偿之事》中也有类似的记述，如下所示：

> 皆是忘恩不报德，背朝威挟野心之辈。然而作为一人无法遂凤愿，首级被悬于牢门，骸骨被曝于荒野。东夷、南蛮、西戎、北狄、新罗、百济、高丽、契丹皆无有背我朝之人。如今之世虽然王威被轻，但是确实没有日月落地之事。上代一说到圣旨，枯草木忽然开花结果。并且翔天之鸟，响云之雷劫不违背王命。②

《源平盛衰记》也将契丹和东夷、南蛮、西戎、北狄，以及朝鲜半岛并列起来，视为日本"华夷体系"的一部分。

《太平记》也记述了朝鲜半岛的事情，在卷三十九《高丽人来朝之事》③ 中记述了1367年高丽国持大元国皇帝的国书要求日本解决骚扰朝鲜半岛和中国东部沿海倭寇问题的历史事件。因为当时日本仍旧处于南北朝时期，四国、九州主要被南朝控制，而骚扰朝鲜半岛和中国东部沿海的倭寇主要来源于四国、九州，因此日本方面认为无能为力，于是赏赐了使者"鞍马十疋、铠二领、白太

---

① 市古貞次校注訳. 平家物語 [M]. 東京：小学館，1994：350.
② 黒田彰，松尾葦江校注. 源平盛衰記 三 [M]. 東京：三弥井書店，1994：166.
③ 神宫征古馆本《太平记》和玄玖本《太平记》将这一部分放在了卷四十。

刀三振、御绫十段、彩绢百段、扇子三百本",将使者遣回高丽。在赏赐高丽使者时,《太平记》使用的语言是"来献之报酬","来献"的含义是来朝献上,而这一部分的标题名也使用了"来朝"一词。"来朝"一词包含藩属国来朝贡的含义①,也就是说很可能当时日本把这次正常的外事活动看作是高丽、大元对日本的朝贡,暗含了日本所建立的"华夷体系"。这种"华夷体系"是《太平记》作者所向往的"国家观"的体现,如在卷二十六《黄粱梦故事》中,《太平记》的作者加入了《枕中记》《黄粱梦觉》等中国类似故事中所没有的"华夷观",如下所示:

　　　　成为楚国之王,蛮夷率服,诸侯来朝,无异于秦始皇并吞六国,汉文慧帝使九夷服从。②

　　一名叫"客"的人听说楚国国君寻求贤才之臣,为了得到重用而去楚国。"客"路过邯郸旅馆之时,吕洞宾借其一枕头,让其经历了富贵之梦。在梦中,"客"和楚王的公主结婚,并生下王子,王子被大臣立为国王,于是蛮夷率服,诸侯来朝,如秦始皇并六国,汉文帝、景帝时征服九夷一样。也就是说一个国家强大的象征是蛮夷皆服从,诸侯来朝。卷三十九《高丽人来朝之事》也是日本所建立"华夷体系"的体现,是作品终结部分"中夏无为"的表现之一。实际上当时朝鲜半岛在大元的控制之下,因此,这种"华夷体系"是日本想象的,是观念性的。

　　在卷三十九的《大元进攻日本故事》一节中,《太平记》的作者回顾了日本和大元之间的战争,认为是日本各种各样的"神"显灵而战胜大元。以此为契机,作品回顾了神功皇后和朝鲜半岛的战争,在卷三十九《神功皇后进攻新罗之事》中有如下的叙述:

---

① 《日本书纪》卷第六《垂仁天皇》中"是歲、任那人苏那曷叱智请之、欲归于国、盖先皇之世来朝还欤",以朝贡的关系叙述了任那人的来朝。
② 鹫尾顺敬校注. 太平记 [M]. 東京:刀江書院,1943:721.

<<< 第四章 "太平"的叙述和华夷观

决定进攻朝鲜半岛之后，为了召开战略会议，应皇后邀请许多天地之神、日本一州大小神佛皆应召而来。……听说<u>高丽之夷</u>乘一万多艘船向海上进发。……此时，皇后再次拿出涨潮珠将其抛入海中，潮水从十方涨来，<u>数万之夷</u>全部溺海而死，看到如此情形，<u>三韩之夷</u>王受罪伏降。皇后用弓弦上端在岩石上写道"高丽王是我日本之犬"，写罢归国。……借天神地祇之力才容易征伐，使异国服从，然而……①

神功皇后在进攻高丽之时，请来了日本大大小小的"神佛"来帮忙，高丽战败，国王认罪投降。需要注意的是，画线部分将高丽称为"夷"，这是之前的神功皇后侵略朝鲜半岛的故事中所没有的内容②，在中世的《住吉缘起》《八幡大菩萨御缘起》中对朝鲜半岛也使用了"夷（えびす）"等词语。也就是说在中世，日本堂而皇之地将朝鲜半岛看作"夷狄"，纳入其"华夷体系"之中，成为征伐的对象。引文中"借天神地祇之力才容易征伐，使异国服从"等是日本神国思想的体现，即日本各种各样的"神"帮助打仗从而使"夷狄"臣服，也体现了神国思想和儒家思想的融合，是具有日本特色的"华夷观"。需要注意的是，引文中"神佛皆应召而来"不仅有"神"还包括"佛"。关于这一点，笔者将在后文中进行论述。

2. 对大元的华夷观

对古代日本人来说，中国一直是先进的国家，是日本人学习的榜样。然而延庆本《平家物语》和觉一本《平家物语》《源平盛衰记》等却不同，具有很强的对抗中国意识。在"私"的领域，即作为个人讲述中国时，把中国作为先进国，充满了赞赏之情；在"公"的领域，即作为天皇的臣下讲述中国之时，尽量避免对中国的赞赏。同时，在《平家物语》第二《小松殿参拜熊野之事》一节中，平重盛拒绝请宋朝来的医术高明的和尚为其看病，具有强烈的对抗中

---

① 鷲尾順敬校注. 太平記 [M]. 東京：刀江書院，1943：1132.
② 村井章介. アジアの中の中世日本 [M]. 東京：校倉書房，1988.

《太平记》中的儒家思想研究 >>>

国意识，排斥中国而保全日本的尊严。①

对《太平记》的作者来说，大元是先进国家的象征。《太平记》中将大元作为类比的对象，如在卷十六《兵库陆海进攻之事》中"大元灭宋朝黄河之兵"，将在兵库的战争比为大元灭宋的战争。如前所述，在卷三十八《大元战争故事》将细川赖之比拟为"上天之下，一人之上"的大元帝师，也就是说把细川赖之比拟为大元帝师是一种荣耀。然而到了《太平记》的终结部分，这种敬仰之情发生了变化。在卷三十九《大元进攻日本之事》中，《太平记》描写了元朝和日本的两次战争，日本称之为"文永·弘安之役"，其中有如下叙述：

> 倩寄三暇之余，见远古记录发现，自开辟以来，异国进攻我朝已有七次。尤其文永弘安两次战争是大元皇帝在征服了支那四百州之后，其势正是压倒天地之时，因此，<u>以小国之力难以消灭，然而我国轻而易举地消灭大元之兵，使吾国平安无事，只因尊神灵，神之冥助之故也</u>。……大风从其口吹出，扬起沙子，吹倒树木之多，不可估计。攻向九州的<u>夷狄</u>在此日即可全部灭亡。……原本，蒙古三百万骑一时灭亡之缘由不在于我国之勇武，岂非全<u>在于三千七百五十多的大小神之保佑乎</u>？②

上述引文认为大元征服了支那四百州，其势压倒天地，非小国日本所能匹敌，然而日本之所以能灭大元不在于日本武士的勇武，在于日本众多"神佛"的相助。在元朝军队进攻日本之际，日本朝野上下向各个神社、寺院祈祷，于是"神佛"显灵，刮起大风，将元朝军队全部灭亡。引文认为，神佛的保护正是小国日本战胜强大的大元的原因。很明显《太平记》作者以神国思想解释了日本战胜大元的原因，将小国的自卑意识转换为小国的"优越性"。画线部分的

---

① 平野さつき. 延慶本『平家物語』の対中国意識について [C] //和漢比較文学会編: 軍記と漢文学, 汲古書院, 1993.
② 鷲尾順敬校注. 太平記 [M]. 東京: 刀江書院, 1943: 1127.

202

"九州的夷狄"是流行本《太平记》的记述，将向九州进发的大元士兵称为"夷贼"。① 这一部分也叙述了日本在强调神国思想的优越性时，加入了华夷观，体现了神儒的融合。

《太平记》卷四十最后结尾的"中夏无为"和《高丽人来朝之事》《大元进攻日本之事》以及《神功皇后进攻新罗之事》紧密联系，具有强烈的对外意识，体现了日本试图建构对东亚的日本特色的"华夷秩序"，与日本国内的"华夷秩序"相呼应。而此时的日本既没有统一南朝，也没有使朝鲜半岛和大元臣服，因此这种"华夷秩序"是观念性的，是一种想象。那么，《太平记》的作者为何还要如此叙述呢？如前所述，《太平记》最后的成书很可能是在室町幕府的监修下完成的，因此"中夏无为"的"华夷观"或许也是对室町幕府及其掌权者细川赖之的恭维和赞扬。

第四节　对神国思想的继承和解构

正如上一节所述，《太平记》中对外的华夷观是以"神国思想"为核心，试图构建以日本为中心的对东亚的"华夷秩序"。在卷三十九《大元进攻日本之事》《神功皇后进攻新罗之事》中，作品将朝鲜半岛、大元视为夷狄，并再三强调"神国"日本的"优越性"。既然作品中的华夷观与"神国思想"紧密相关，那么，"神国思想"在作品中又是如何被叙述的？对后世又有怎样的影响？

一、"神佛融合"的神国思想

在现存的文献中，"神国"一词最早出现在《日本书纪》卷九《神功皇后》之中。② 该部分描写了神功皇后在侵略朝鲜半岛之际，新罗国王看到神功皇后的

---

① 成书于天正年间（1573—1592）的天正本《太平记》基本上均把大元军队称为"夷贼"，"蒙古七万余艘の兵船、あるいは荒礒の岩に当つて微塵に打ち砕かれ、あるいは逆卷く浪に打ち返されて、夷贼悉く失せにけり"。
② 锻代敏雄. 神国论の系谱［M］. 东京：法藏馆，2006：78.

大军，认为是"神国之兵"降临，于是不战而降。① 很明显《日本书纪》中的"神国"一词是在和朝鲜半岛对比时使用的，具有很强的对外意图。然而在平安时代，"神国"一词并不怎么被使用，② 自镰仓时代开始，尤其是元朝和日本战争之后，日本国家意识高扬，"神国"一词开始被广泛使用，神国思想也开始盛行。

然而日本中世的大部分军记物语中虽然也有神国思想，但对外意识并不是很明显，如《保元物语》上卷《将军塚鸣动》中"我朝是神国"③，《平家物语》卷第二《教训状》中的"日本是神国，神不享非礼"④ 等。日本中世，尤其是日本两次战胜大元的侵略之后，"神国思想"空前高涨，虽然大元战败的原因有很多，但是日本却简单地将其归于日本各种"神佛"的帮助。⑤ 这种"神国思想"在《太平记》卷二十七《云景未来记》中也表现得淋漓尽致，如下所示：

> 此器（三种神器）乃我朝之宝，从神代至人皇代代传承。我国虽然是小国，却在三国之中最优秀，吾朝神国的不可思议正在于此。⑥

《云景未来记》是一名叫云景的修行者欲到京都参观天龙寺，途径京都西郊之际，被另外一位修行者劝诱至爱宕山参观。在爱宕山，云景听到了其他修行者对天下大事的评论。这一部分是《太平记》政道观集中体现之处，预测了"观应之乱"和"正平一统"。上述引文认为日本虽然是小国，但在"三国"之中是最优秀的，原因在于日本是神国。"三国"指印度、中国和日本，是古代日

---

① 小岛宪之校注訳『日本書紀』卷九「神功皇后」："新羅王遥望、以為非常之兵將滅己國、聾焉失志。乃今醒之曰：吾聞、東有神國、謂日本。亦有聖王、謂天皇。必其國之神兵也。豈可舉兵以拒乎。即素旆而自服、素組以面縛、封圖籍、降于王船之前"。
② 《日本三代実録》貞観十一年（869）十二月十四日中有"然るに我が日本朝は所謂神明の国なり、……我が朝の神国と畏れ"の記載。
③ 信太周，犬井善壽校注訳. 保元物語 平治物語 [M]. 東京：小学館，2002：172.
④ 市古貞次校注訳. 平家物語 [M]. 東京：小学館，1994：267.
⑤ 南鶴基. 蒙古襲来と鎌倉幕府 [M]. 東京：臨川書店，1996：237.
⑥ 鷲尾順敬校注. 太平記 [M]. 東京：刀江書院，1943：780.

本的世界观。作品认为"神国思想"是日本独有的,优越于印度和中国,更不用说朝鲜半岛了。

诞生于南北朝时期、由南朝大臣北畠亲房编写的《神皇正统记》被认为受到了儒家思想的影响,同时又对儒家思想进行了强烈的批判。[1] 在《神皇正统记》卷一《序论》的开头,就宣扬了日本的神国思想:

> 大日本是神国。天祖初开基,日神长传道统。只有我国才有此事。异朝无此例。因此谓之神国。[2]

上述引文中的"异朝"是指代中国或印度,北畠亲房将日本和中国或印度进行对比,指出日本自天祖开基其道统绵延至今,区别于"异姓革命"的中国,体现了日本的"优越性",具有强烈的对外意识。《神皇正统记》在《后宇多院》中再次强调了"神国思想"的"优越性",如下所示:

> 辛巳年(弘安四年),蒙古大军乘大量战船侵犯我国,在筑紫进行了大战。神明现威显形阻止。大风突然刮起,数十万贼船皆被掀翻而毁灭。<u>虽是末世,神明之威德真是不可思议。这应是不变的誓约</u>。[3]

《神皇正统记》认为日本之所以能战胜大元是因为日本"神"的帮助,这种认识和《太平记》是一致的。画线部分的"末世"指佛教的末法时期。佛法共分为三个时期:正法时期、像法时期、末法时期。释迦牟尼佛入灭后,五百年为正法时期,此后一千年为像法时期,再后一万年就是末法时期。中世是日本末世思想流行的时期,在文学作品中也得到了体现。北畠亲房认为在末世时期,离开"佛""神"显示威德战胜大元是不可思议之事。北畠亲房强调的"神国思想"并未超出"神佛融合"的框架。

---

[1] 下川玲子. 北畠親房の儒学 [M]. 東京:ぺりかん社,2001:115.
[2] 岩佐正,時枝誠記. 神皇正統記 増鏡 [M]. 東京:岩波書店,1965:423.
[3] 岩佐正,時枝誠記. 神皇正統記 増鏡 [M]. 東京:岩波書店,1965:432.

《源平盛衰记》卷九《康赖参拜熊野》中也明确地表达了对中国的意识和神国思想的"优越性",如下所示:

> 天竺在南国正中,是佛出家之地,然而从像法末期以来,天界诸神的保护渐衰,宛如佛法已亡。<u>然我国自伊弉诺、伊弉冉尊到如今的百王,始终是神国</u>,神的加护和其他国不同,<u>并且,古代神功皇后使新罗、高丽、支那、百济等大国顺服</u>,即便五浊乱漫(末法时期之五种浊的众生生存状态)的今天大乘佛教也得以传播。①

后白河上皇和其近臣在京都近郊鹿谷山庄密谋发动政变,企图打倒控制国家政权的平氏,然而因密谋泄露而失败,史称"鹿谷之变"。平氏首领平清盛将参与"鹿谷之变"的藤原成经、平康赖、俊宽法师流放至现在九州南部的一座孤岛鬼界岛。三人在鬼界岛向"神"祈祷早日返回京城,俊宽讲述了日本神国的由来,"佛"化身日本的"神"来到日本垂迹。对此,如上述引文所示,平康赖进一步讲述了日本"神"和"佛"的关系,指出佛教已经到了末法时代,而日本从古至今都是神国,所以佛教一直昌盛。神功皇后征服新罗、高丽、百济以及支那(中国),使佛法在末世传播。《源平盛衰记》也未超出"神佛融合"的框架,虽指出"神国"日本优越于朝鲜半岛和"支那",但证明的仍旧是东亚共同的世界观"佛教"在日本繁荣的原因。

日本的神国思想受佛教影响②,为了克服日本佛教上的自卑感,将这种自卑感转换为"优越性"。佛教自公元六世纪中叶从中国经朝鲜传入日本,虽然被日本积极地学习、吸收,然而在这一强大的外来文化面前,日本人怀有深深的自卑感,常常以"粟散边地"来形容日本的处境。"粟散边地"是将日本和印度、中国做对比,认为日本是小国,处于佛教中心的边缘地带。中世的日本人虽然承认日本是"粟散边地",却强调日本是神国,和印度、中国不同。鸭长明(1155—1216)的佛教说话集《发心集》中有如下的记述:

---

① 松尾葦江校注. 源平盛衰記 二 [M]. 東京:三弥井書店,1991:89.
② 日本古代有"神佛习和"和"本地垂迹"的说法,强调神佛的一体。

>>> 第四章 "太平"的叙述和华夷观

因为日本是小国，处于边疆之地，因此国力弱小，人心愚蠢，……但是我国自伊邪那岐神、伊邪那美神起至百王的今日，一直都是神国，获得神的庇护。①

上文强调日本是"神国"，明显是和佛教的中心地——印度、中国作对比，突显日本的特殊性。同样的思想在军记物语《保元物语》卷上《新院御谋叛显露和调伏之事》中也有所体现：

虽然我国地处边地粟散之境，但因为是神国，故共有七千余座神，尤其是三十位神每日交替守卫朝廷。②

虽然日本远离佛教文化中心，但日本是神国，由日本的诸神保护。也就是说，日本一方面在佛教上有强烈的自卑意识，一方面强调日本是神国，试图以神国思想来强调夸大日本在佛教方面的"优越性"，体现了神佛的融合。因此，"神国思想"包括"佛"的要素，是在"神佛"融合基础上形成的，并非田中正人等日本学者认为的完全产生于日本文化内部的思想。

二、对神国思想的解构

《太平记》一方面继承了这种传统的"神国思想"，强调了日本优越于中国；另一方面却解构了这种神国思想。在卷三十九《神功皇后进攻新罗之事》中，作者虽然以"神国思想"解释了神功皇后对朝鲜半岛的战争，将朝鲜半岛称为"夷狄"，但在该故事的开头却有如下叙述：

以前，仲哀天皇以圣文神武之德进攻高丽三韩无功而返之时，神功皇后认为仲哀天皇的失败是智谋、武略不足的缘故，于是为了向唐朝拜师学艺，送上砂金三万两，得到履道翁三卷秘书，此乃黄石公在第五日鸡鸣时

---

① 三木紀人校注. 方丈記 発心集 [M]. 東京：新潮社，1976：89.
② 永積安明，島田勇雄校注訳. 保元物語 [M]. 東京：岩波書店，1961：107.

207

刻，在渭水之地桥上授张良之书。①

仲哀天皇以文治武功之德进攻朝鲜半岛却没有成功，神功皇后认为是智谋不足，用三千砂金换来"履道翁"的三卷兵书，此兵书乃是黄石公传授给张良的兵书。"履道翁"是中国的何许人物不得而知，但张良是以黄石公传授的兵书帮助汉高祖取得了天下。张良是日本军记物语经常引用的人物，是智谋的象征，如"张良帷帐内之计策""如从陈平、张良肺腑流出"② 等。也就是说，神功皇后征服朝鲜半岛除了有日本"神"的帮助之外，还利用了中国兵书的兵法。③ 画线部分"为了向唐朝拜师学艺，送上砂金三万两，得到履道翁三卷秘书"，在以往的神功皇后进攻新罗故事中从未出现，很明显是《太平记》作者的增补，体现了13世纪以后的欧亚大陆重商主义性格，也暗示了没有金钱的话，日本天神地神的神威也难以保全。④ 在《神功皇后进攻新罗之事》的最后，作者对朝鲜半岛使者持大元国书要求日本解决倭寇之事作了如下的评述：

即便在其德合天、其化及远的上古时代，正因为借助天神地祇之力才容易征伐，使异国服从。然而，现在因为无恶不作的贼徒侵犯元朝和高丽，从而使高丽派遣谍使，献上其课（贡物），这是亘古未有的不可思议之事。如此下去，我国反而会遭到外国侵略，都是令人不安之事。此时，福州吴元辅王乙赠予我朝之诗歌亦为此意。日本狂奴乱浙东，将军闻变气如虹。沙头列阵烽烟暗，夜半鏖兵海水红。筚篥按歌吹落月，髑髅盛酒饮清风。何时截尽南山竹，细写当年杀贼功。此时令人想到日本一州近年竹叶枯落

---

① 鹫尾顺敬校注. 太平记［M］. 東京：刀江書院，1943：1131.
② 鹫尾顺敬校注. 太平记［M］. 東京：刀江書院，1943：152.
③ 黄石公传授张良兵书的故事在中世文献中常常出现（岡見正雄. 白河印記と兵法［J］. 国語国文，1958（11）），中世的小笠原流兵法书将弓的起源和神功皇后故事结合在一起（伊藤聡. 神道とは何か：神と仏の日本史［M］. 東京：中央公論新社，2012）。
④ 樋口大祐.「神国」の破砕.『太平記』における「神国/異国」［J］. 日本文学，2001（7）.

第四章 "太平"的叙述和华夷观

之事，莫非是日本灭亡的先兆？真是令人不安。①

由上述引文可知，上古之时，日本依靠天神地神的力量很容易让外国臣服，而如今无恶不作的海盗在大元沿海、朝鲜半岛掠夺，外国遣使交涉，令人不可思议，也就是说日本的"神"已经起不到让外国顺服、来朝的作用。同时，《太平记》作者对当时的国际形势担心不已，觉得日本很可能会被外国侵略，此时，福州吴元辅王乙赠日本一首诗歌。吴元辅王乙是何人，已无从知晓，实际上这首诗歌是元朝诗人迺贤（1309—？）的诗，是其《送慈上人归雪窦追挽浙东完者都元帅》中的一首，讲述了倭寇在宁波一带的抢劫以及元朝都元帅对倭寇的反击。②《太平记》的作者读完此首诗，十分惧怕，认为日本今年竹叶之所以都枯萎落下了，或许可能是日本即将灭亡的前奏。在此，作者也失去了在《大元进攻日本之事》中以日本之"神"来击退外国进犯的自信心，之前所宣扬的"神国思想"被解构了。

这种对"神国思想"的解构在天正本《太平记》中体现更为明显，天正本在以上叙述的基础之上，在西源院本《太平记》卷三十九《高丽人来朝之事》章节的开头增补了以下内容：

且说，神木被抬入京时，神木的申诉还没结果期间，人皆惶恐不安。然而，现如今还会有什么事呢？日本、京城之人都觉得很安心，<u>武威也越来越强</u>，甚至有人调侃说鬼界、高丽肯定也会归顺。此时却发布说万户金乙贵、千户金龙将军捧高丽国的敕书来朝，因此听到此消息者无不吃惊。③

贞治三年，即1364年南都兴福寺的和尚们抗议室町幕府的管领斯波道朝夺取其寺院的庄园，抬着春日的神木到京都抗议，后来斯波道朝失势下台，兴福寺收回庄园。兴福寺将神木接回奈良之时，公家和武家的权贵纷纷在京都沿途

---

① 鷲尾順敬校注. 太平記［M］. 東京：刀江書院，1943：1133.
② 森田貴之.『太平記』と元詩—成立環境の一隅—［J］. 國語國文，2007（2）.
③ 長谷川端校注. 太平記4［M］. 東京：小学館，1998：417.

209

护送。因对"神木事件"的处理得当，幕府的权威也将越来越强化，因此许多人开玩笑地说鬼界、高丽也该臣服了。然而此时朝鲜半岛的使者却持国书让日本解决倭寇问题，令很多人不可思议。兴福寺的"神木诉讼"成功代表了日本"神"的权威，鬼界、高丽臣服日本是日本传统的"神国思想"的对外意识，然而作者对这种传统的"神国思想"用了"謂ひ戯るるところに"，即以戏谑口吻来讲，暗指对神佑之事的怀疑。也就是说天正本《太平记》在古老版本的基础之上，进一步对传统"神国思想"进行了批判，或许暗示了室町幕府的"武威"越来越弱。

至此，《太平记》完成了对日本传统"神国思想"的解构。这种解构实际上是对日本传统"神国思想"的批判，批判了"神国思想"能使外国臣服的观点，暗示了没有武威的室町幕府建构的以"神国思想"为中心的"华夷秩序"是不成立的，所谓的"中夏无为"的对外和平更是无稽之谈。进一步说，"中夏无为"不能以"神国思想"来解决，表面短暂的和平之下隐藏着巨大的威胁，而细川赖之却沉浸在这种赞扬和恭维之中，这或许才是《太平记》作者所要表达的真正的意图。

总之，日本的"神国思想"完全产生于日本文化内部，而是在"神佛融合"的基础之上产生，加入了儒家的华夷观之后，体现了"神佛儒"三者的融合，构成了日本对外意识的来源。

三、神国思想和日本的对外侵略

元日战争之后，元朝和日本战争的历史被后世不断提及，成为文学作品的重要题材来源之一。日本传统戏剧形式之一的幸若舞《百合若大臣》融入了元朝和日本战争的历史，讲述了嵯峨天皇时期一位名叫百合若的武士率兵成功击退了蒙古的进攻，并且百合若主动出击蒙古，在高丽彻底打败了蒙古。在百合若率军抵御蒙古进犯时，《百合若大臣》中有如下描写：

> 虽然原本我朝是粟散边土，国土狭小，然而自神代有三宝相传。一为神玺，是大六天魔王的图章，二为内侍所，是天照大神的镜子，三为宝剑，

是从出云国簸上山的大蛇的尾巴取出的灵剑。这些是天下的贵重宝物，虽然异国九夷兴起欺凌我国，但由于我国是神国，未有亡国之事。至今天照大神五十铃川之末未尽，向伊势神社献币，根据内侍所的神谕，派遣讨伐军，向各个神社献币，举行临时的神乐。①

《百合若大臣》在记述百合若勇武的同时，仍旧强调了日本是神国，击退外敌的入侵离不开"神"的帮助。需要注意的是，无论是百合若抵御蒙古进犯，还是主动出击蒙古，都强调了"神"的帮助。百合若的故事在净琉璃、歌舞伎等日本传统的戏剧形式中也不断被上演，成了日本人对外的战争观。②

近世初期产生的萨琉军记叙述了日本对琉球的侵略③，其中《岛津琉球军记》将大元对日本侵略的失败和神功皇后对朝鲜半岛的侵略，丰臣秀吉对朝鲜、大明的威胁联系起来，以神国思想来解释这些对外战争：

神功皇后征伐三韩，三韩跟随我国以来，丰臣秀吉威胁朝鲜大明以来，外国畏惧臣服如草木随风倒伏。镰仓北条时赖之时，<u>大元派遣百万船只进攻日本，因为神风频频刮起，大元船只等倾覆</u>。……果然不仅朝鲜琉球，万国无不臣服，乐受我神国之德。④

引文中的"万国无不臣服，乐受我神国之德"露骨地强调了神国日本可以征服整个东亚地区。

日本的"神国思想"对中世后期丰臣秀吉侵略朝鲜半岛和企图征服中国大明，以及近代日本吞并朝鲜半岛以及侵略中国产生了很大的影响。⑤ 江户初期成

---

① 麻原美子，北原保雄校注. 舞の本[M]. 東京：岩波書店，1994：45.
② 服部幸造. 英雄の語り物——幸若舞曲「百合若大臣」を中心に[J]. 国文学 解釈と教材の研究，2003（9）.
③ 目黑将史.《薩琉軍記》の歴史叙述：異国言説の学問の伝承[J]. 文学，2015（3）.
④ 池宫正治，小峯和明編. 古琉球をめぐる文学言説と資料学：東アジアからのまなざし[M]. 東京：三弥井書店，2010：311.
⑤ 小峯和明.《侵略文学》の位相—蒙古襲来と託宣・未来記を中心に、異文化交流の文学史をもとめて—[J]. 国語と国文学，2004（8）.

211

书的军记物语《太阁记》记述了丰臣秀吉的一生，详细地描述了丰臣秀吉侵略朝鲜半岛以及中国和朝鲜半岛联合抗击日本侵略的过程，其中卷十五收录有丰臣秀吉写给明朝的国书，国书的开头有如下的记载：

> 夫日本者神国也。即、天帝、天帝即神也。全无差。依之国俗动神代风度崇王法、体天则地、有言有令。……日本之贼船、年来入大明国、横行于村村、虽成寇、予曾依有日光照临天下之先兆、欲匡正八极。而及远岛边陬、海路平稳、通贯无障碍、制禁之、大明亦非所希乎。何故不伸谢词耶。盖吾朝小国也、轻之侮之乎。以故将兵欲征大明。①

在此国书的第一条，丰臣秀吉明确地强调日本的特色"神国"。引文中把日本的"神"比作"天帝"是别有用心的。众所周知，在汉字文化圈中，"天帝"代表至上神，它创造了包括人类在内的一切生灵，因此被比作"天帝"的日本的"神"也具有了至上神的特质，可以主宰和统治一切。进而言之，神国日本也具有了可以征服和统治包括中国在内的亚洲大陆的可能，显见其侵略性思想。② 日本这种神国思想不仅仅对东亚使用，还成了日本禁教的理由。天正十五年（1587），丰臣秀吉签发了传教士驱逐令，之后的天正十九年（1591），秀吉在对葡萄牙驻印度第二任总督就要求保护传教士一事的回信中说道：

> 夫吾朝者神国也、神者心也、森罗万象不出一心、非神其灵不生、非神其道不成。增劫之、此神不增、减劫之、此神不减。阴阳不测谓之神、故以神为万物根源矣。此神在竺土唤之为佛法、在震旦以之为儒道、在日域谓诸神道。知神道则知佛法、又知儒道。……如尔国土、以教理号专门、而不知仁义之道、次故不敬神佛、不隔君臣、只以邪法欲破正法也。从今

---

① 檜谷昭彦，江本裕校注. 太閤記 [M]. 東京：岩波書店，1996：448.
② 庄佩珍. 日本丰臣政权时期外交文书中所见"神国思想"的发展与创新——兼论中国典籍对日本思想文化发展的影响 [J]. 福建师范大学学报（哲学社会科学版），2010（1）.

212

以往、不辨邪正、莫作胡说乱说。①

丰臣秀吉在回信中把日本是神国作为了禁止天主教在日本传播的理由，认为神国日本优越于佛法、儒道，更优越于西方宗教。

正如前文所说，日本的"神佛融合"的"神国思想"，在加入儒家思想的华夷观后构成了日本的对外意识。江户时代初期的儒学家堀杏庵（1585—1643）在其《朝鲜征伐记》一书中将中国大明视为"夷狄"，是日本征伐的对象：

> 诚然天下归于一统，四夷八蛮皆来归附，如疾风吹草。于是秀吉公的武威也遍及外国，朝鲜王李昖派遣三使者窥探情况。……从朝鲜向大明派遣使者，大明需如以前一样向日本派遣勘合贸易之船。大明如有异议，朝鲜王应派八道之兵先进攻大明。秀吉接着进攻大明，使其四百余州降伏，从而成为北京的皇帝。②

在《朝鲜征伐记》中，日本要征服的"夷"的范围不仅包括日本的北部，也包括琉球、朝鲜半岛，还试图将中国明朝纳入进去，明确地体现了日本对中国的侵略意识。③ 由此可见，日本不断将"夷"的范围扩大，试图建立囊括中国明朝在内的东亚的"华夷体系"。近世初期，日本九州的萨摩藩出兵琉球，迫使琉球向日本朝贡。自此，琉球既是中国的藩属国也是日本的藩属国，近代日本实行废藩置县的政策，迫使琉球改为冲绳县，完全纳入日本版图。萨琉军记站在日本的立场，以华夷观解释了日本萨摩藩出兵琉球、使琉球臣服的正当性。

神国思想原本是日本为了阐述皇室的正统性、强调对朝鲜半岛的优越性，但随着时间的发展，尤其日本打败大元的侵略之后，这种思想开始演变成为一

---

① 北島万次. 豊臣政権の対外認識と朝鮮侵略 [M]. 東京: 校倉書房, 1990: 157.
② 大関定祐著, 黒川真道編. 朝鮮征伐記 [M]. 東京: 国史研究会, 1917: 13.
③ 金時德. 異国征伐戦記の世界：韓半島・琉球列島・蝦夷地 [M]. 東京: 笠間書院, 2010: 397.

213

种民族的优越感和排外思想，和"华夷观"融合在一起，逐渐形成了主动对外战争的理论来源，为丰臣秀吉侵略东亚乃至日本近代的对外侵略行为提供了思想武器。① 这种思想始于《日本书纪》，贯穿于整个日本古代，也体现在日本古典文学之中，军记物语当然也不例外。起初这种思想只是试图将朝鲜半岛纳入日本的"华夷秩序"，中世以后逐渐扩大，也企图将大元、明朝、琉球等纳入其中。日本的这种"神国思想"是日本对外侵略意识的来源，从丰臣秀吉企图征服朝鲜半岛和中国大明，到近代所谓的"大东亚共荣圈"等均和这种思想有很深的渊源。

本章小结

《太平记》的终结部分对持续近五十年的动乱做了总结，认为日本已经进入所谓的太平时代，对室町幕府和细川赖之进行了褒扬。这种褒扬在细川赖之剿灭细川清氏之后的卷三十八《大元战争故事》中也得到了体现，该故事将细川赖之比拟为中国元朝的帝师，暗示了他还掌管了佛教界的权力。但这种褒扬只是表面上的，《太平记》的作者还通过三国故事的引用批判了细川赖之只有谋略，没有"仁义"；只有"尺寸之智"，没有"守死善道"。或许可以说《太平记》的作者虽然表面上称赞细川赖之，实际上却对他进行了讽刺和批判，也暗示了对室町幕府的不满和失望。

《太平记》最后章节的"中夏无为"既强调了日本国内的"华夷观"，即将北朝和室町幕府作为正统的"华夏"，将南朝视为"夷狄"；同时还将日本作为"华夏"，将朝鲜半岛和大元视为"夷狄"，说明"神国思想"优于朝鲜半岛和大元。然而《太平记》的作者却没有止于此，通过对"神国思想"的解构，暗示了所谓的"中夏无为"是无稽之谈，对细川赖之以及室町幕府作了批判和讽刺。日本的"神国思想"并非日本独有，而是产生于"神佛融合"，加入了儒家的华夷观，体现了"神佛儒"三者的融合，构成了日本对外侵略思想的来源。

因此，或许《太平记》终结部分对天下"太平"的评价只是为了恭维细川

---

① 陈小法. 日本"神国思想"与元明时期的中日关系 [J]. 许昌学院学报，2005（1）.

赖之和室町幕府，在其背后表达了对细川赖之和室町幕府的不满，以及对所谓天下"太平"的失望。

结 语

结　语

　　《太平记》是一部以历史为题材的文学作品，成书于日本南北朝大动荡的时代。这个时代是日本政治思想文化大变革的时代，是东亚国际秩序变更剧烈的时代，也是中日古代的大交流时代。大量中国典籍的引用和儒家思想的运用是《太平记》的显著特点之一。《太平记》既继承了平安时代以来公卿贵族阶层对儒家思想接受的传统，又显示了中世武士阶层对儒家思想接受的特点。《太平记》成书之后便迅速流传于世，不仅对后世文学史学，如读本小说《南总里见八犬传》、净琉璃《假名手本忠臣藏》、江户时代初期编撰的《大日本史》、赖山阳的《日本外史》等影响巨大；还对林罗山、熊泽蕃山、安藤昌益等近世的儒学家们，以及近代的倒幕运动、近代的皇国思想等影响颇深。因此，研究《太平记》的历史叙述和儒家思想的关系对了解这部作品历史叙述的特点、儒家思想在日本的接受史、《太平记》最终成书的情况，以及中日两国古代的交流状况具有重要的意义。

　　本研究主要以《太平记》中的尤物观、忠臣观、革命观、华夷观为研究对象，使用文史互证法、中日比较法、出典研究，梳理了这些儒家话语在日本的接受情况，指出了《太平记》是如何运用儒家话语褒贬历史人物和事件的。基于以上考察，笔者对《太平记》的历史叙述和儒家思想的关系，以及《太平记》最终成书的情况等概括如下：

　　首先，"看似矛盾，实则统一"的叙述方式是《太平记》历史叙述的特点之一。"看似矛盾，实则统一"是指表面的叙述充满矛盾，实际上并不矛盾，反而具有内在的统一性。《太平记》表面上对后醍醐天皇采取了既赞扬又批判的矛盾式的历史叙述：一方面将其塑造为"圣主""明君"，认为其倒幕行为是所谓的"革命"；另一方面又通过阿野廉子的"倾城倾国之乱"批判其沉溺于女色，将其比拟为夏桀、殷纣，认同室町幕府对其的"革命"。实际上，作品对后醍醐天皇"圣主""明君"的描写只是表层的历史叙述，其深层含义是足利尊氏在后醍醐天皇"革命"大旗的名义下，名正言顺地背叛主君北条氏，消灭了镰仓幕府在京都的军事势力。后醍醐天皇倒幕的目的是从幕府手中夺回政权，实际上《太平记》并不认同天皇亲政的政治体制，而是赞同二元的政治结构，即天皇仅仅作为精神的权威，幕府掌握国家政权。在《太平记》的第二部，作品通过儒家话语"尤物观""忠臣观""革命观"等解释了后醍醐天皇失去国家政权的原因，表达了作者不赞成天皇亲政的政治倾向。长期以来，《太平记》研究界认为作品卷一对后醍醐天皇批判的描写主要是和作品的第二部对应，解释后醍醐天皇建武新政的失败。然而，笔者通过对"尤物观"、纪信忠臣形象的塑造、"革命"和"谋反"二律背反的考察可知，作品第一部多处暗含了对后醍醐天皇的批判和讽刺。此外，通过对《太平记》中儒家话语的考察，也可以进一步证实作品的成书和室町幕府有很深的关系。因此，除去多次修改造成的不可避免的矛盾之外，《太平记》中所谓看似"矛盾"的历史叙述，实际上并不矛盾，反而具有内在的统一性，或许可以称之为"看似矛盾，实则统一"的叙述方式。

其次，"看似褒扬，实则贬低"的叙述方式也是《太平记》历史叙述的特点之一。"看似褒扬，实则贬低"是指表面上是在褒扬，实际上却暗含贬低、讽刺。《太平记》以儒家话语解释了室町幕府成立的正当性，以"褒扬"的历史叙述方式褒扬了足利尊氏、细川赖之以及室町幕府。如《太平记》的叙述是足利尊氏在"元弘之乱"中背叛主君北条氏是为了后醍醐天皇的"革命"，而在"中先代之乱"中作品又将足利尊氏描写为"忠臣"，不愿意和后醍醐天皇刀兵相见。实际上，作品通过改变历史叙述的时间、儒家思想的"尤物观"等批判室町幕府的第一代将军足利尊氏，暗示了他既不忠于主君镰仓幕府的北条氏也不忠于后醍醐天皇，只不过是为了控制国家政权而已。作品的终结部分表面上将细川赖之比拟为中国元朝的帝师，暗示他甚至掌握了宗教界的权力。作品认为北朝和室町幕府是正统的"华夏"，将南朝视为"夷狄"，也将朝鲜半岛和大元视为"夷狄",同时说明"神国思想"优于朝鲜半岛和大元。作品的终结部分还通过三国故事、典故的引用批判了细川赖之只有谋略,没有"仁义";只有"尺寸之智",没有"守死善道"。作品还通过对"神国思想"的解构,暗示了所谓的"中夏无为"是无稽之谈,对室町幕府和管领细川赖之进行了批判和讽刺。这种所谓表面上褒扬、恭维的历史叙述,实际上却充满了不满,暗含着莫大的讽刺,或许可以称之为"看似褒扬,实则贬低"的叙述方式。

再次,通过考察《太平记》中的儒家思想对了解日本接受儒家思想的特点有较大的启发意义。日本对儒家思想的接受并不是原原本本的作为"他者"的中国的儒家思想,日本古代对儒家思想的接受具有很强的自主性和选择性,适应了其本国的实际情况。如《太平记》中的尤物观还带有佛教说教的色彩,体现了儒佛的融合。万里小路藤房身上体现的忠臣观主要是受中国《古文孝经》中"三谏不纳,奉身以退"的影响,不同的是藤房的"奉身以退"是遁世出家,融合了佛教的因素,也体现了日本文学中的儒佛融合的特点。楠木正成父子的忠臣形象是强调以死报君的忠,是为表现忠而忠,实际上都是一种无现实意义的牺牲,并不是中国的忠臣特点。以死报君的忠在作品中描写得哀婉凄凉、催人泪下,具有强烈的抒情性。此外,考察《太平记》中的儒家思想实际上是从东亚的"周边"日本反观东亚的"中心"中国,对反思古代中国沉溺于"天朝上国"的自我想象也有一定的启发意义。① 比如,与中国易姓革命不同,日本则强调皇室万世一系的"优越性"。日本不仅有幕府对天皇的革命,还有天皇对幕府的革命。不仅有天皇的"革命",还有天皇的"谋反",实际上这些均和天皇、幕府双重的二元政权结构相关,是日本接受革命观独特之处的原因。日本的"神国思想"也并非单纯产生于日本文化背景之下,而是产生于"神佛融合",加入了儒家的华夷观,体现了"神佛儒"三者的融合,形成了日本古代的对外意识。

最后,本研究通过新材料的使用,指出了作品的新出典。这些新出典的揭示对了解《太平记》的最终成书和中世中日文化的交流情况也有一定的帮助。

---

① 葛兆光. 宅兹中国:重建有关"中国"的历史论述[M]. 北京:中华书局,2011:3.

笔者在第一章第二节"《太平记》中的'尤物'杨贵妃"中指出,卷三十七《杨贵妃之事》中杨贵妃和宁王的故事是日本以往杨贵妃故事中没有的内容,是在中国宋元文化的影响下,根据日本五山禅僧以杨贵妃和宁王为题材的诗歌创作而成。在第四章第二节"'太平'的叙述和细川赖之人物形象的塑造"中,笔者明确指出了卷三十八《大元战争之事》中的西蕃帝师是受中国元朝帝师八思巴的影响,当时的禅僧春屋妙葩也从朝廷得到了和元朝帝师八思巴一样的封号和礼遇。此外,卷二十《孔明仲达之事》中《梁父吟》一诗的增补受到宋代诗话《诗人玉屑》等影响的可能性比较大。这些新材料的发现对解明《太平记》的成书环境也有较大的启发意义。虽说《太平记》成书时代相当于中国的元代中后期,受宋元时代书籍的影响是理所当然之事。然而,《太平记》中中国典籍的引用绝大多数仍旧来源于平安时代的汉文学系统,许多来源不明的中国典故、故事的引用是否受中国宋元文化的影响一直困扰着《太平记》研究界。笔者在增田欣、柳濑喜代志、森田贵之等研究的基础之上,进一步解明了《太平记》中中国典籍的引用和宋元文化的关系。而熟知中国宋元文化的群体主要是往来于中日之间的禅僧们,因此,《太平记》的最终成书很可能和日本五山禅僧们的文化圈有很大的关系。日本《太平记》研究界认为《太平记》的最终成书很可能是在细川赖之的监修下,由五山禅僧们参与完成的。笔者对这些新材料的发现或许可以进一步佐证日本研究界的这一论断。

  总之,《太平记》看似结构散乱,矛盾之处较多,不如《平家物语》文学性高。然而,通过对《太平记》的历史叙述和儒家思想的关系研究可知,看似"矛盾"的历史叙述并不矛盾,表面上褒扬的历史叙述却暗含了讽刺。也即是,"看似矛盾,实则统一"的叙述方式和"看似褒扬,实则贬低"的叙述方式正是《太平记》最显著的历史叙述特点。需要注意的是,儒家思想对《太平记》历史叙述的影响是多层次的、全方位。既有作者生拉硬扯地引用儒家典籍来卖弄炫耀知识的用意,也有将中国儒家相关故事人物作为先例来进行简单对比的意图;既有运用儒家思想对忠臣孝子的直接极力褒扬,也有运用儒家思想对权势炙手可热的为政者的隐晦批判;既有原原本本地对中国儒家思想的机械运用;也有适应日本的审美需要或国情而变异的儒家思想的运用。本研究主要是通过考察《太平记》中儒家思想的表层叙述，揭示其深层叙述的含义及原因。笔者认为，作品通过儒家话语尤物观、忠臣观、革命观等表面上批判了后醍醐天皇沉溺于美色、远离忠臣、没有帝德，然而其深层叙述的用意并不是要求后醍醐天皇成为类似中国帝王那样"乾坤独断"的明君，而是反对后醍醐天皇亲政，为足利氏室町幕府的成立寻求合法性。作品虽然赞成天皇、幕府的二元政治体制，但仍旧表达了对室町幕府的深深不满。虽然《太平记》主要是在室町幕府的监修下完成的，但《太平记》的创作者却以日本的"士大夫"自居，与以天下为己任、具有强烈现实批判精神的中国儒家知识分子具有类似之处。他们肩负起了"经世济国"的重任，欲为南北朝战乱不断的日本寻求一条通向太平的途径。此外，笔者认为，通过对《太平记》的历史叙述和儒家思想的关系的考察，也基本上可以进一步证实《太平记》是一部具有文学性和整体性的作品。

参考文献

使用的太平记版本

鷲尾順敬校注. 太平記（西源院本）（M）. 東京：刀江書院，1943.

黒川真道校. 太平記（神田本）（M）. 東京：内外印刷株式會社，1907.

後藤丹治，釜田喜三郎校注. 太平記（流布本）（M）. 東京：岩波書店，1960.

長谷川端，加美広，大森北義，長坂成行編. 太平記（神宮徴古館本）（M）. 東京：和泉書院刊，1994.

長谷川端校注訳. 太平記（天正本）（M）. 東京：小学館，1996.

山下宏明校注. 太平記（流布本）（M）. 東京：新潮社，1985.

前田育徳会尊経閣文庫編刊. 太平記：玄玖本 1~5（M）. 東京：勉誠社，1973~75.

一、日文文献（按五十音图顺序）

（一）期刊论文

[1] 阿部隆一. 室町以前邦人撰述論語孟子注釈書考（下）（J）. 斯道文庫論集，1964（3）.

[2] 新井勉. 古代日本の謀反・謀叛について：大逆罪・内乱罪研究の前提として（J）. 日本法學，2012（6）.

[3] 新井勉. 中世日本の謀反・謀叛について：大逆罪・内乱罪研究の前提として（J）. 日本法學，2012（9）.

[4] 伊井一弘. 花園上皇から見た後醍醐天皇の一側面 (J). 大正史学, 1985 (3).

[5] 石田洵.『太平記』終末部への流れ——時と場と意識 (J). 日本文学会誌, 2005 (17).

[6] 井実充史. 君臣和楽における女性描写の政治性: 勅撰三集艶情表現の基底にあるもの (J). 福島大学教育学部論集 人文科学部門 第 75 号, 2003 (12).

[7] 今井正之助.『太平記』の形成過程と序 (J). 日本文学, 1976 (7).

[8] 于君.「『平家物語』における武士の「孝」と「忠」(J). 広島大学大学院教育学研究科紀要 第二部 文化教育開発関連領域, 2013 (62).

[9] 于君. 軍記物語に描かれた武士像:『平家物語』と『太平記』における (J). 広島大学大学院教育学研究科紀要 第二部 文化教育開発関連領域, 2014 (63).

[10] 于君.『太平記』に描き出された武士像:「忠」と「孝」を中心に (J). 広島大学大学院教育学研究科紀要. 第二部. 文化教育開発関連領域, 2015 (64).

[11] 大津雄一. 義仲考: 王権の〈物語〉とその亀裂 (J). 日本文学, 1990 (7).

[12] 大津雄一.『太平記』あるいは〈歴史〉の責務について (J). 国文学研究, 1997 (6).

[13] 太田次男. 釈信救とその著作について——附・新楽府略意二種の翻印 (J). 斯道文庫論集, 1967 (5).

[14] 太田次男. 真福寺蔵新楽府注と鎌倉時代の文集受容について——付・新楽府注翻印 (J). 斯道文庫論集, 1968 (7).

[15] 大坪亮介.『太平記』北野通夜物語の構想: 物語の聞き手への着眼から (J). 文学史研究, 2008 (48).

[16] 大坪亮介.『太平記』における「公家」・「武家」対比の構想——巻三十五「北野通夜物語」の情勢認識をめぐって (J). 文学史研究, 2011

(51)．

［17］大坪亮介．『太平記』における北条氏の治世：大尾記事との関わり（J）．国語国文，2012（8）．

［18］大坪亮介．万里小路藤房と『太平記』第三部世界―武家の棟梁をめぐって―（J）．文学史研究，2013（3）．

［19］大坪亮介．『太平記』における怨霊記事と政道批判：巻三十四「吉野御廟神霊事」を中心に（J）．文学史研究，2013（53）．

［20］大森北義．『太平記』の初端―巻一の歴史叙述―．名古屋女子大学紀要 人文社会編，1989（3）．

［21］大森北義．『太平記』の発端：巻一の歴史叙述について（J）．名古屋女子大学紀要 人文・社会編，1990（3）．

［22］大森北義．動乱をとらえる眼――「太平記」作者の視点（J）．国文学解釈と教材の研究，1991（2）．

［23］大森北義．『太平記』研究史稿（1）：明治期から昭和前期（戦前）まで（J）．名古屋女子大学紀要 人文・社会編，1998（3）．

［24］大森北義．『太平記』研究史稿（2）：戦後の研究の出発 永積安明氏の論を軸に（J）．名古屋女子大学紀要 人文・社会編，1999（3）．

［25］大森北義．『太平記』における「革命」論の位置（C）．東京．新典社，2004．

［26］大森北義．『太平記』の「文学」と楠木正成（J）．軍記と語り物，2015（3）．

［27］小木曽千代子．了俊の非難の焦点――足利殿「降参」の解釈（J）．国語と国文学，2011（3）．

［28］釜田喜三郎．更に流布本保元平治物語の成立に就いて補説す．神戸商船大学紀要文科論集，1953（3）．

［29］釜田喜三郎．「文芸とは何であるか：楠木正成の神謀鬼策（J）．神戸商船大学紀要 文科論集，1956（3）．

［30］釜田喜三郎．傾城傾国の乱（C）．鈴木登美恵著『太平記』，東京：

尚学図書，1980.

[31] 河野貴美子. 古代日本における『周易』の受容（J）. 国文学研究，2010（6）.

[32] 邱璐.『太平記』における中国古典の影響：限界をめぐり（J）. 皇学館論叢，2012年（10）.

[33] 黒田彰. 太平記から三国伝記へ：朴翁天竺震旦物語をめぐって（J）. 日本文学，1991（6）.

[34] 小秋元段.『太平記』の古態をめぐる一考察——巻三十八を中心に——（J）. 中世文学，2008.（6）

[35] 小秋元段.『太平記』巻四古態本文考（J）. 国語と国文学，2008（11）.

[36] 小秋元段. 歴史叙述と本文改編—『太平記』における二系統の本文をめぐって—（C）. 竹林舎，2011.

[37] 小秋元段.『梅松論』における足利尊氏—新たなる将軍像の造形—（J）. 日本文学誌要，2012（7）.

[38] 小口雅史. 古代東アジア世界のなかの日本の自国認識：大唐帝国は日本律令国家の「隣国」か「蕃国」か（J）. 国際日本学，2013（10）.

[39] 小峯和明. 琉球文学と琉球をめぐる文学：東アジアの漢文説話・侵略文学（J）. 日本文学，2004（4）.

[40] 小峯和明.《侵略文学》の位相—蒙古襲来と託宣・未来記を中心に，異文化交流の文学史をもとめて—（J）. 国語と国文学，2004（8）.

[41] 呉志良. 中世日本文学における中国故事受容の研究——鴻門の会説話について（J）. 中京大学文学部紀要，2004（39）.

[42] 呉志良. 中世日本文学における紀信説話の受容について（J）. 中京大学文学部紀要，2006（40）.

[43] 佐伯真一.「朝敵」以前——軍記物語における《征夷》と《謀反》——（J）. 国語と国文学，1997（11）.

[44] 定方美恵子.『太平記』の「太平」の認識について：「静謐」「無

為」との比較から（J）. 静大国文, 2001（3）.

［45］佐藤邦宏.『太平記』における妙吉侍者と藤原有範の役割：足利直義の描写との関わりから（J）. 新潟大学国語国文学会誌, 2009（50）.

［46］佐藤邦宏.『太平記』の擱筆の在り方の再評価：細川頼之の人物形象から（J）. 新潟大学国語国文学会誌, 2009（51）.

［47］佐藤邦宏. 細川頼之の人物形象に見る楠正成の影響——『太平記』の「智謀」「草創」の語句の用例検討から（J）. 新潟大学国語国文学会誌, 2011（53）.

［48］鈴木登美恵. 佐々木道誉をめぐる太平記の本文異同—天正本の類の増補改訂の立場について—（J）. 軍記と語り物, 1964（1）.

［49］鈴木登美恵. 太平記構想論序説——巻1の考察（J）. 国文, 1960（2）.

［50］鈴木登美恵. 太平記作者と玄恵法印（J）. 国語と国文学, 1973（4）.

［51］鈴木登美恵. 玄玖本太平記解題（C）. 勉誠社, 1975.

［52］鈴木登美恵. 太平記成立年代の考察——神明鏡の検討から（J）. 中世文学, 1976（10）.

［53］鈴木登美恵. 太平記作者圏の考察——洞院家の周辺（J）. 中世文学, 1990（6）.

［54］外村久江. 六代勝事記と源光行（J）. 東京学芸大学研究報告, 1965（15）.

［55］徐萍.『太平記』の「会稽の戦」論：漢籍との比較を通して（J）. 東京大学国文学論集, 2012（3）.

［56］徐萍.『太平記』の西施説話考：比較文学の視点から（J）. 東京大学国文学論集, 2015（3）.

［57］武田昌憲.「太平記」と北野——高師直一族悪行譚の一側面説話文学研究（J）. 1995（6）.

［58］田中尚子.『太平記』と『三国志演義』における死の叙述法——人物描写とのかかわりから（J）. 比較文学, 2002（45）.

[59] 田中尚子.『太平記』と『三国志演義』における智将の形象——楠正成と諸葛孔明を中心に（J）. 比較文学年誌, 2001（37）.

[60] 田中尚子.『太平記』における《三国志》の享受（J）. 和漢比較文学, 1999（23）.

[61] 田中正人.『太平記』の蒙古襲来記事周辺からみるその対外意識の一端（J）. 同志社国文学, 2007（66）.

[62] 張永喆. 軍記物語と中世史論のなかの《謀叛》（J）. 愛徳淑徳大学国語国文, 2004（3）.

[63] 張静宇.『太平記』と呂洞賓の物語（J）. 軍記と語り物, 2016（1）.

[64] 趙秀全.『松浦宮物語』にみる「忠」と「孝」（J）. 日本文学, 2013（6）.

[65] 遠山美紀. 将軍義詮像造形論——『太平記』第三部の構想との関わり（J）. 新潟大学国語国文学会誌, 2002（7）.

[66] 遠山美紀.〈賢臣〉像の虚と実——『太平記』巻第二十八「漢楚合戦事」を中心に（J）. 新潟大学国語国文学会誌, 2009（9）.

[67] 中西達治. 後醍醐天皇——再度の"御謀叛"（J）. 国文学解釈と鑑賞』, 1991（8）.

[68] 中西達治.『太平記』における後醍醐天皇（J）. 金城学院大学論集国文学編, 1996（3）.

[69] 中西達治.『太平記』の構成意識——武臣の戦《記》と王の《もの》かたり（J）. 国語と国文学, 2008（11）.

[70] 長坂成行. 天正本太平記の性格（J）. 奈良大学紀要, 1978（12）.

[71] 長坂成行. 北条高時——為政者の資格に欠ける振舞い（J）. 国文学解釈と鑑賞, 1991（8）.

[72] 長坂成行.『太平記』諸本研究の現在（J）. 軍記と語り物, 1997（1）.

[73] 長坂成行. 水戸史館の『太平記』写本蒐集の一齣——金勝院本・西源院本を中心に（J）. 軍記と語り物, 2002（3）.

[74] 長谷川端等. 『難太平記』下巻（J）. 中京大学文学部紀要, 2008 (42).

[75] 長谷川端. 足利直義と高師直（J）. 国語と国文学, 2008 (4).

[76] 服部幸造. 英雄の語り物——幸若舞曲「百合若大臣」を中心に (J). 国文学 解釈と教材の研究, 2003 (9).

[77] 早川光三郎. 身替説話の中国的要素（J）. 斯文, 1957 (19).

[78] 原田正俊. 春屋妙葩と夢窓派の展開（C）. 鹿王院文書の研究, 2000.

[79] 樋口大祐.「「神国」の破砕.『太平記』における「神国/異国」(J). 日本文学, 2001 (7).

[80] 樋口大祐.『太平記』の世界観——死・笑い・永劫回帰（J）. 国語と国文学, 2008 (11).

[81] 牧野和夫. 延慶本『平家物語』の一考察—「諷諭」をめぐって— (J). 軍記と語り物, 1980 (16).

[82] 牧野和夫.「三国伝記」と「太平記」の周辺（J）. 説話文学研究, 1990 (6).

[83] 増田欣.『太平記』研究, 現在の話題と將来像（J）. 国文学：解釈と鑑賞, 1981 (5).

[84] 増田欣. 中国古典と『太平記』（J）. 国文学解釈と鑑賞, 1991 (8).

[85] 村井章介. 王土王民思想と9世紀の転換（J）. 思想, 1995 (1).

[86] 目黒将史.《薩琉軍記》の歴史叙述：異国言説の学問的伝承（J）. 文学, 2015 (3).

[87] 森田貴之.『太平記』の人物形象と" 運"（J）.『国語国文』, 2005 (11).

[88] 森田貴之.『太平記』と元詩－成立環境の一隅－（J）. 国語国文, 2007 (2).

[89] 森田貴之.『太平記』終末部と応安の嗷訴事件（J）. 軍記と語り物, 2009 (1).

[90] 森田貴之. 天正本『太平記』増補方法小考——巻四「呉越戦の事」

増補漢詩について（J）. 京都大学国文学論叢, 2009（22）.

［91］森田貴之.『太平記』の漢詩利用法——司馬光の漢詩から（J）. 国語国文, 2010（3）.

［92］森田貴之. 研究展望『太平記』（2004年10月~2010年9月）（J）. 軍記と語り物, 2012（1）.

［93］柳瀬喜代志.「新楽府」と「龍馬進奏事」・「天下時勢粧事」——『太平記』作者の嚢中考（J）. 説話文学研究, 1990（6）.

［94］柳瀬喜代志.「『長恨歌』『長恨歌伝』と「楊国忠之事」——『太平記』作者の嚢中の漢籍考（J）. 早稲田大学教育学部学術研究 国語・国文学編, 1990（39）.

［95］柳瀬喜代志.『長恨歌』『長恨歌伝』と「楊国忠之事」——『太平記』作者の嚢中の漢籍考続（J）. 早稲田大学教育学部学術研究 国語・国文学編, 1991（40）.

［96］柳瀬喜代志. 中世新流行の詩集・詩話を典拠とする『太平記』の表現（C）. 汲古書院, 1993.

［97］山田尚子. 拡大する范蠡像——商人と釣翁（J）. 和漢比較文学, 2003（8）.

［98］山田尚子. 伍子胥と范増——『太平記』巻二十八所引漢楚合戦譚をめぐって（J）. 芸文研究, 2005（88）.

著作

［1］青山学院大学文学部日本文学科編. 日本と「異国」の合戦と文学. 日本人にとって「異国」とは, 合戦とは何か（M）. 東京: 笠間書院, 2012.

［2］浅見和彦校注訳. 十訓抄（M）. 東京: 小学館, 1997.

［3］荒野泰典, 石井正敏, 村井章介編. 律令国家と東アジア（M）. 東京: 吉川弘文館, 2011.

［4］阿部秋生校注訳. 源氏物語 一（M）. 東京: 小学館, 1994.

［5］安東省菴著, 柳川市史編集委員会編. 安東省菴集（M）. 柳川

市，2002.

[6] 家永三郎等校注. 聖徳太子集（M）. 東京：岩波書店，1975.

[7] 池田利夫編. 蒙求古註集成（M）. 東京：汲古書院，1988.

[8] 石井進. 鎌倉幕府（M）. 東京：中央公論社，1965.

[9] 石田洵. 太平記考——時と場と意識（M）. 東京：双文社出版，2007.

[10] 石井敏正. 東アジア世界と古代の日本（M）. 山川出版社，2003.

[11] 市古貞次校注訳. 平家物語（M）. 東京：小学館，1994.

[12] 市古貞次等校注. 源平盛衰記（M）. 東京：三弥井書店，1991.

[13] 市沢哲編. 太平記を読む（M）. 東京：吉川弘文館，2008.

[14] 伊藤正義，黒田彰，三木雅博編著. 和漢朗詠集古注釈集成（M）. 大学堂書店，1997.

[15] 井上宗雄訳注. 増鏡（M）. 東京：講談社学術文庫，1983.

[16] 井上順理. 本邦中世までにおける孟子受容史の研究（M）. 東京：風間書房，1972.

[17] 今井正之助，加美宏，長坂成行校注. 太平記秘伝理尽鈔1（M）. 東京：平凡社，2002.

[18] 今枝愛真. 『中世禅宗史の研究（M）. 東京：東京大学出版会，1970.

[19] 岩佐正，時枝誠記. 神皇正統記　増鏡（M）. 東京：岩波書店，1965.

[20] 榎本渉. 東アジア海域と日中交流（M）. 東京：吉川弘文館，2007.

[21] 遠藤光正. 明文抄の研究並びに語彙索引（M）. 東京：現代文化社，1974.

[22] 大津雄一. 軍記と王権のイデオロギー（M）. 東京：翰林書房，2005.

[23] 大曽根章介，金原理，後藤昭雄校注. 本朝文粋（M）. 東京：岩波書店，1992.

[24] 大森北義.「太平記」の構想と方法（M）. 東京：明治書院，1988.

[25] 岡田正之. 近江奈良朝の漢文學（M）. 養徳社，1946.

[26] 岡見正雄，赤松俊秀校注. 愚管抄（M）. 東京：岩波書店，1967.

[27] 小木曽千代子. 玄恵法印研究　事跡と伝承（M）. 東京：新典

社，2008.

[28] 海津一朗. 楠木正成と悪党. 南北朝時代を読みなおす（M）. 東京：筑摩書房，1999.

[29] 筧雅博. 蒙古襲来と徳政令（M）. 東京：講談社，2001.

[30] 笠松宏至ほか校注. 中世政治社会思想』下（M）. 東京：岩波書店，1981.

[31] 桂川中良. 影印日本随筆集成第 7 輯 桂川漫録（M）. 東京：汲古書院，1978.

[32] 加美宏，矢代和夫校注. 梅生論　源威集（M）. 東京：現代思潮新社，2010.

[33] 川瀬一馬. 五山版の研究（M）. 日本古書籍商協會，1970.

[34] 北村昌幸. 太平記世界の形象（M）. 東京：塙書房，2010.

[35] 北山茂夫. 天武朝（M）. 東京：中央公論社，1978.

[36] 金時德. 異国征伐戦記の世界. 韓半島・琉球列島・蝦夷地（M）. 東京：笠間書院，2010.

[37] 邱鸣编著. 太平记的汉文学研究（M）. 北京：新世界出版社，1999.

[38] 京都史蹟会編纂. 林羅山文集（M）. ぺりかん社，1979.

[39] 黒田彰. 中世説話の文学史的環境（M）. 東京：和泉書院，1985.

[40] 黒田彰. 中世説話の文学史的環境 続（M）. 東京：和泉書院，1995.

[41] 黒田彰，松尾葦江校注. 源平盛衰記 三（M）. 東京：三弥井書店，1994.

[42] 久保田淳. 中世文学の時空（M）. 東京：若草書房，1976.

[43] 久保田淳. 山口明穂校注. 明惠上人集（M）. 東京：岩波書店，1997.

[44] 小秋元段. 太平記・梅松論の研究（M）. 東京：汲古書院，2005.

[45] 小秋元段. 太平記と古活字版の時代（M）. 東京：新典社，2006.

[46] 黒板勝美編. 律 令義解（M）. 國史大系刊行會，1939.

[47] 黒板勝美. 日本後紀 續日本後紀 日本文德天皇實録（M）. 東京：吉川弘文館，1966.

[48] 國史大系編修會編. 日本三代実録（M）. 東京：吉川弘文館，1966.

[49] 小島憲之校注訳. 日本書紀（M）. 東京：小学館，1994.

[50] 小島憲之校注. 懷風藻文華秀麗集本朝文粹（M）. 東京：岩波書店，1964.

[51] 小島憲之校注. 懷風藻 文華秀麗集 本朝文粹（M）. 東京：岩波書店，1964.

[52] 小島憲之，木下正俊，東野治之校注訳. 萬葉集（M）. 東京：小学館，1994.

[53] 小林保治編著. 唐物語全釈（M）. 東京：笠間書院，1998.

[54] 後藤丹治. 太平記の研究（M）. 東京：河出書房，1938.

[55] 小峯和明. 中世説話の世界を読む（M）. 東京：岩波書店，1998.

[56] 小森陽一等編. フィクションか歴史か（M）. 東京：岩波書店，2002.

[57] 佐伯真一，高木浩明編著. 校本保暦間記（M）. 東京：和泉書院，1999.

[58] 佐伯真一，小秋元段編. 平家物語 太平記（M）. 東京：若草書房，1999.

[59] 佐伯真一. 戦場の精神史. 武士道という幻影（M）. 東京：日本放送出版協会，2004.

[60] 佐藤進一. 南北朝の動乱（M）. 東京：中央公論社，1965.

[61] 重野安繹. 重野博士史学論文集（M）. 雄山閣，1938.

[62] 下川玲子. 北畠親房の儒学（M）. 東京：ぺりかん社，2001.

[63] 章剣校注. 蒙求和歌（M）. 東京：溪水社，2012.

[64] 信太周、犬井善壽校注訳. 保元物語 平治物語（M）. 東京：小学館，2002.

[65] 菅野禮行校注訳. 和漢朗詠集（M）. 東京：小学館，1999.

[66] 鈴木登美恵，長谷川端等. 太平記（鑑賞日本の古典13）（M）. 東京：小学館，1980.

[67] 説話と説話文学の会編. 説話と軍記物語（M）. 東京：清文堂出

231

版，1992.

[68] 続群書類従完成會. 續浦島子伝記』（『群書類従』第九輯（M）. 1959.

[69] 増補史料大成刊行会編. 花園天皇宸記（M）. 東京：臨川書店，昭和四十年.

[70] 増補史料大成刊行会編. 台記（『増補史料大成』第23-25卷（M）. 東京：臨川書店，1965.

[71] 太平記国際研究集会編. 太平記をとらえる』第一巻（M）. 東京：笠間書院，2014.

[72] 太平記国際研究集会編. 太平記をとらえる』第二巻（M）. 東京：笠間書院，2015.

[73] 太平記国際研究集会編. 太平記をとらえる』第三巻（M）. 東京：笠間書院，2016.

[74] 高橋貞一. 太平記諸本の研究（M）. 東京：思文閣出版，1980.

[75] 高田衛校注訳. 雨月物語（M）. 東京：小学館，1995.

[76] 瀧川政次郎. 法制史論叢2 京制並都城制の研究（M）. 東京：角川書店，1967.

[77] 橘健二校注. 大鏡（M）. 東京：小学館，1996.

[78] 田中優子. 日本人は日本をどうみてきたか. 江戸から見る自意識の変遷（M）. 東京：笠間書院，2015.

[79] 谷垣伊太郎. 太平記論考（M）. 東京：和泉書院，2009.

[80] 田端泰子. 日本中世の社会と女性（M）. 東京：吉川弘文館，1998.

[81] 玉村竹二編. 五山文学新集』第5巻（M）. 東京：東京大学出版会，1968.

[82] 冢田大峯. 日本儒林叢書第1冊 随意録（M）. 東京：東洋図書刊行会，1927.

[83] 東京大学史料編纂所編纂. 史料総覧』巻六（M）. 東京：東京大学出版会発行，1930.

[84] 東京帝國大學文科大學史料編纂掛編. 大日本史料 第六編（M）. 東京：東京帝國大學，1901.

[85] 遠藤光正. 明文抄の研究並びに語彙索引（M）. 現代文化社，1974.

[86] 遠山美都男. 壬申の乱. 天皇誕生の神話と史実（M）. 中央公論社，1996.

[87] 中西達治. 太平記論序説（M）. 桜楓社，1985.

[88] 中西達治. 太平記の論（M）. 東京：おうふう，1997.

[89] 中西達治. 太平記の論. 拾遺（M）. 東京：ユニテ，2007.

[90] 永積安明. 太平記（M）. 東京：岩波書店，1984.

[91] 南鶴基. 蒙古襲来と鎌倉幕府（M）. 東京：臨川書店，1996.

[92] 長崎健校注訳. 海道記（M）. 東京：小学館，1994.

[93] 永積安明、島田勇雄校注. 保元物語　平治物語（M）. 東京：岩波書店，1961.

[94] 永積安明、島田勇雄校注. 古今著聞集（M）. 東京：岩波書店，1966.

[95] 長澤規矩也編. 和刻本經書集成』第3輯（M）. 東京：汲古書院，1975.

[96] 新田一郎. 太平記の時代（M）. 東京：講談社，2001.

[97] 日本文学研究資料叢書. 戰記文学（M）. 東京：有精堂，1974.

[98] 日本随筆大成編輯部編. 日本随筆大成　第2期14（M）. 東京：吉川弘文館，1974.

[99] 野口武彦. 王道と革命の間（M）. 東京：筑摩書房，1986.

[100] 長谷川端. 太平記の研究（M）. 東京：汲古書院，1982.

[101] 長谷川端編著. 太平記とその周辺（M）. 東京：新典社，1994.

[102] 長谷川端編著. 太平記の成立（M）. 東京：汲古書院，1998.

[103] 長谷川端編著. 太平記の世界（M）. 東京：汲古書院，2000.

[104] 長谷川端. 太平記. 創造と成長（C）. 東京：三弥井書店，2003.

[105] 長谷川端編著. 論集太平記の時代（M）. 東京：新典社，2004.

[106] 長谷川端校訂訳. 太平記（日本の古典をよむ16）（M）. 東京：小学

館, 2008.

[107] 塙保己一編, 太田藤四郎補. 続群書類従 第十一輯（M）. 1927.

[108] 早川厚一. 平家物語を読む. 成立の謎をさぐる（M）. 東京：和泉書院, 2000.

[109] 早川純三郎編輯. 参考太平記（M）. 東京：吉川弘文館, 2008.

[110] 林羅山. 林羅山文集（M）. 東京：ぺりかん社, 1979.

[111] 播摩光寿編. 続古事談（M）. 東京：おうふう, 2002.

[112] 檜谷昭彦, 江本裕校注. 太閤記（M）. 東京：岩波書店, 1996.

[113] 兵藤裕己. 王権と物語（M）. 東京：青弓社, 1989.

[114] 兵藤裕己. 太平記《よみ》の可能性（M）. 東京：講談社, 1995.

[115] 藤原継縄等編, 青木和夫等校注. 続日本紀（M）. 東京：岩波書店, 1989～1998.

[116] 本間洋一注釈. 本朝無題詩全注釈（M）. 東京：新典社, 1952.

[117] 武久堅. 平家物語の全体像（M）. 東京：和泉書院, 1996年.

[118] 益田宗, 久保田淳校注.『承久記（M）. 東京：岩波書店, 1992年.

[119] 増田欣.『太平記』の比較文学的研究（M）. 東京：角川書店, 1976年.

[120] 増田欣. 中世文藝比較論考（M）. 東京：汲古書院, 2002.

[121] 松尾葦江校注. 源平盛衰記 二（M）. 東京：三弥井書店, 1993.

[122] 松尾葦江. 軍記物語論究（M）. 東京：若草書房, 1996.

[123] 松尾剛次. 太平記 鎮魂と救済の史書（M）. 中公新書, 2001.

[124] 松下見林. 異称日本伝（M）. 東京：国書刊行会, 1975.

[125] 松本健一.「孟子」の革命思想と日本. 天皇家にはなぜ姓がないのか（M）. 東京：昌平黌出版会, 2014.

[126] 馬淵和夫, 国東文麿, 稲垣泰一校注. 今昔物語集3（M）. 東京：小学館, 2001.

[127] 室松岩雄校訂編輯. 太平記抄・太平記賢愚抄・太平記年表・太平記系圖（M）. 東京：國學院大學出版部, 1908.

［128］森鴎外. 鴎外全集 第20巻（M）. 東京：岩波書店，1973.

［129］森茂曉. 太平記の群像. 軍記物語の虚構と真実（M）. 東京：角川書店，1991.

［130］安井久善. 太平記要覧（M）. 東京：おうふう，1997.

［131］山岸德平等校注. 古代政治社會思想（M）. 東京：岩波書店，1979.

［132］山口佳紀，神野志隆光校注訳. 古事記（M）. 東京：小学館，1997.

［133］山下宏明. 軍記物語の生成と表現（M）. 東京：和泉書院，1995.

［134］八木聖弥. 太平記的世界の研究（M）. 東京：思文閣出版，1999.

［135］山本幸司. 天武の時代（M）. 東京：朝日新聞社，1995.

［136］山本七平. 日本的革命の哲学. 日本人を動かす原理（M）. 東京：PHP研究所，1982.

［137］与謝野寬，正宗敦夫，与謝野晶子編纂校訂. 經國集（M）. 東京：現代思潮新社，2007.

［138］若尾政希.「太平記読み」の時代. 近世政治思想史の構想（M）. 東京：平凡社，1999.

［139］和漢比較文学会編. 軍記と漢文学（C）. 東京：汲古書院，1993.

［140］我妻建治. 神皇正統記論考（M）. 東京：吉川弘文館，1981.

中文文献（按拼音顺序）

论文

［1］曹顺庆，苗蓓. 儒家话语权与中国古代文学史（J）. 社会科学研究，2015（3）.

［2］陈建华. 从"以诗证史"到"以史证诗"——读陈寅恪《柳如是别传》札记（J）. 复旦学报（社会科学版），2005（6）.

［3］陈景彦，王玉强. 禅儒一致构造与中世日本朱子学（J）. 吉林大学社会科学学报，2008（6）.

［4］陈尚胜. 试论中国传统对外关系的基本理念（J）. 孔子研究，2010（5）.

[5] 陈庆英. 元代帝师制度及其历任帝师》（上）（J）. 青海民族学院学报, 1991（1）.

[6] 陈庆英. 元代帝师制度及其历任帝师（下）（J）. 青海民族学院学报, 1991（2）.

[7] 陈小法. 日本"神国思想"与元明时期的中日关系（J）. 许昌学院学报, 2005（1）.

[8] 陈秀武.《论日本型华夷秩序的"虚像"（J）.《东北师大学报》（哲学社会科学版）, 2008年1月.

[9] 陈寅恪遗作, 刘隆凯整理. 元白诗证史之莺莺传（J）. 广东社会科学, 2003（4）.

[10] 陈志刚. 先秦时期的华夷观念及其演变（J）. 学术研究, 2015（6）.

[11] 陈志刚. 秦汉至明清时期北部中国华夷观念演变的几个特点——兼论华夷观在华夷族群封贡体系中的地位（J）. 学习与探索, 2016（4）.

[12] 崔成成. 陈寅恪"文史互证"思想与方法研究——以《元白诗笺证稿》、《论再生缘》、《柳如是别传》为中心（D）. 南开大学博士论文, 2015.

[13] 段海蓉. 元代诗人迺贤的本土化及其诗歌创作（J）. 民族文学研究, 2011（1）.

[14] 范业红. 关于日本江户时期思想家"华夷之辨"思想演变的研究（D）. 东北师范大学博士论文, 2015.

[15] 葛晓音. 新乐府的缘起和界定（J）. 中国社会科学, 1995（3）.

[16] 耘庐.《诗人玉屑》的成书年代. 学术研究, 1983（3）.

[17] 郭连友. 孟子思想与日本（J）. 文史知识, 2012（4）.

[18] 郭晶. 日本华夷思想的形成与特点（J）. 日本研究论集, 2003（4）.

[19] 韩东育. 关于东亚近世"华夷观"的非对称畸变（J）. 史学理论研究, 2007（4）.

[20] 韩东育."华夷秩序"的东亚构架与自解体内情（J）. 东北师大学报（哲学社会科学版）, 2008（1）.

[21] 韩东育. 日本对外战争的隐秘逻辑（1592—1945）（J）. 中国社会科

学（J）. 2013（2）.

[22] 何芳川. "华夷秩序"论（J）. 北京大学学报（哲学社会科学版），1998（6）.

[23] 黄怀信.《论语》中的"仁"与孔子仁学的内涵（J）. 齐鲁学刊，2007（1）.

[24] 黄敏兰. 从中国古代忠臣的下场看忠君困境（J）. 探索与争鸣，2012（6）.

[25] 金文京. 军记物语和中国文学（J）. 日语学习与研究，2009（2）.

[26] 景蜀慧."文史互证"方法与魏晋南北朝史研究（J）. 中山大学学报（社会科学版），2000（1）.

[27] 雷学华. 论中国封建社会的忠君思想（J）. 华中师范大学学报（哲学社会科学版），1997（6）.

[28] 李玉洁. 艮岳与北宋的灭亡（J）. 开封大学学报，2005（3）.

[29] 廖荣发. 鸿胪馆里文章盛 远人自来证中华—试论鸿胪馆中的"华夷思想"与"文章经国"（C）. 域外汉籍研究集刊 第十辑，2014.

[30] 刘建强. 日本古代对华外交中的遣隋（唐）使（J）. 唐都学刊，2008（4）.

[31] 刘少东. 儒学在日本变异考论——以"忠孝观"为中心（J）. 日语学习与研究（J）. 2010（5）.

[32] 罗英华. 唐宋时期杨贵妃题材文学研究（D）. 复旦大学博士论文，2017.

[33] 宁可，蒋福亚. 中国历史上的皇权和忠君观念（J）. 历史研究，1994（4）.

[34] 彭英. 日本中世文化中的禅儒关系及其影响（J）. 沈阳大学学报（社会科学版），2014（4）.

[35] 乔以钢，孙琳. 论新感觉派文本的"尤物叙事"（J）. 湘潭大学学报（哲学社会科学版），2007（6）.

[36] 邱岭. 试论《三国演义》与《太平记》中战争描写的异同（J）. 福建

师范大学学报，1989（6）.

[37] 邱岭. 辞世之歌——《太平记》中日本武士的生死观（J）. 日本学研究，1998（7）.

[38] 邱岭.《史记·项羽本纪》与《太平记》中的楚汉故事（J）. 外国文学研究，1994（2）.

[39] 邱鸣.《太平记》—日本文学的另一个侧面—兼与《平家物语》比较（J）. 日语学习与研究，1999（6）.

[40] 邱鸣. 中日古典小说虚构的异同——中日军记小说应验描写比较（J）. 日语学习与研究，2005（6）.

[41] 邱鸣. 论《史记》对日本军记文学之影响——以《太平记》的研究为中心（J）. 日语学习与研究，2009（8）.

[42] 曲维. 军记物语《太平记》与《参考太平记》论析（J）. 外国问题研究，1998（3）.

[43] 山口博. 周武，桓武和《小雅鹿鸣》（J）. 日本研究，1986（1）.

[44] 沈才彬. 论日本天皇的本质特征（J）. 日本问题，1989（10）月.

[45] 沈才彬. 日本天皇与中国皇帝的比较研究——以"天子思想"为中心（J）. 日本学刊，1992（4）.

[46] 申丹. 也谈"叙事"还是"叙述"（J）. 外国文学评论，2009（8）.

[47] 沈仁安. 唐日关系的若干问题（J）. 日本研究，1994（9）.

[48] 盛邦和. 中日华夷史观及其演化（J）. 华东师范大学学报（哲学社会科学版），1996年（4）.

[49] 孙光礼. 浅析日本天皇制与中国皇帝制（J）. 湖北大学学报（哲学社会科学版），1994（3）.

[50] 孙先英.《孟子》升经与王安石变法—兼论尊孟疑孟的争论及实质（J）. 求索，2004（5）.

[51] 孙英刚."辛酉革命"说与龙朔改革. 7~9世纪的纬学思想与东亚政治（J）. 史学月刊，2013（7）.

[52] 田中尚子，陈一昊.《太平记》与《三国演义》的比较——论张飞的

艺术形象（J）. 日本研究, 2005（6）.

[53] 王家骅. 略论丰臣秀吉侵朝战争的原因（J）. 日本研究, 1985（10）.

[54] 王铭. 唐代东北亚国家的"华夷"观念复制（J）. 国际政治科学, 2014（7）.

[55] 王明兵. 日本中世末期五山禅僧的"儒·释"论争与其内部分化（J）. 古代文明, 2014（1）.

[56] 王奇峰. 浅谈历史上丰臣秀吉之思想来源（J）. 黑龙江史志, 2015（1）.

[57] 王铁钧. 大陆儒学日本中世沉落端委考（J）. 东南大学学报（哲学社会科学版）, 2010（9）.

[58] 王文光, 翟国强. "五帝"世系与秦汉时期"华夷共祖"思想. 中国边疆史地研究, 2005（11）.

[59] 吴震. 关于东亚儒学问题的一些思考（J）. 日本问题研究, 2014（10）.

[60] 徐洪兴. 唐宋间的孟子升格运动（J）. 中国社会科学, 1993（5）.

[61] 小秋元段.『太平记』における歴史叙述と中国故事（C）. 日本学研究, 2013（23）.

[62] 谢桂娟. 华夷观与传统东亚国际秩序研究（D）. 延边大学博士论文, 2015.

[63] 杨夫高. 中国古典文学对日本中世军记物语的影响研究（J）. 重庆科技学院学报（社会科学版）, 2013（9）.

[64] 尹建东. 天下观念与华夷边界：从先秦到秦汉的认识转变（J）. 云南民族大学学报（哲学社会科学版）, 2011（7）.

[65] 张景全. 武士道与骑士道的差异性初探——以"忠"理念为中心（J）. 日本学刊, 2003（5）.

[66] 张龙妹.《源氏物语》《桐壶》卷与《长恨歌传》的影响关系（J）. 日语学习与研究, 2007（4）.

[67] 张隆溪. 记忆, 历史, 文学（J）. 外国文学, 2008（2）.

[68] 张晓希. 中国文化的传播者——日本的五山禅僧（J）. 日语学习与研究，2013（1）.

[69] 张哲俊. 母题与嬗变：从《枕中记》到日本谣曲《邯郸》（J）. 外国文学评论，1999（11）.

[70] 张哲俊.《太平记》中三国故事的文献来源考察（J）. 内蒙古大学学报（哲学社会科学版），2010（5）.

[71] 张真.《太平记》中的三国故事来源再考察（J）. 明清小说研究，2014（2）.

[72] 赵东一，李丽秋. 东亚文明的再认识（J）. 国际汉学，2012（1）.

[73] 赵俊槐.《宇津保物语》中的"孝"思想研究（D）. 北京外国语大学博士论文，2014.

[74] 赵毅衡. "叙事"还是"叙述"？一个不能再"权宜"下去的术语混乱（J）. 外国文学评论（J），2009（5）.

[75] 庄佩珍. 日本丰臣政权时期外交文书中所见"神国思想"的发展与创新——兼论中国典籍对日本思想文化发展的影响（J）. 福建师范大学学报（哲学社会科学版），2010（1）.

[76] 庄佩珍. 从日本文化的特质看杨贵妃传说的创新（J）. 福建师范大学学报（哲学社会科学版），2012（5）.

著作

[1] 白居易著，朱金城笺校. 白居易集笺校（M）. 上海：上海古籍出版社，1988.

[2] 北京日本学研究中心文学研究室. 日本古典文学大辞典（M）. 北京：人民文学出版社，2005.

[3] 程颢，程颐. 二程遗书（M）. 上海：上海古籍出版社，2000.

[4] 陈秉才译注. 韩非子（M）. 北京：中华书局，2007.

[5] 陈广忠译. 淮南子（M）. 北京：中华书局，2014.

[6] 陈澔注. 礼记（M）. 上海：上海古籍出版社，1987.

[7] 陈小法. 明代中日文化交流史研究（M）. 北京：商务印书馆，2011.

[8] 陈鼓应注释. 庄子今注今译（M）. 北京：商务印书馆，2007.

[9] 陈寅恪. 元白诗笺证稿（M）. 北京：商务印书馆，2015.

[10] 大庭修、王晓秋主编. 中日文化交流史大系 历史卷（M）. 杭州：浙江人民出版社，1996.

[11] 丁莉. 永远的"唐土"—日本平安朝物语文学的中国叙述（M）. 北京：北京大学出版社，2016.

[12] 董诰等编. 全唐文（M）. 北京：中华书局，1983.

[13] 童庆炳. 历史题材文学系列研究 第一卷 历史题材文学前沿理论问题（M）. 北京：北京师范大学出版社，2014.

[14] 董仲舒撰、凌曙注. 春秋繁露（M）. 北京：中华书局，1975.

[15] 房玄龄等撰、中华书局编辑部编. 晋书（M）. 北京：中华书局，2000.

[16] 冯梦龙. 东周列国志（M）. 北京：人民文学出版社，1979.

[17] 傅成注解. 历代笔记小说大观. 五杂组（M）. 上海：上海古籍出版社，2012.

[18] 葛兆光. 宅兹中国：重建有关"中国"的历史论述（M）. 北京：中华书局，，2011.

[19] 海登·怀特著，陈新译. 元史学. 十九世纪欧洲的历史想象（M）. 北京：译林出版社，2004.

[20] 海登·怀特，董立河译. 话语的转义：文化批评文集（M）. 郑州：大象出版社，2011.

[21] 韩婴撰. 韩诗外传集释（M）. 北京：中华书局，1980.

[22] 郝经. 陵川集（M）. 太原：山西古籍出版社，2006.

[23] 何晏注，宋邢昺疏. 论语注疏（M）. 上海：上海古籍出版社，1990.

[24] 胡亚敏主编. 文学批评原理（M）. 武汉：华中师范大学出版社，1999.

[25] 黄宗羲. 宋元学案（M）. 北京：中华书局，1986.

[26] 黄怀信. 论语汇校集释（M）. 上海：上海古籍出版社，2008.

[27] 江静. 赴日宋僧无学祖元研究（M）. 北京：商务印书馆 2011.

[28] 蒋南华，罗书勤、杨寒清注译. 荀子全译（M）. 贵阳：贵州人民出版社，2009.

[29] 静永健著，刘维治译. 白居易写讽论诗的前前后后（M）. 北京：中华书局，2007.

[30] 孔凡礼辑校. 增订湖山类稿（M）. 北京：中华书局，1984.

[31] 李昉等撰. 太平御览（M）. 上海：上海书店，1985.

[32] 李山译注. 管子（M）. 北京：中华书局，2009.

[33] 李世民等. 帝范（M）. 北京：新世界出版社，2009.

[34] 凌濛初著，王根林校点. 三刻拍案惊奇（M）. 上海：上海古籍出版社，1996.

[35] 刘克庄. 后村诗话（M）. 北京：中华书局，1983.

[36] 刘昫等撰. 旧唐书（M）. 北京：中华书局，2000.

[37] 刘岳兵. 日本近代儒学研究（M）. 上海：商务印书馆，2003.

[38] 刘岳兵主编. 日本的宗教与历史思想：以神道为中心（M）. 天津：天津人民出版社，2015.

[39] 瀧川资言考证，水泽利忠校补. 史记会注考证附校补（M）. 上海：上海古籍出版社，1986.

[40] 鲁迅编. 唐宋传奇（M）. 长沙：岳麓书社，2014.

[41] 卢絮. 新历史主义批评与实践. 基于西方文论本土化的一种考察（M）. 北京：中国社会科学出版社，2016.

[42] 马其昶校注、马茂元整理. 韩愈集（M）. 上海：上海古籍出版社，2014.

[43] 马融. 忠经（M）. 北京：商务印书馆，1922.

[44] 念常编. 佛祖历代通载（M）. 北京：北京图书馆出版社，2005.

[45] 欧阳询. 艺文类聚（M）. 上海：上海古籍出版社，1999.

[46] 潘畅和. 东亚儒家文化圈的价值冲突：以古代朝鲜和日本的儒家文化比较为中心（M）. 北京：中国社会科学出版社，2012.

[47] 骈宇骞注译. 贞观政要（M）. 北京：中华书局，2011.

[48] 邱岭、吴芳龄. 三国演义在日本（M）. 银川：宁夏人民出版社，2006.

[49] 三宅正彦著，陈化北訳注. 日本儒学思想史（M）. 济南：山东大学出版社，1997.

[50] 申丹，韩加明，王丽亚. 英美小说叙事理论研究（M）. 北京：北京大学出版社，2015.

[51] 释德辉. 敕修百丈清规（M）. 郑州：中州古籍出版社，1978.

[52] 司马光编撰. 资治通鉴（M）. 长沙：岳麓书社，1990.

[53] 司马光. 传家集（M）. 长春：吉林出版集团有限责任公司，2005.

[54] 司马迁. 史记（M）. 北京：中华书局，1959.

[55] 宋濂等. 元史（M）. 北京：中华书局，2000.

[56] 万丽华，蓝旭译注. 孟子（M）. 北京：中华书局，2006.

[57] 王弼等注、孔颖达疏. 周易正义（M）. 北京：北京大学出版社，2000.

[58] 王家骅. 儒家思想与日本文化（M）. 杭州：浙江人民出版社，1990.

[59] 王健. 儒学在日本历史上的文化命运：神体儒用的辨析（M）. 郑州：大象出版社，2006.

[60] 王晓平. 佛典·志怪·物语（M）. 南昌：江西人民出版社，1990.

[61] 王晓平. 亚洲汉文学（M）. 天津：天津人民出版社，2001.

[62] 王晓平. 东亚文学经典的对话与重读（M）. 上海：复旦大学出版社，2011.

[63] 王勇、大庭修主编. 中日文化交流史大系 典籍卷（M）. 杭州：浙江人民出版社，1996.

[64] 王志华. 历史叙述 从客观性到合理性（M）. 北京：中国政法大学出版社，2013.

[65] 魏庆之著、王仲闻注释. 诗人玉屑（M）. 北京：中华书局，2007.

[66] 吴楚材、吴调侯编选. 古文观止（M）. 北京：中华书局，2014.

[67] 吴兢. 政观政要（M）. 上海：上海书店，1984.

[68] 徐洪兴主编. 东亚的王权与政治思想：儒学文化研究的回顾与展望（M）. 上海：复旦大学出版社，2009.

[69] 荀悦. 前汉纪（M）. 长春：吉林出版集团有限责任公司，2005.

[70] 許仲琳. 封神演义（M）. 长沙：岳麓书社，1988.

[71] 严绍璗. 中日古代文学关系史稿（M）. 长沙：湖南文艺出版社，1987.

[72] 严绍璗. 汉籍在日本的流布研究（M）. 南京：江苏古籍出版社，1992.

[73] 严绍璗，中西进主编. 中日文化交流史大系 文学卷（M）. 杭州：浙江人民出版社，1996.

[74] 严绍璗. 比较文学视野中的日本文化：严绍璗海外讲演録（M）. 北京：北京大学出版社，2004.

[75] 严绍璗. 比较文学与文化"变异体"研究（M）. 上海：复旦大学出版社，2011.

[76] 晏婴著. 晏子春秋（M）. 上海：上海书店，1989.

[77] 杨伯俊译注. 孟子译注（M）. 北京：中华书局，2010.

[78] 杨伟主编. 文化·越境·表象. 中日文化交流研究（M）. 重庆：西南师范大学出版社，2016.

[79] 叶子奇. 草木子（M）. 上海：上海古籍出版社，2012年.

[80] 苅部直等编，郭连友等译. 日本思想史入门（M）. 北京：外语教学与研究出版社，2013年.

[81] 伊藤博文著，牛仲君译. 日本帝国宪法义解（M）. 北京：中国法制出版社，2011.

[82] 尹占华校. 张祜诗集校注（M）. 成都：巴蜀书社，2007.

[83] 俞纪东译注. 越绝书全译（M）. 贵阳：贵州人民出版社，1996.

[84] 源了圆，严绍璗主编. 中日文化交流史大系 3 思想卷（M）. 杭州：浙江人民出版社，1996.

[85] 张京媛主编. 新历史主义与文学批评（M）. 北京：北京大学出版社，1993.

[86] 张崑将. 德川日本"忠""孝"概念的形成与发展：以兵学与阳明学为中心（M）. 上海：华东师范大学出版社，2008.

[87] 张沛校注. 中说译注（M）. 北京：中华书局，2013.

[88] 张哲俊. 中国古代文学中的日本形象研究（M）. 北京：北京大学出版社，2004.

[89] 中华书局编辑部编. 汉书（M）. 北京：中华书局，2000.

[90] 周振甫. 周易译注（M）. 北京：中华书局，1991.

[91] 朱谦之. 日本的朱子学（M）. 北京：人民出版社，2000.

[92] 朱谦之. 日本哲学史（M）. 北京：人民出版社，2002.

[93] 朱熹. 四书章句集注（M）. 北京：中华书局，2012.

后 记

虽然我在硕士阶段就已经接触到了日本古典文学名著《太平记》，却一直没有真正读懂这部书。自入学北京外国语大学日本学研究中心后，在导师张龙妹教授的指导下，对日本古典文学一知半解的我才开始正式走上研究之路。

从博士论文大体完成到如今出版已有7年之多。此次博士论文的出版基本没有大的改动，这主要得益于博士论文的选题、开题、撰写、修改、成稿、答辩，导师张龙妹教授花费了大量的心血，大到论文框架、小到遣词造句，都给我提供了许多宝贵的意见。正是依靠导师严厉和细心的指导，我才能最终完成博士论文的撰写并顺利出版。

感谢我的导师张龙妹教授。作为我国日本古典文学研究领域著名的学者，导师治学严谨，学识渊博，对日本古典文学有独到深刻的见解。导师的教诲开阔了我的研究视野，坚定了我最终选择"《太平记》的历史叙述和儒家思想"作为博士论文的决心。感谢中国人民大学的李铭敬老师、首都师范大学的周以量老师、北京第二外国语学院的马骏老师、北京外国语大学的何卫红老师和北京大学的丁莉老师。他们在百忙之中不辞辛苦地多次来到日研中心参加预答辩和答辩，从宏观和微观的角度提出了许多建设性的意见，对本研究的成稿、修改和完善提供了很大的帮助。

感谢日本法政大学的小秋元段教授。小秋元先生虽为日本《太平记》研究大家，但十分关怀和照顾后辈学人。在赴法政大学留学期间，先生不仅在学业上悉心指教，在生活等方面也给予我许多关照。在学期间，我还有幸参加了先生主导的连续3年的《太平记》国际研究集会，有机会向日本《太平记》研究界的专家学者学习，对我深入理解《太平记》起到了很大的作用。无论是在日本学会的发表，还是日文论文的写作，先生不厌其烦反复指导，甚至为了确认某一资料，亲自和我一起到图书馆查阅，至今想来仍旧感动不已。虽然我不是先生正式的弟子，但先生从来都是将我作为正式弟子对待的。先生一直鼓励我将《太平记》的研究持续下，希望我能够活跃于中日两国学术界。近几年，因为诸多原因未能在日本发表自己的研究成果，深感愧疚。

感谢首都师范大学外国语学院院长王宗琥教授、副院长杜维平教授。本书的出版经历了一波三折，在二位教授的关怀与帮助下才得以最终出版。感谢我的家人，他们在我读博期间以及工作之后给予了我很大的支持与帮助。父母无私支持我的恩情无以为报，祝愿父母平安健康！

虽然本书即将出版，但我觉得其中还有许多地方不尽如人意，如对新历史主义文学理论的运用不足、对儒家思想内涵的把握还不全面、对《太平记》历史叙述和儒家思想关系的探讨还不够深入等。恳请同行专家学者批评指教。

张静宇

2023 年 3 月 16 日于北京良乡大学城